POMPON

Ouvrages de HECTOR MALOT

COLLECTION GRAND IN-18 JÉSUS

ROMANS

LES VICTIMES D'AMOUR : LES AMANTS.................................	1 vol.
— — LES ÉPOUX.............................	1 —
— — LES ENFANTS..........................	1 —
LES AMOURS DE JACQUES...	1 —
ROMAIN KALBRIS...	1 —
UN BEAU-FRÈRE...	1 —
MADAME OBERNIN..	1 —
UNE BONNE AFFAIRE...	1 —
UN CURÉ DE PROVINCE..	1 —
UN MIRACLE...	1 —
SOUVENIRS D'UN BLESSÉ : SUZANNE...................................	1 —
— — MISS CLIFTON.............................	1 —
UN MARIAGE SOUS LE SECOND EMPIRE...............................	1 —
LA BELLE MADAME DONIS..	1 —
CLOTILDE MARTORY..	1 —
LE MARIAGE DE JULIETTE..	1 —
UNE BELLE-MÈRE..	1 —
LE MARI DE CHARLOTTE..	1 —
LA FILLE DE LA COMÉDIENNE...	1 —
L'HÉRITAGE D'ARTHUR..	1 —
L'AUBERGE DU MONDE : LE COLONEL CHAMBERLAIN.............	1 —
— — LA MARQUISE DE LUCILLIÈRE..........	1 —
— — IDA ET CARMELITA........................	1 —
— — THÉRÈSE....................................	1 —
LES BATAILLES DU MARIAGE : UN BON JEUNE HOMME..........	1 —
— — COMTE DU PAPE.......................	1 —
— — MARIÉ PAR LES PRÊTRES...........	1 —
CARA..	1 —
SANS FAMILLE...	2 —
LE DOCTEUR CLAUDE...	1 —
LA BOHÊME TAPAGEUSE : RAPHAËLLE...............................	1 —
— — LA DUCHESSE D'ARVERNES............	1 —
— — CORYSANDRE................................	1 —
UNE FEMME D'ARGENT...	1 —
POMPON...	1 —
SÉDUCTION...	1 —
LES MILLIONS HONTEUX..	1 —
LA PETITE SŒUR...	2 —
PAULETTE...	1 —
LES BESOIGNEUX...	2 —
MARICHETTE...	2 —
MICHELINE..	1 —
LE SANG BLEU...	1 —

ÉTUDES

LA VIE MODERNE EN ANGLETERRE....................................	1 vol.

HECTOR MALOT

POMPON

Nouvelle édition, illustrée par PIERRE VIDAL

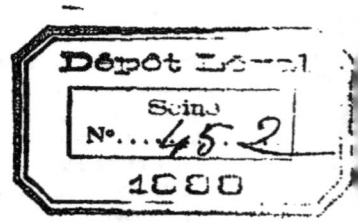

PARIS
E. DENTU, ÉDITEUR
LIBRAIRE DE LA SOCIÉTÉ DES GENS DE LETTRES
PALAIS-ROYAL, 3, PLACE DE VALOIS

1888

(Tous droits réservés.)

A Mlle Marthe OUDINOT

C'est l'intérêt ému que vous avez bien voulu témoigner à Pompon, qui m'encourage à vous offrir cette petite; acceptez-la, mademoiselle, vous la rendrez très fière, et moi vous me rendrez très heureux, car je trouve ainsi l'occasion de vous dire le prix que j'attache à une approbation de votre esprit élevé et délicat.

HECTOR MALOT.

POMPON

PREMIÈRE PARTIE

I

Ni la grosse élégance, ni la sérieuse richesse des rues qui avoisinent le parc Monceaux ne se sont étendues à l'avenue de Villiers.

Avec les voies qui rayonnent vers elle, cette avenue forme un quartier bien à part dont le caractère, quoique tout y soit neuf et très neuf, n'est pas précisément d'être neuf, mais d'être jeune, un quartier de jeunes : les gloires récentes, les arrivés de la veille, peintres, sculpteurs, comédiennes, à leurs premiers succès, accourent s'épanouir là, heureux, glorieux d'y briller, ne fût-ce qu'un jour.

Il y a de l'espace, de l'air, du silence ; point de boutiques, point de voitures, peu de passants. C'est morne, mais ce n'est pas triste parce que ce n'est pas grave. Et puis ce n'est pas mauvais ton ; les Batignolles ne s'y sont pas plus glissées que l'avenue Van-Dyck ou que la rue Rembrandt ; un peu de l'un et de l'autre sans doute ; cependant ni l'un ni l'autre.

A part quelques vastes et belles demeures, les constructions sont généralement modestes, mais de cette modestie qui n'exclut pas une coquetterie très sensible presque partout, très visible et quelquefois même risible dans sa naïveté.

Le plus souvent les façades, qui offrent des échantillons de tous les styles, du plus simple au plus compliqué, donnent en plein sur la rue, n'ayant point cette recherche aristocratique de l'isolement par la cour ou le jardin. C'est que les gens qui habitent là n'ont rien à donner au superflu ; ils ont calculé le terrain qui leur était strictement nécessaire, aussi bien qu'ils ont calculé le prix de ce terrain, et l'on sent que ce qu'ils ont cherché, avant tout, ç'a été un toit pour s'abriter et loger la famille ; ce qu'ils ont mis sous ce toit : façade, décoration, n'a pas toujours été ce qu'ils auraient voulu, mais ce qu'ils ont pu.

De là une habitation souvent restreinte, mais qui n'en est pas moins gracieuse ou pimpante. Une jolie

femme et de beaux enfants peuvent s'y montrer dans un cadre suffisant. Une grande œuvre peut y trouver la place qui lui est indispensable, l'atelier du peintre ou du statuaire prenant presque partout la moitié de la maison.

Au moment où cette avenue commençait à se bâtir, on vit s'élever une construction qui semblait devoir faire un contraste frappant avec les maisons de ce quartier, où l'on en trouve cependant de tous les styles.

Que serait-elle ?

C'était la question que s'étaient posée ces badauds et ces oisifs qui, n'ayant plus rien à faire qu'à s'en aller droit devant eux en flânant, se donnent pour mission d'inspecter et de surveiller les travaux qui s'exécutent dans le rayon de leurs promenades habituelles.

Lorsque le premier coup de pioche avait entamé le terrain, les questions avaient commencé, et bien que rien ne se dessinât encore, les conversations avaient pu aller leur train, en voyant les tombereaux des gravatiers charger les amas de pierre et de terre qu'ils avaient apportés là quelques années auparavant. Car il est arrivé cela de particulier pour ce quartier qu'avant de continuer le boulevard Malesherbes, il a servi de décharge pour les terres crayeuses et les pierres qui ont été enlevées lorsqu'on a ouvert ce boulevard à travers un monticule accidenté.

La fouille avait dit quelle serait la disposition de la construction, qui se composerait d'un corps d'habitation sur la rue avec cour derrière.

Mais quelle serait cette construction ?

Sur ce point les raisonnements, les suppositions, les explications avaient d'autant plus varié que ce qu'on voyait sortait de l'ordinaire.

Était-ce une petite église, un temple, une école, un atelier, une habitation particulière ? Chacun avait eu son idée.

Lorsque la construction avait été complètement élevée et qu'on avait commencé à descendre le ravalement, tout le monde avait pu voir que l'explication « maison » était la seule bonne ; mais, comme la façade de cette maison était ornée de pilastres et de colonnes avec entablement, corniche, cymaise, tympan, frise, architrave, ornement d'oves, lambrequins et méandres, le tout très développé et traité avec grand soin, ceux qui avaient parlé de temple ou de toute autre chose n'avaient point été trop honteusement battus.

En réalité, c'était une maison grecque telle que les successeurs d'Ictinus et de Callicrate eussent pu en construire une à Athènes, et que l'architecte parisien qui l'avait élevée s'était appliqué à approprier aux usages de la vie moderne, tout en lui conservant, partout où cela était possible, la pureté du style classique.

Qu'on eût la fantaisie de se faire construire une maison de ce genre, c'avait été un nouveau sujet d'étonnement et de bavardage pour les curieux.

Qui donc devait habiter cette maison grecque

où la recherche du confort s'alliait à celle de l'élégance ?

Ceux qui s'intéressaient à ces questions avaient vu une dame d'une cinquantaine d'années venir pres-

que chaque jour visiter les travaux et parler en propriétaire aux entrepreneurs et aux ouvriers.

Bien que n'étant plus jeune, cette dame avait conservé des restes d'une grande beauté, et n'étaient ses cheveux blancs qu'elle ne cherchait point à cacher, on ne lui eût certes pas donné cinquante ans ; avec cela un air de distinction dans toute sa personne, de la douceur et de la bonté dans le regard, de l'affabilité dans les manières, mais aussi quelque chose de maladif sur son beau visage pâle, de fatigué, d'épuisé dans son attitude.

Elle se nommait madame Casparis; elle était veuve d'un négociant de Marseille mort depuis vingt ans, et cette maison qu'elle faisait construire était pour son fils Georges Casparis, le statuaire, en ce moment à Rome, où il achevait sa dernière année d'études à la villa Médicis; et elle voulait la lui offrir pour l'habiter avec lui lorsqu'il rentrerait en France.

C'était un naufrage qui avait rendu madame Casparis veuve: en revenant de Taganrog, où il avait un comptoir pour le commerce des grains, Jean Casparis montait un petit vapeur qui avait été abordé dans la mer Noire et qui, en coulant à pic, avait englouti avec lui son équipage et ses passagers.

Madame Casparis aimait tendrement son mari, qu'elle avait épousé par amour, et qui, en dix années de mariage, ne lui avait pas causé un chagrin; cette catastrophe avait été pour elle un coup effroyable qui l'avait écrasée, et qui peut-être l'eût tuée elle-même si elle n'avait pas eu un fils. L'enfant avait sauvé la mère. Elle avait vécu pour lui. Elle avait retrouvé de la force, elle s'était relevée pour ce petit être qui resterait seul au monde si elle s'abandonnait et se laissait aller au découragement.

Mais, si elle avait voulu vivre pour lui, par contre,

elle avait voulu qu'il vécût pour elle ; dans son isolement et son désespoir il lui fallait quelqu'un à aimer, mais encore il lui fallait quelqu'un qui l'aimât, qui le lui dît, qui le lui montrât à chaque heure.

Au moment de cette catastrophe l'enfant venait d'être mis au collège : elle l'en avait retiré, se donnant à lui entièrement du matin au soir et du soir au matin ; la nuit dormant près de lui, souvent même la main dans la main ; le jour se faisant son précepteur et suppléant les maîtres qu'elle lui avait donnés, aussi bien le maître de latin, de français, que le maître de dessin et de gymnastique ; apprenant ce qu'elle ne savait pas pour le lui enseigner, ne reculant devant rien : peine, fatigue, ennui, tout lui étant bon à faire ou à apprendre, pourvu que cela dût servir à son fils, à son éducation, à sa santé ou à son plaisir.

Les affaires de son mari étaient prospères, mais cette mort subite était un désastre qui les avait gravement compromises, la main du maître n'étant plus là pour les diriger et les soutenir. Cependant la liquidation, menée par des gens d'affaires, lui avait laissé à elle, mais non à son fils ruiné, un actif de cinq à six cent mille francs et une maison de campagne aux environs de Marseille, du côté des Aygalades.

C'était là qu'elle s'était retirée, consacrant ses

trente mille francs de rente à l'éducation de son fils, vivant simplement, mais convenablement, ne faisant pas plus d'économies que de dettes.

Cette villa, construite sur une colline rocheuse, au milieu d'un bois de pins et en vue de la mer qui baignait l'extrémité de son parc, était dans une situation à souhait pour élever un enfant, qui trouvait là,

sans sortir, l'air pur, le soleil et l'espace; aussi le petit Georges Casparis, qui se fût peut-être étiolé dans les étroites cours d'un collège, y avait-il grandi et s'y était-il développé sans avoir jamais une journée d'indisposition ni même une heure de ces petits malaises dont les écoliers profitent avec tant d'empressement quand une leçon les ennuie : vigoureux, souple, habile à tous les exercices du corps, résistant à toutes les fatigues, insensible à l'extrême chaleur comme au grand froid.

C'est un axiome qu'émettent les pédagogues, proviseurs, maîtres de pension, professeurs, et que répètent les parents qui, pour une raison ou pour une autre, ne peuvent pas faire l'éducation de leurs enfants ou la surveiller, que les garçons ne peuvent s'instruire qu'en commun et en polissant pendant dix ans avec leurs fonds de culottes les bancs des collèges. Cependant Georges Casparis, dirigé par de bons maîtres et surveillé par sa mère qui travaillait souvent avec lui, n'avait pas fait un mauvais élève, et, bien qu'il usât plus de souliers à courir librement en plein air que de fonds de culottes à rester assis, le dos voûté et la poitrine rétrécie, pour copier et recopier tout le fatras qu'on appelle des devoirs de classe, il avait plus d'une fois étonné les amis de sa mère qui venaient la voir dans sa retraite et qui interrogeaient d'un air railleur « ce pauvre garçon élevé en femme ». S'il avait eu un chant de l'*Énéide* à expliquer dans son année, il savait ce que c'était que l'*Énéide*, qu'on lui avait lue en entier dans une bonne traduction ; et chose plus extraordinaire encore, il connaissait même Virgile. Si on l'interrogeait sur l'*Iliade*, il ne s'en était point tenu au chant qu'il avait dû traduire et il pouvait parler du poème entier, depuis le premier chant jusqu'au dernier. De même pour Sophocle, il savait que l'œuvre du tragique grec ne se bornait pas au seul *Œdipe roi*. Il osait même avoir un sentiment personnel sur ce qu'il avait lu, et c'était sans rougir qu'il expliquait aux gens graves qui voulaient bien s'entretenir avec lui, que l'*Iphigénie* d'Euripide lui paraissait admirable et celle de Racine ridicule, ce que bien certainement il ne se fût pas permis s'il avait suivi les classes du collège; d'abord parce que le peu qu'il aurait connu de ces deux pièces ne lui aurait pas permis d'avoir la moindre idée de l'une ni de l'autre; et puis parce qu'on lui aurait enseigné là quelques phrases toutes faites qu'il aurait répétées jusqu'au jour où il aurait pu avoir une opinion, si toutefois il avait eu jamais le temps de s'en faire une.

II

DE ses différents professeurs, le préféré de Georges avait été son maître de dessin.

C'était un peintre de talent qui, n'ayant pas les reins assez forts pour se faire à Paris la place qu'il

avait la conscience de mériter, était revenu tristement dans son pays natal, désenchanté de la vie, mais non de l'art qu'il aimait toujours passionnément et qu'il servait même plus fidèlement que beaucoup de ses anciens camarades arrivés aux honneurs ou à la réputation, et que le succès avait jetés dans le métier.

Sous sa direction intelligente et dévouée, Georges Casparis avait fait de tels progrès que souvent le brave homme ne pouvait s'empêcher de s'écrier :

— Quel malheur que vous ayez de la fortune ! Vous feriez un grand artiste. Vous êtes doué.

C'était une règle pour madame Casparis d'assister à toutes les leçons de son fils, non dans la salle même de travail où se donnaient ces leçons et de façon à être sans cesse sur le dos des professeurs, mais en se tenant dans un petit salon en communication avec cette salle, et d'où elle entendait tout ce qui se disait pendant ces leçons, les explications aussi bien que les observations, les gronderies et les compliments.

— Et en quoi donc la fortune empêche-t-elle d'être un grand artiste ? avait-elle répondu un jour en quittant sa place pour venir dans la salle de travail.

— En ce qu'elle conduit les gens riches au dilettantisme, qui fait des amateurs et non des artistes.

— Fatalement ?

— Je n'oserais pas l'affirmer d'une façon absolue ; mais enfin, il faut reconnaître que, quand on n'a pas besoin de travailler, on ne travaille pas; or, si bien doué qu'on soit, on ne devient un artiste, un vrai artiste, que par le travail, et cela dans tous les arts, la peinture comme la musique ou comme la littérature ; voyez les œuvres des amateurs quand elles sont exposées au grand jour et soumises au jugement du public !

— Et si Georges travaillait ?

— Ah ! s'il travaillait ! certes il irait haut, très haut ; car je n'ai jamais vu un élève mieux doué que lui, aussi bien pour le sentiment que pour la main ; mais travaillerait-il ? C'est une douce chose que la rêverie. C'en est une commode que l'à-peu-près. Et quand on n'obéit pas à la dure loi de la nécessité, on flotte entre les deux : on rêve à ce qu'on fera demain ; ou bien on se contente de ce qu'on a fait la veille. L'art n'accepte ni la rêverie, ni l'à-peu-près ; il veut l'effort, l'effort persévérant, sans cesse répété ; et tout effort est assez fatigant, assez douloureux pour qu'on ne se l'impose pas volontiers quand on peut faire autrement.

— Je n'ai pas peur de l'effort, au contraire, avait dit Georges, qui tâchait de comprendre ces distinctions un peu abstraites pour lui.

Ç'avait été une lourde responsabilité à prendre que le choix d'une carrière pour son fils, et qui, dans ses nuits, lui avait fait de longues heures sans sommeil.

Un seul point était arrêté dans sa volonté, sur tout le reste hésitante et perplexe : il ne serait pas oisif ; il ne vivrait pas de son revenu en attendant celui que lui apporterait un jour la femme riche qu'il épouserait.

Tutrice de son fils, elle avait, il est vrai, pour l'assister, un subrogé-tuteur qui était un oncle paternel de Georges; mais ce frère de son mari, lancé dans

de grandes affaires et tout entier à l'ambition, n'avait guère le temps de s'occuper de sa belle-sœur et de son neveu; comment penser à une femme et à un enfant qui, en somme, n'avaient besoin de rien; quand toute son intelligence, tous ses efforts étaient pris par ses occupations personnelles? Cependant, comme c'était un homme aimable et poli qui pratiquait la religion des convenances, il ne manquait jamais de répondre à sa belle-sœur toutes les fois que celle-ci le consultait, ce qui arrivait fréquemment; mais sa lettre était toujours la même, à ce point qu'on pouvait croire qu'il la prenait sur son copie de lettres : « J'accepte les yeux fermés ce que vous me proposez dans l'intérêt de Georges; vous savez quelle confiance j'ai en votre jugement droit et sûr. Faites donc comme vous dites et croyez-moi votre dévoué. » Quelquefois au lieu de « jugement droit et sûr », il y avait « jugement sûr et droit »; mais c'était le seul changement qu'il se permît; quant « aux yeux fermés », ils ne s'ouvraient jamais.

A quoi bon lui demander conseil? Si elle lui écrivait, il lui répondrait par sa lettre ordinaire : « J'accepte les yeux fermés »; si elle allait le voir, il l'écouterait en apparence avec le plus vif intérêt, mais, en réalité, en pensant à toute autre chose qu'à ce qu'elle lui dirait, et sa réponse serait : « Je m'en rapporte les yeux fermés à votre jugement droit et sûr. »

Il fallait donc qu'elle se décidât seule.

Commerçant, Georges ne voulait pas l'être; et elle ne désirait pas elle-même qu'il le fût pour continuer son père et mourir peut-être comme lui.

De quel droit eût-elle exigé qu'il se fît magistrat ou ingénieur?

S'il n'allait pas haut, très haut comme on le lui

prédisait, il trouverait toujours dans l'art une occupation pour sa vie, et pour son intelligence une excitation. Qu'importait qu'il gagnât ou ne gagnât pas d'argent !

Artiste, elle pouvait l'accompagner, vivre près de lui, avec lui, jusqu'au jour où il se marierait et où il aurait des enfants. Quelle douce espérance pour elle !

Mais cette considération, qui eût peut-être entraîné une mère moins dévouée, était justement celle qui l'empêchait de se décider dans ce sens. Ce n'est pas à elle qu'elle devait penser, c'était à lui. Ce n'était pas ce qui pouvait être bon pour elle qu'elle devait rechercher, c'était ce qui pouvait être le meilleur pour lui.

Et longuement, anxieusement, elle avait poursuivi cette recherche, résistant à son fils, se résistant à elle.

— Attendons; nous verrons plus tard; rien ne presse; finis tes classes et travaille toujours.

Mais, par la force même des choses, ce travail avait été dirigé plutôt du côté artistique que du côté scientifique. Ne fallait-il pas qu'il apprît à connaître dès maintenant ce qu'il pratiquerait peut-être un jour ?

C'était ainsi qu'il avait soigneusement étudié l'histoire de l'art chez les Égyptiens et les Assyriens, puis dans le moyen âge, la Renaissance et les temps modernes.

Les jours de congé, il avait souvent visité le musée de Marseille qui, sans être bien riche en œuvres remarquables, possède cependant dans la galerie des antiques quelques morceaux curieux de l'art grec trouvés dans le pays même ou apportés de l'Orient par des négociants et offerts à la ville.

A Toulon, ils avaient été voir les cariatides de Puget qui soutiennent le balcon de l'hôtel de ville; à Avignon, le château des papes; à Arles, l'amphithéâtre romain; à Orange, le théâtre et l'arc de triomphe de Germanicus; à Saint-Chamas, le pont Flavien.

Une année, pendant les vacances, elle l'avait conduit à Florence et à Pise, l'année suivante à Rome, la troisième à Venise.

Et pendant les soirées d'hiver, quand la journée de travail était finie et que les devoirs donnés par les professeurs étaient faits, les leçons sues, le temps se passait à regarder des ouvrages à gravures représentant les monuments ou les œuvres d'art de tous les pays.

Comment les dispositions naturelles de l'enfant, le goût du jeune homme ne se fussent-ils pas développés?

En même temps ses progrès en dessin continuaient et de plus en plus souvent, son maître s'écriait :

— Ah! si vous n'étiez pas riche!

Enfin, le moment que Mᵐᵉ Casparis avait toujours reculé était arrivé : les classes finies, il avait fallu se prononcer.

C'est-à-dire qu'il avait fallu céder.

Comment eût-elle résisté à son fils qui la priait ?

Comment se fût-elle résisté à elle-même ?

Comment n'eût-elle point partagé des espérances, qui pouvaient n'être que des illusions, mais qui pouvaient être aussi des réalités ?

Mais, pour la première fois de sa vie, le subrogé-tuteur, lorsqu'elle lui avait soumis sa résolution, n'avait point répondu : « J'accepte les yeux fermés ce que vous me proposez, et je m'en rapporte à votre jugement droit et sûr. »

— Artiste ! quelle drôle d'idée ! C'était donc vrai ? Sans doute il avait entendu parler de cela. Georges lui-même l'en avait entretenu en lui montrant des petites machines en terre qu'il pétrissait et qui n'étaient pas belles du tout ; mais jamais il n'avait pris cette fantaisie au sérieux. Qu'on se fît artiste plutôt que de crever de faim, cela se comprenait : en somme cela valait encore mieux que de se laisser mourir ou de se décider à voler. Mais quand on avait une petite fortune, pourquoi ne pas employer son intelligence à l'augmenter ? Cela était facile. Pour lui, il était prêt à aider son neveu de ses conseils. Mais quant à approuver une résolution qui ne tendait à rien de moins qu'à mener un honnête garçon qu'il aimait, à travailler comme un manœuvre, c'était une responsabilité dont il ne se chargerait jamais.

Et dans son dévouement pour son neveu, il avait voulu le voir lui même, afin de lui adresser les observations d'un homme qui connait la vie et qui ne se laisse pas leurrer par les chimères de la vingtième année.

Et ces observations, il les lui avait faites amicalement, mais aussi avec fermeté, en se plaçant non au point de vue du sentiment, ce qu'il ne faisait jamais, mais au point de vue pratique, ce qui était son fort :

— Vois-tu mon garçon, il n'y a en somme que deux manières de gagner sa vie en ce monde : la première consiste à travailler soi-même, la seconde consiste à faire travailler les autres à notre profit. Eh bien, si je ne me trompe, quand on est artiste, on travaille soi-même, n'est-ce pas, sans l'aide de personne, avec sa tête aussi bien qu'avec ses mains, c'est-à-dire qu'on s'use doublement, et cela pour un travail limité. Si tu réfléchis, je suis sûr que tu comprendras que c'est là un métier de dupe, et que tu ne le prendras pas, tu es trop intelligent pour ça.

Cependant Georges Casparis l'avait pris, ce métier de dupe.

Quittant Marseille avec sa mère qui, bien entendu, avait voulu le suivre, il était venu s'établir à Paris et il était entré à l'École des beaux-arts, dans l'atelier de Jouffroy.

L'argent dont il pouvait largement disposer pour

ses fantaisies et ses plaisirs ne l'avait pas empêché de travailler, et donnant un démenti à son vieux maître de dessin de Marseille, il avait, au bout de cinq ans d'études sérieuses, remporté le grand prix de sculpture.

Il était alors parti pour Rome, où sa mère ne l'avait pas suivi, mais où elle avait été passer près de lui quelques mois tous les ans.

Ne fallait-il pas lui laisser un peu de liberté?

Et puis le climat de Rome était mauvais pour sa santé affaiblie, et les médecins ne lui avaient permis de rester en Italie que pendant les mois d'hiver.

D'ailleurs, sa présence était nécessaire à Paris, car elle voulait que son fils, en rentrant en France, trouvât un atelier où il pût travailler et produire le chef-d'œuvre qu'elle attendait de lui, et c'était pour faire construire cet atelier qu'elle avait acheté le terrain de l'avenue de Villiers.

Jusqu'à ce jour ils avaient mené la vie d'apprentissage et d'épreuves, lui à Rome, elle à Paris ou sur la route de Paris à Rome; maintenant ils allaient être réunis, et c'était une existence de paix et de tranquillité qui allait commencer pour eux, — pour lui de gloire.

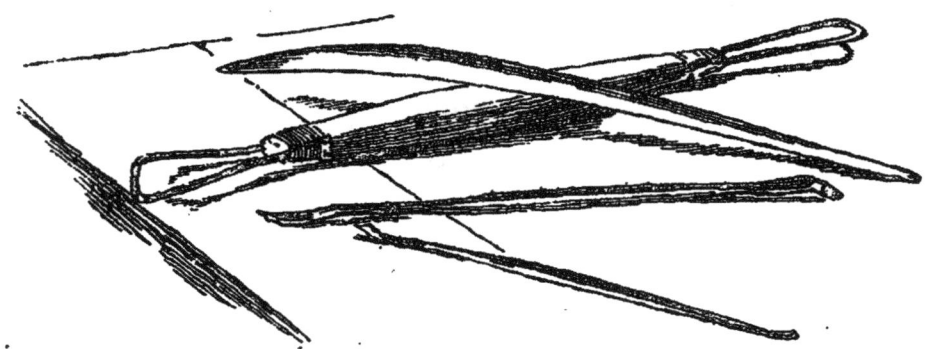

III

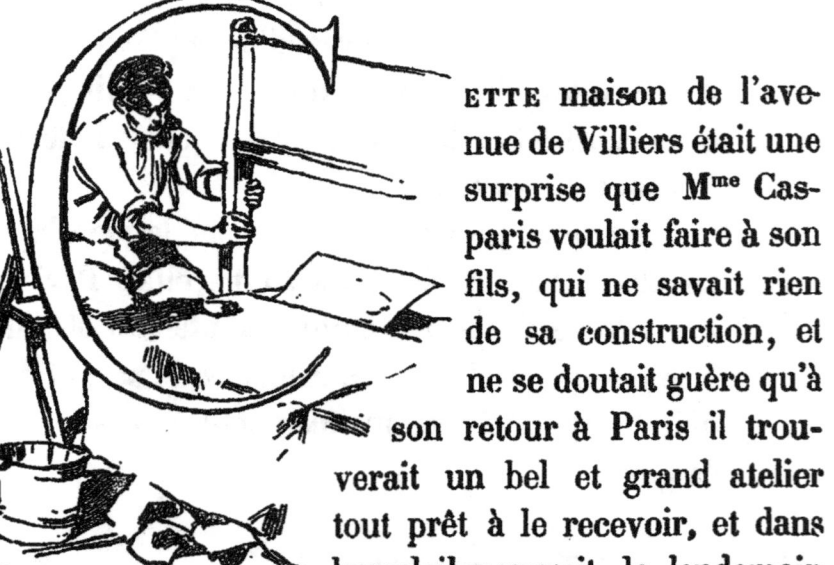

ETTE maison de l'avenue de Villiers était une surprise que Mme Casparis voulait faire à son fils, qui ne savait rien de sa construction, et ne se doutait guère qu'à son retour à Paris il trouverait un bel et grand atelier tout prêt à le recevoir, et dans lequel il pourrait, le lendemain même de son arrivée, se mettre au travail.

Avant de décider l'acquisition de ce terrain et la construction de cette maison, Mme Casparis avait longtemps hésité, car c'était chose grave pour elle qu'une pareille résolution à prendre.

Son fils aimerait-il ce qu'elle aurait fait faire pour lui?

Heureusement ils avaient assez souvent parlé ensemble de cette maison idéale, que tant d'artistes construisent en rêve, pour qu'elle sût quels étaient à ce sujet ses idées et ses goûts.

Combien de fois les lui avait-il expliqués et développés dans leurs promenades sous les ombrages solitaires des villas des environs de Rome, ou au milieu des bois d'Albano et de Tivoli en marchant côte à côte!

— Quand j'aurai gagné une bonne somme...

C'était ainsi qu'il commençait toujours, car la maison qu'il bâtissait dans sa tête, il voulait l'offrir à sa mère et ne pensait pas à la recevoir de celle-ci; or, comme il ne lui était rien revenu de la succession de son père, dévorée par les gens d'affaires, et que leur fortune appartenait en propre à sa mère, il fallait bien qu'il eût gagné la bonne somme dont il parlait pour réaliser son désir.

Donc, quand il aurait gagné une bonne somme, il achèterait un terrain du côté du parc Monceaux, sur lequel il ferait élever une petite maison, une toute petite maison, juste assez grande pour les loger tous deux. S'il faisait des économies sur le terrain et le cube de construction, c'était parce qu'il voulait que cette construction fût très soignée. Là-dessus il avait des idées arrêtées, des principes dont il ne se départirait jamais : ce qu'il voyait chaque jour, ce qui l'entourait, ce qui lui appartenait devait être beau : choses matérielles, gens, bêtes ; jamais il n'habiterait une maison dont il serait propriétaire si elle manquait de style ; jamais il ne se ferait servir par un domestique camard ou boiteux. Le style qu'il voulait pour sa maison, c'était le style classique, grec et non romain ; et il avait longuement expliqué comment il comprenait ce style. Pour la distribution intérieure, il était beaucoup moins exigeant : — au sous-sol la cuisine, la cave, la salle de bain, le calorifère, — au rez-de-chaussée une salle à manger et un salon en communication avec l'atelier, qui devait être vaste et très haut ; ce sont les peintres qui peuvent faire de leur atelier un salon, parce que la peinture n'est pas sale ; mais les sculpteurs, qui ont besoin de terre glaise mouillée, de baquets et d'éponges, et qui vivent dans la poussière du marbre ou du plâtre, ne peuvent travailler que dans un véritable atelier où l'on n'a pas souci de la propreté : — au premier étage l'appartement de la mère ; au second celui du fils.

Décidée enfin à faire exécuter ce plan, Mme Casparis ne lui avait apporté que de légères modifications : les appartements de son fils seraient au premier étage ; les siens, à elle, seraient au second : depuis longtemps elle n'était plus qu'une mère ; ce ne serait pas chez elle qu'on viendrait, ce serait chez lui ; — l'atelier, au lieu d'être dans la maison même où il prendrait trop de place, serait dans la cour, appliqué contre la maison, de façon à lui donner tout l'espace nécessaire et à ce que des statues ou des groupes de hauteur monumentale fussent à leur aise sous son vitrage ; enfin, dans cette cour, assez grande, il y aurait une écurie, afin que Georges pût avoir un cheval de selle qu'il monterait tous les jours, ce qui l'obligerait à faire de l'exercice et à ne pas s'absorber dans le travail.

Puisque désormais ils habiteraient Paris, elle n'avait plus besoin de sa maison des Aygalades : elle l'avait vendue et elle avait destiné le prix qu'elle en avait tiré, — prix plus que double de celui de l'acquisition, — à sa construction de l'avenue de Villiers et à son ameublement.

Quoique ce fussent là pour elle de lourdes affaires, elle avait cependant un souci qui la tourmentait plus que les marchés à conclure avec le propriétaire des terrains et les différents entrepreneurs de la construction — c'était cette construction même.

Sans avoir reçu une forte éducation première, elle n'était cependant pas une ignorante, et en suivant son fils dans ses études, elle avait appris beaucoup de choses que les femmes ne connaissent pas ordinairement; mais enfin, bien qu'elle pût parler de l'ordre dorique, de l'ordre ionique, de l'ordre corinthien, de l'ordre composite en sachant ce qu'elle disait et sans s'exposer à attribuer les feuilles d'acanthe à l'ordre dorique, ou de confondre les modillons de l'ordre dorique avec ceux en forme de S de l'ordre corinthien, elle n'était pas assurée pourtant que l'architecte ne commettrait pas quelques hérésies de style qu'elle laisserait échapper elle-même et qui scandaliserait son fils quand celui-ci les verrait.

Que de tourments pour elle, dans cette inquiétude qu'elle n'osait pas cependant calmer par des questions directes.

Alors quand un doute la prenait, c'étaient des détours sans fin pour arriver à dire, sans le dire franchement :

— Est-ce bien réellement grec?

— Jamais les Athéniens de Périclès, disait l'architecte, n'ont été aussi Grecs que nous.

— Ah! ne plaisantez pas.

— Je ne plaisante pas, je vous assure; ils ne savaient pas ce qu'ils faisaient, et d'instinct ils pouvaient s'égarer dans des innovations : nous, nous savons ce que nous faisons, et il n'y a pas de danger que nous fassions quelque chose d'original; c'est classique, c'est pur.

A mesure que la maison approchait de sa fin, une inquiétude d'un autre genre la tourmentait : la verrait-elle s'achever? aurait-elle la joie d'en faire les honneurs à son fils?

Sa santé, depuis longtemps délabrée, était devenue de plus en plus mauvaise : la marche de l'affaiblissement était sensible chaque jour, même pour elle.

— Nourrissez-vous, lui disait son médecin, prenez des forces; dans votre état, ce qui est mauvais c'est la dénutrition.

Tout ce qu'on lui ordonnait elle le faisait consciencieusement, mais l'affaiblissement continuait, et il était évident que si les choses continuaient ainsi, elle n'en avait pas pour longtemps à vivre; elle le sentait.

Vivrait-elle jusqu'au retour de son fils?

Le revoir! L'installer dans cette maison qu'elle avait été si heureuse de faire construire pour lui!

— Hâtez-vous, disait-elle à l'architecte, promettez une prime aux entrepreneurs s'ils finissent leurs travaux avant l'époque convenue.

D'autre part, elle disait à son médecin qu'elle voulait voir chaque jour :

— Soutenez-moi, prolongez-moi; je ne vous demande pas des années, je vous demande quelques mois, quelques jours.

Et elle se fixait une époque.

Celle du retour de son fils en France :

Et comme beaucoup de malades désespérés, elle trouvait dans cette date un soutien : ce qu'elle demandait était si peu; n'est-il pas possible de prolonger sa vie par un effort de volonté? Il lui semblait que cela devait être en s'observant bien; en faisant tout ce que les médecins ordonneraient; en ne vivant que pour vivre.

Et le temps qu'elle pouvait prendre sur le traitement méticuleux qu'elle s'imposait et dont elle exagérait la rigueur, elle l'employait à presser les entrepreneurs et les tapissiers.

Bien souvent elle avait été sur le point d'écrire à son fils pour lui demander de hâter son retour; plusieurs fois même elle avait commencé sa lettre; mais jamais elle n'avait poussé son idée jusqu'au bout.

Devait-elle l'inquiéter?

Et puis, d'autre part, la maison n'était pas finie; cette surprise qu'elle avait si laborieusement préparée et dont elle s'était promis une si grande joie serait donc manquée.

Il fallait attendre, attendre encore jusqu'à l'extrême limite.

On revient vite de Rome à Paris; elle aurait le temps de le prévenir et il arriverait toujours pour qu'elle le pût embrasser.

Si chaque jour qui s'écoulait était un jour de vie pour elle, — et elle avait la terrible certitude que ceux qui lui restaient étaient strictement comptés,— c'était aussi un de moins à attendre.

Encore deux mois, encore un, encore quelques semaines, encore quelques jours seulement.

Enfin les pièces du rez-de-chaussée et du premier étage, c'est-à-dire celles qui devaient servir à son fils, étaient terminées comme ameublement, et elle avait déjà commencé à installer au second étage son vieux mobilier qu'elle conservait pour son usage personnel lorsque, se sentant plus faible, elle avait été obligée de s'aliter.

Par suite de ce déménagement commencé, son appartement se trouvait dans le plus complet désordre, et il ne restait guère en état que la chambre à coucher; cependant elle avait résisté aux instances de ses domestiques, une vieille cuisinière et un vieux valet de chambre à son service depuis plus de trente ans, qui voulaient qu'on la transportât dans la maison neuve de l'avenue de Villiers, où l'on pourrait la mieux soigner et où l'on trouverait tout ce qui manquait dans cet appartement démeublé.

Elle avait opposé le même refus à son médecin; mais avec lui elle l'avait appuyé d'une raison à laquelle il n'y avait guère à répondre :

— Je ne veux pas que cette maison neuve, si gaie, si riante, que j'ai eu tant de bonheur à préparer pour mon fils, soit attristée par un souvenir qui la lui rendrait peut-être inhabitable.

— N'ayez donc pas ces idées; nous n'en sommes pas là, Dieu merci ! Nous en sommes loin.

— Si, docteur, nous en sommes là ; je le sens; peut-être cela vaut-il mieux ainsi : j'aurais été certes bien heureuse d'habiter cette maison avec mon fils; mais puisque je dois mourir, il vaut mieux que je ne l'habite pas du tout et que je meure ici ; cela sera moins triste pour Georges. Après tout, ne me trouvera-t-il pas à chaque pas dans cette maison ? j'y serai pour lui ; ce sera sa mère vivante, non sa mère morte qu'il reverra, et je sens que cela vaudra mieux... pour lui.

Elle ne se trompait pas.

Elle était morte, en effet ; et bien qu'elle eût prévenu son fils aussitôt qu'elle avait perdu l'espérance d'échapper à cette dernière crise, comme elle avait échappé à celle qui avait précédé celle-là, il n'était pas arrivé à temps pour recevoir son dernier baiser.

IV

Si la mère avait ardemment désiré et anxieusement attendu le retour de son fils, le fils avait vivement désiré sa réunion avec sa mère.

Cette séparation de cinq ans avait été longue pour lui et à mesure que le temps s'était écoulé, plus longue et plus lourde.

Enfant, il avait aimé sa mère d'instinct, sans bien savoir pourquoi, ni comment, ni combien : il était joyeux lorsqu'il la voyait, chagrin lorsqu'il ne la voyait pas; il avait plaisir à l'embrasser, plus grand plaisir encore à être embrassé tendrement, longuement caressé par elle ; mais jamais à sa joie et à son plaisir ne s'était mêlée une pensée de reconnaissance : elle était sa mère et par cela seul il trouvait tout naturel qu'elle fût pour lui ce qu'elle était; il ne sentait pas, il n'imaginait pas qu'il y eût une autre manière d'être mère.

C'était plus tard, dans la séparation, par l'épreuve et l'expérience de la vie, par la comparaison de ce qu'il voyait avec les tendres souvenirs que son cœur gardait qu'il avait senti ce qu'elle avait été. Alors un sentiment de reconnaissance émue lui avait fait désirer de rendre à cette mère tendre et dévouée ce qu'elle lui avait donné; de vivre pour elle, comme elle avait vécu pour lui.

Maintenant les rôles seraient intervertis : il serait la mère; elle serait l'enfant. Les années et le travail avaient fait de lui le fort : les années, les fatigues, les maladies avaient fait d'elle la faible. Maladive, il la soignerait comme elle-même elle l'avait soigné enfant. Elle l'avait promené, amusé, distrait; à son tour, il la promènerait, il l'amuserait, il la distrairait. Elle l'avait instruit, il l'instruirait. Elle l'avait aimé enfant, il l'aimerait de même, ne lui faisant pas plus sentir sa faiblesse qu'elle ne lui avait fait sentir la sienne; la relevant au contraire, comme elle-même l'avait relevé, soutenu, encouragé.

— Ma mère !

Ce mot dirait tout.

Les indifférents ou les imbéciles salueraient, les intelligents admireraient.

Quelle bonne vie ils allaient organiser à eux deux.

Le jour, le travail; au déjeuner, au dîner, à la soirée, l'intimité du tête-à-tête : « Qu'as-tu fait? que vas-tu faire? » ce serait là qu'ils échangeraient leurs espérances ; qu'ils se consulteraient, qu'ils s'entendraient, car jamais il n'entreprendrait rien sans lui demander conseil ; où en trouverait-il un plus sûr, plus éclairé ? la femme de tête en elle était l'égale de la femme de cœur.

Elle était musicienne ; de temps en temps, aussi souvent que possible, il la conduirait à l'Opéra, et pour cela il la ferait belle.

Elle aimait la campagne ; toutes les semaines régulièrement ils prendraient une pleine journée pour faire une excursion aux environs de Paris, dans les bois, sur les collines d'où se déroulent de si beaux horizons.

Ce serait elle, la maîtresse de la maison, qui ferait les invitations, qui recevrait leurs amis, et ceux-ci l'aimeraient, l'estimeraient, l'admireraient comme elle le méritait.

Ainsi chacun de son côté, elle à Paris, lui à Rome, elle pour lui et lui pour elle ; ils avaient arrangé leurs rêves, préparé leurs surprises.

Et en arrivant, il l'avait trouvée froide sur son lit de mort.

Le coup avait été terrible.

Et ce qu'il avait appris, ce qu'on lui avait dit l'avait rendu plus écrasant, plus cruel encore.

— Nous avons tout fait pour que madame ne reste pas dans un appartement démeublé, avaient dit les domestiques, mais elle n'a pas voulu nous écouter ; elle avait son idée.

Il n'avait pas besoin qu'on la lui dît cette idée.

Elle expliquait sa mère : depuis le jour où elle s'était enfermée avec lui aux Aygalades, jusqu'à sa dernière lueur, sa vie n'avait eu qu'une inspiration : le dévouement.

Et lui, il n'aurait jamais rien pu faire pour elle.

Au moment même où il allait pouvoir enfin lui rendre un peu de ce qu'elle lui avait si généreusement donné, elle mourait.

Il avait cru qu'ils allaient vivre ensemble, et ce serait seul qu'il vivrait.

De ses projets, de ses espérances, de ce qu'il avait combiné, caressé, il ne restait qu'un souvenir.

— J'aurais fait...

En revenant du cimetière, il voulut entrer et s'installer tout de suite dans cette maison qu'elle lui avait préparée.

Mais l'émotion fut si poignante qu'il resta longtemps anéanti dans son atelier, n'osant pas visiter ces pièces qu'ils devaient habiter ensemble.

Cet atelier vaste et élevé, aux murs peints en rouge étrusque, était tout prêt pour le travail ; sur ses murs étaient accrochés les esquisses et les moulages qu'il avait laissés à Paris avant son départ pour

Rome ; çà et là se voyaient des *selles* de toutes dimentions et de toutes hauteurs, c'est à dire de ces sortes d'établis à plate-forme tournante sur lesquels les sculpteurs exécutent leurs groupes, leurs statues, leurs bustes, et qui sont pour eux ce que les chevalets sont pour les peintres; puis dans un coin étaient rangés les baquets pour la terre glaise, les seaux pour l'eau; le mobilier était complété par deux grandes tables en chêne, deux longs divans recouverts en vieux cuir, des fauteuils et des chaises.

Assis devant l'une de ces tables, la tête enfoncée entre ses mains, Casparis était là depuis longtemps déjà, lorsque machinalement et sans trop savoir ce qu'il faisait, il ouvrit un des tiroirs de cette table ; il s'y trouvait du papier à dessin, des fusains, des crayons.

Alors une idée traversa son esprit bouleversé : pourquoi n'essayerait-il pas de se mettre tout de suite à l'esquisse du monument qu'il voulait élever à sa mère ? sans doute il n'était pas maître de son esprit et de sa volonté; sans doute sa main était crispée et tremblante, mais qu'importait après tout, c'était une esquisse; ce qui était essentiel pour lui c'était qu'il s'y mît tout de suite, et qu'elle eût pour date ce jour même : l'idée, il n'avait pas à la chercher, elle s'imposait : la *Maternité* à laquelle il donnerait les traits de sa mère.

Pendant plus de deux heures, il s'appliqua à ce travail, l'interrompant, le reprenant, mais sans s'occuper de la tête de cette figure, car bien qu'il y eût là des portraits de sa mère, il n'aurait pas pu les regarder en ce moment, et fixer ses yeux sur ces doux yeux qui n'étaient plus qu'une image.

Ce travail lui fit du bien et ce fut seulement après l'avoir avancé qu'il se décida à parcourir sa maison du haut en bas.

Mais plus d'une fois les larmes obscurcirent ses yeux en voyant comme elle le connaissait bien et comme elle l'avait deviné.

Il eût donné le plan de cette maison, il l'eût meublée lui-même qu'elle n'eût pas été autre qu'il la trouvait.

Un des effets de la douleur chez les artistes, c'est de détraquer en eux le grand ressort qui donne l'impulsion à leur intelligence et en règle les mouvements; aussi le plus difficile pour ceux qui ont été frappés est-il de se ressaisir et de s'appliquer; la direction de leur esprit leur échappe, ils ne peuvent le diriger. Le travail que Casparis s'était imposé avait eu cela de bon qu'il l'avait justement empêché de s'abandonner entièrement. Il avait un but, quelque chose à faire qui finissait toujours par le reprendre à un moment donné et le maintenir un certain temps.

Mais ce travail ne suffisait pas pour remplir sa vie, si différente dans son isolement de celle qu'il avait espérée et qu'il s'était arrangée. Paris, comme sa maison, était vide pour lui.

Si les cinq années que les prix de Rome passent à la villa Médicis ont cet avantage, en les dépaysant, de les placer dans un milieu où ils peuvent s'élever au-dessus des préjugés ou des habitudes de leur éducation première, elles ont, par contre, cet inconvénient de les laisser bien isolés, bien étonnés lorsqu'ils rentrent en France. Que de choses se sont passées pendant cette absence ! Cinq ans, c'est pour beaucoup le quart de la vie utile. Que d'idées ont changé pendant ces cinq ans ! Que d'hommes ont disparu ! au retour, c'est presque un nouvel apprentissage du monde qu'il faut recommencer, plus difficile, puisqu'on a à porter la dignité de sa position.

Cet isolement s'était produit pour Casparis.

De famille, il n'en avait plus, au moins à Paris, et son oncle de Marseille ne pouvait guère compter, absorbé qu'il était par ses grandes affaires, et ne se rappelant au souvenir de son neveu que par un mot qu'il lui avait répété plusieurs fois : « Quand donc feras-tu quelque chose qui force l'attention publique ? »

Ses anciens amis, ses camarades s'étaient dispersés : les uns étaient retournés dans leur province, chassés de Paris par le découragement, la misère ou le dégoût ; les autres étaient devenus des personnages trop graves ou trop peu graves pour lui ; celui-ci avait sombré ; ceux-là s'étaient mariés.

Parmi ses anciens camarades, celui avec qui il

s'était le plus étroitement lié, était un peintre appelé Sylvain Blanchon, plus âgé que lui de huit ou dix ans, mais en réalité très jeune par sa simplicité et sa naïveté. C'était un fils de paysans, qui avait commencé la vie par être un vrai paysan lui-même, sans éducation, sans instruction, sachant à peine lire et écrire, et qui s'était mis à la peinture, après vingt ans passés. Alors cet ignorant avait été pris de la passion d'apprendre et il s'était jeté dans l'étude à corps perdu : celle de son art aussi bien que celle de l'histoire et de la littérature ; le jour dessinant, peignant, la nuit lisant, et ne donnant pas plus de quatre heures au sommeil. C'était cette ardeur au travail qui avait touché Casparis et commencé leur liaison. Puis les points de sympathie s'accentuant entre eux, ils s'étaient pris d'amitié l'un pour l'autre, et cette amitié avait résisté à l'absence. Ils avaient entretenu un commerce de lettres. Et un beau jour Casparis avait vu arriver Sylvain Blanchon, qui venait à Rome pour constater de ses propres yeux ce qui était chez lui un article de foi, — c'est-à-dire que la décadence de la peinture en Italie avait commencé avec Raphaël, et que les grands maîtres italiens étaient Giotto, Masaccio, et Fra Angelico qu'il venait étudier à Pise, à Florence et à Bologne. Revenu à Paris, le premier de ses amis que Casparis avait cherché avait été Sylvain Blanchon. Surpris de ne pas le voir à l'enterrement de sa mère, à laquelle Blanchon avait toujours témoigné un profond respect, il lui avait écrit ; mais Blanchon ne lui avait même pas répondu. Alors il avait appris que celui-ci, ayant gagné quelque argent, venait de partir pour la Belgique, Gand, Bruges et Anvers, afin de constater de ses propres yeux le second article de sa foi artistique, c'est-à-dire que la décadence de la peinture flamande avait commencé avec Rubens, et que les grands maîtres flamands étaient Van Eyck, Memling et Quentin Massys.

Ç'avait été une vraie déception pour Casparis, car il eût pu dans sa faiblesse s'appuyer sur Blanchon, qui était une âme loyale et un caractère ferme, et de plus il eût pu aussi parler de sa mère avec un homme qui l'avait admirée et qui avait vu ce qu'elle valait.

N'ayant pas réussi de ce côté, il s'était retourné d'un autre, mais sans être beaucoup plus heureux.

Ce camarade dont il avait voulu se rapprocher était un musicien : Félicien Falco, un prix de Rome, qu'il avait connu en Italie et avec qui il s'était lié. Mais Falco, revenu en France depuis un an, n'habitait pas Paris; il demeurait à Andilly, et bien qu'on fût en plein hiver il restait à la campagne, chez un financier de ses amis, un faiseur, M. Arbelet, qui lui avait offert sa maison, inhabitée pendant la mauvaise saison; il s'enfermait là pour travailler à son aise, sans être dérangé, vivant dans les bois et ne venant à Paris qu'une fois par semaine pour ses affaires et aussi pour assister aux réceptions de madame Arbelet, chez laquelle il faisait entendre sa musique ou au moins quelques-unes de ses compositions.

Casparis était donc resté seul, replié sur lui-même, absorbé dans ces tristes pensées, n'ayant d'autre gaieté, d'autre distraction autour de lui que celles que lui donnaient une levrette appelée Souris et une chatte appelée Patapon, la levrette et la chatte de sa mère qui étaient les vrais maîtres de la maison.

V

L'ESQUISSE de sa *Maternité*, définitivement arrêtée sur le papier, Casparis avait commencé à modeler sa figure en terre, et il s'était mis à l'œuvre fiévreusement, ne voulant pas faire attendre à sa mère le monument qu'il lui élèverait de sa propre main, et qui, malgré son ardeur, exigerait un temps assez long encore avant de pouvoir être achevé.

Le travail de la sculpture, en effet, ne ressemble en rien à celui de la peinture, et ce que le statuaire expose aux yeux du public, ce n'est pas comme le peintre son œuvre originale, ce n'en est que le moulage en plâtre ou en bronze, ou bien la copie en marbre ou en pierre. Avant que l'œuvre soit moulée en plâtre par le mouleur, coulée en bronze par le fondeur, taillée à coup de marteau dans le marbre par le praticien, elle doit être modelée en terre plastique par le statuaire lui-même, — puisque c'est sur ce modèle que s'exécutent les autres opérations.

Et il y a cela de particulier que le travail du modeleur, — c'est-à-dire celui qui fait le modèle de la statue, est juste l'opposé de celui du sculpteur, — c'est-à-dire celui qui reproduit ce modèle en marbre.

Sur une armature en fer et en bois qui doit être la charpente osseuse de la statue, le statuaire modeleur applique des morceaux de terre glaise mouillée qu'il prend dans un baquet, il les ajoute les uns aux autres et il les pétrit avec ses doigts ou avec un outil appelé ébauchoir jusqu'à ce qu'il ait donné à son œuvre la forme cherchée.

Au contraire, le statuaire sculpteur se mettant en face d'un bloc de marbre ou de pierre abat à coup de ciseau ou de marteau les morceaux qui doivent tomber.

On était à la fin de janvier et les heures de lumière étaient courtes pour faire poser le modèle d'après lequel Casparis travaillait; aussi, pour ne pas perdre de temps, ne sortait-il pas dans la journée; c'était le soir seulement, après dîner, qu'il s'en allait droit devant lui, marchant pour marcher, sans but déterminé, dans ce Paris où tant de choses étaient neuves pour lui, au hasard des rues qu'il prenait comme elles se présentaient, et n'ayant pas à s'inquiéter de savoir où elles conduisaient puisqu'il n'allait nulle part.

Le plus souvent il suivait son avenue jusqu'au

chemin de fer et, le longeant, il gagnait le bois de Boulogne, où il était sûr de trouver, en cette saison et à cette heure, une solitude aussi complète que s'il eût été au milieu d'une grande forêt, à dix lieues de Paris. Chaussé de grosses bottes, vêtu d'un bon paletot épais, coiffé d'une toque de fourrure, un solide bâton à la main, un mince caoutchouc roulé dans sa poche, il ne craignait ni le froid, ni la pluie, ni personne, et, par les allées silencieuses, il poursuivait sa promenade aussi longtemps que le besoin de marcher et de respirer le poussait en avant, réfléchissant, rêvant, regardant autour de lui les effets de paysages fantastiques qui se déroulaient devant ses yeux au caprice de la lune et des nuages.

La neige elle-même ne le retenait pas chez lui, tout au contraire, car il trouvait que sous son drap blanc éclairé par la lune, le bois avait une splendeur nouvelle qui méritait bien qu'on vînt l'admirer, au lieu de rester à patauger ou à glisser sur les trottoirs des rues de Paris.

Un soir qu'il s'était ainsi mis en route, et qu'il avait été entraîné du côté de Boulogne, sans se rendre compte de la distance parcourue, tout à la beauté du spectacle de ce paysage blanc éclairé par la pleine lune, il fut surpris par une averse de neige qui commença à tomber.

Quand il était sorti de chez lui à huit heures du soir, l'atmosphère était calme, et après une bourrasque neigeuse qui avait soufflé toute la journée, le vent s'était apaisé; aussi n'avait-il pas hésité à prendre le chemin du bois sans s'inquiéter de l'épaisse couche de neige qui emplissait les routes non frayées et où, dans certains endroits, personne n'avait encore passé. Que lui importait ! Il n'avait peur ni du froid ni de l'humidité. Enfermé toute la journée à la chaleur du calorifère, il était heureux de respirer un air pur, débarrassé de toutes les poussières et de toutes les impuretés que la grande chute de neige du jour avait entraînées. Et il était plus heureux encore de jouir en artiste de la splendeur de cette nuit lumineuse où tout brillait d'un éclat immaculé ; le vent en soufflant avait fouetté la neige contre les arbres et les branches des taillis exposés au nord, c'est-à-dire du côté d'où Casparis venait lui-même, de sorte qu'aussi loin que sa vue pouvait s'étendre, elle ne voyait que du blanc ; et cela était rendu plus saisissant encore, plus éblouissant par un curieux effet de lumière ; à une certaine distance, il s'était formé un léger brouillard dans les taillis, et il fallait regarder longuement ce voile et l'étudier presque, pour ne pas être convaincu qu'on avait en face de soi un mur de neige au-dessus duquel émergeaient les cimes grises des grands arbres.

Tant que la neige n'avait pas tombé et que le vent n'avait pas soufflé, il avait marché droit devant lui ; mais la bourrasque de neige recommençant et le ciel s'étant obscurci, il s'était arrêté pour revenir sur ses pas ; à quoi bon continuer ? il ne voyait plus rien que les papillons blancs qui passaient plus larges et plus serrés devant ses yeux, en brouillant tout ; et il ne tenait pas à se faire mouiller et glacer pour rien.

Mais s'il avait marché agréablement et facilement lorsqu'il tournait le dos au nord, il n'en fut plus de même lorsqu'il lui fit face.

La bise soufflait si fort et si rude qu'elle lui coupait

la respiration, et que, de temps en temps, il fallait qu'il se retournât pour n'être pas suffoqué par cet air glacial, chargé de flocons de neige qu'il lui plaquait dans les yeux, dans les narines et dans la bouche.

Ces tourbillons blancs passaient horizontalement si rapides et si raides que c'était à croire qu'ils ne tombaient pas sur la terre et qu'ils s'en allaient ainsi indéfiniment dans un vol continu ; même la neige tombée dans la journée était enlevée de dessus les surfaces exposées au vent qui les balayait aussi ras que l'eût fait un balai invisible, et c'était seulement contre les arbres et les buissons qu'elle s'entassait en tournoyant, trouvant là un obstacle résistant.

C'était très curieux et très beau ; mais pour une simple promenade d'agrément c'était un peu trop fatigant et trop glacial ; tandis qu'il était inondé de sueur sous son paletot bien boutonné, sa figure et ses mains étaient paralysées par le froid.

Il marcha longtemps, n'avançant guère vite malgré ses efforts.

Enfin il rentra dans Paris, et par le boulevard qui longe le chemin de fer de Ceinture, il se dirigea vers son avenue : là, il était moins exposé à la poussée du vent, qui d'ailleurs faiblissait en même temps que la neige diminuait et cessait de tomber.

On n'entendait pas un roulement de voiture, pas un cri, pas un bruit vivant ; en bas un linceul blanc ;

en haut une réverbération rouge; c'était à croire qu'on était dans une ville fantastique sur laquelle la main de la Mort se serait tout à coup appesantie.

N'ayant plus à lutter contre la bourrasque, il fut très sensible à cette impression qui lui serra le cœur, et par une association d'idées toute naturelle, il pensa à sa maison que la Mort avait aussi frappée, et où il allait rentrer sans trouver personne, sans avoir à craindre de faire du bruit de peur de réveiller sa mère.

Comme il marchait réfléchissant ainsi tristement, approchant de sa maison, il crut apercevoir une forme noire blottie contre une grosse pierre de taille déposée sur le trottoir devant une maison en construction et abandonnée en attendant que le temps permît aux maçons de reprendre leurs travaux.

Qu'est-ce que cela pouvait bien être?

Cette forme, d'un assez gros volume, n'avait point l'air d'un paquet de hardes, mais plutôt d'un corps noir poudré de blanc par la neige qui l'avait à demi recouvert.

Un pauvre chien sans doute, qui, surpris par la bourrasque et trouvant sa porte fermée, s'était couché là pour s'abriter contre le vent.

Comme tous ceux qui ont des bêtes à eux, pour les aimer et non pour les faire travailler, il avait le cœur sensible pour toutes les bêtes, qu'elles lui appartinssent ou non.

Bien certainement cette pauvre bête allait se laisser engourdir par le froid, et mourir là glacée.

Il s'en approcha et touchant cette forme confuse du bout de sa canne, doucement :

— Allons, pauvre bête, lève-toi, dit-il ; allons bonhomme, lève-toi ; allons, viens ici, viens.

Mais ce n'était point un poil de bête que sa canne avait rencontré, c'était une étoffe, un vêtement.

Vivement, il se pencha en avant et il ne lui fallut qu'un coup d'œil pour voir que ce n'était point un chien comme il l'avait tout d'abord imaginé.

C'était un être humain, un jeune enfant d'une dizaine ou d'une douzaine d'années, ramassé sur lui-même en tas, le visage tourné, collé contre la pierre, et qui restait là endormi, évanoui, peut-être mort.

Casparis n'était pas dans un de ces moments où l'on est assez heureux pour n'avoir pas l'horreur de la mort, tout au contraire ; cependant, il n'hésita pas un moment ; cherchant la main de ce petit malheureux, il la tâta, il la palpa, elle était froide mais non glacée.

— Petit, dit-il, réveille-toi ; tu vas mourir là.

Et en même temps il secoua assez fortement cette main en tirant sur le bras.

L'enfant ne bougea pas et ne donna aucun signe de vie.

Casparis avait vu que cette main était noire, et que

les vêtements dont était habillé cet enfant étaient ceux d'une fille.

Il lui prit la tête et la souleva : c'était bien une petite négresse de dix à douze ans environ.

Il l'appela, il la secoua de nouveau, elle continua de ne pas bouger; évidemment elle était engourdie, privée de connaissance par le froid.

Que faire ?

Instinctivement il regarda autour de lui pour demander du secours ; mais aussi loin que ses yeux purent sonder dans les profondeurs bleues de la nuit, il ne vit personne ; il écouta, il n'entendit aucun bruit ; rien que la neige et le silence.

L'idée lui vint de prendre une poignée de neige et de lui frictionner les mains assez vigoureusement ; cela ramènerait peut-être la circulation.

Il le fit ; elle ne bougea pas.

Il l'appela, il la secoua de nouveau ; elle resta inerte.

Il ne pouvait pas la laisser ainsi, ou bien elle allait mourir, et chaque minute de retard était sans doute un danger de mort de plus pour elle.

Ne ferait-il pas pour un être humain ce qu'il aurait fait pour une bête, pour un chien ?

Il n'hésita pas : la soulevant, il la prit sur ses deux bras, et la serrant un peu contre lui pour qu'elle ne glissât pas, il l'emporta.

Il n'était qu'à une courte distance de chez lui; vigoureux comme il l'était, ce fardeau ne l'empêcha pas de marcher vivement; en quelques minutes il fut à sa porte; mais là il fut obligé de ne la tenir que d'un bras pour ouvrir sa porte de l'autre, car ses domestiques, qui n'avaient pas l'habitude de l'attendre, étaient couchés depuis longtemps.

Une petite lampe à main brûlait dans le vestibule et éclairait l'entrée de la salle à manger; ce fut là qu'il porta et déposa sur le tapis la petite négresse toujours inanimée.

Alors il tira fortement la sonnette des domestiques et, courant au bas de l'escalier, il les appela en même temps :

— Nicolas ! Justine ! descendez vite.

Puis il rentra dans la salle à manger vivement.

Soit que la friction de neige eût produit de l'effet, soit que la chaleur de la pièce dans laquelle elle se trouvait l'eût ranimée, la petite négresse avait ouvert les yeux, et elle se tenait à demi soulevée, appuyée sur une main, regardant autour d'elle d'un air craintif et effaré.

— Comment te trouves-tu, mon enfant? demanda Casparis de sa voix la plus douce.

Elle le regarda craintivement et ne répondit pas.

— Tu ne me comprends pas ? dit-il, croyant qu'elle n'entendait pas le français.

Elle fit un signe de tête affirmatif mais toujours sans parler.

Pourquoi ne répondait-elle pas et gardait-elle cet air effrayé comme un animal pris qui cherche par où il pourrait se sauver?

Il voulut la rassurer:

— Comment t'appelles-tu? dit-il, tu n'as rien à craindre, tu es chez un ami.

— Pompon, dit-elle d'une voix faible, mais sans aucun accent étranger.

VI

ce moment, Nicolas et Justine entrèrent dans la salle à manger, accourant aussi vite que le leur permettaient leurs yeux encore troublés par le sommeil, et leurs jambes qui n'avaient plus la souplesse et la légèreté de la jeunesse.

C'était le mari et la femme, et ils avaient élevé Casparis qu'ils tutoyaient encore, mais avec des formes respectueuses autant qu'affectueuses.

— Eh bien, monsieur Georges, qu'est-ce que tu as? s'écria Justine, dès la porte et sans voir Pompon.

— Es-tu malade, monsieur Georges? demanda Nicolas.

Leurs voix émues et leur empressement montraient la sollicitude inquiète que leur inspirait leur jeune maître.

— Tu auras eu froid, dit Justine.

Mais elle s'arrêta bouche béante, puis elle se rejeta en arrière.

Elle venait d'apercevoir Pompon.

— Ah! la vilaine bête, s'écria-t-elle, qu'est-ce que c'est que ça?

Beaucoup moins impressionnable que sa femme, M. Nicolas, qui était un homme « et qui s'en faisait gloire, » disait-il souvent en parlant de lui-même, n'avait pas laissé échapper d'exclamation, mais il regardait ce corps noir avec des yeux ronds et un air peu rassuré; évidemment si sa dignité d'homme le lui avait permis, il eût reculé comme lorsqu'on se trouve tout à coup par surprise en présence d'un animal immonde.

— Ne restez donc pas ainsi, dit Casparis, vous voyez bien que ce n'est pas une bête; c'est une enfant que je viens de trouver évanouie dans la neige, aidez-moi à la réchauffer; Justine, fais bouillir de l'eau; Nicolas, allume le feu dans la cheminée; allons, plus vite que ça.

Tandis que Justine courait pour descendre à sa cuisine, Nicolas attisait le feu dans la cheminée, où quelques charbons encore rouges étaient enfouis sous la cendre et l'allumait.

Pendant ce temps, Casparis était entré dans le salon et il en avait rapporté une peau d'ours blanc avec un coussin, qu'il avait disposés en face la cheminée, mais à une certaine distance du foyer pour que la chaleur trop vive ne brûlât pas la petite négresse.

Puis, cela fait, il avait pris celle-ci doucement et l'avait installée sur la peau d'ours, en lui posant la tête sur le coussin.

Sans rien faire elle-même, sans rien dire, elle l'avait regardé de ses yeux de velours qui, s'ils n'exprimaient plus la crainte, n'exprimaient pas cependant encore une complète sécurité, mais plutôt l'étonnement et la curiosité.

Après l'avoir ainsi installée, Casparis l'avait examinée plus attentivement, éclairée qu'elle était en plein par la flamme du bois qui tourbillonnait dans la cheminée : c'était en effet une petite négresse, du type noir le plus pur : cheveux crépus, front arrondi, yeux ronds à fleur de tête, grosses lèvres, et cependant elle était charmante par la gentillesse de sa physionomie, la grâce de ses attitudes, la flexibilité, la souplesse féline de ses mouvements, la douceur de son regard aussi beau que celui d'une gazelle ; sur la peau blanche de l'ours à longs poils, sa peau d'un noir brillant faisait un curieux contraste.

Mais ce n'était pas au point de vue artistique, de ce qui était ou n'était pas beau, de la ligne ou de la couleur, qu'il devait s'intéresser à cette pauvre enfant.

— Comment te trouves-tu ? lui demanda-t-il doucement.

— Je ne sais pas.

— Tu es mieux ?

— Oui, mais tout tourne.

Et comme elle disait ces mots, elle se laissa aller sur le coussin; son visage pâlit et prit une teinte livide, ses yeux se fermèrent à demi.

— Il faudrait lui faire prendre quelque chose, dit Nicolas.

— Va presser Justine; monte de l'eau chaude; nous allons lui en faire boire avec du cognac.

Nicolas, qui depuis que le feu flambait était occupé à se boutonner et à arranger sa cravate, allait descendre lorsque sa femme parut portant une bouillotte.

En quelques secondes Casparis eut préparé lui-même un grog qu'il présenta à Pompon :

— Bois cela, petite; brûle-toi un peu ; il faut te réchauffer intérieurement.

Elle vida la tasse à petits coups, ne s'interrompant que pour le regarder d'un air profond dont il était difficile de définir l'expression vraie.

A mesure qu'elle buvait, elle reprenait sa couleur

naturelle, et ses yeux alanguis, presque défaillants devenaient plus vivants et plus vifs.

Justine qui l'observait se pencha alors vers elle :

— Ça va mieux, hein?

— Oui, madame, je vous remercie.

— Eh bien, il faut vous lever et vous asseoir sur une chaise.

Mais Casparis intervint :

— Laisse-la donc, elle est bien là.

La vieille bonne aimait son maître et le respectait, mais elle avait depuis longtemps pris l'habitude de ne faire que ce qui lui plaisait et de ne pas se gêner dans l'expression de ses idées : un maître qu'elle avait mouché!

Elle se pencha vers lui, et, à mi-voix :

— S'il y a du bon sens de lui avoir donné la peau d'ours; elle va la noircir.

— Es-tu bête! dit Casparis en souriant.

— Je vous dis que ça a la peau sale ces animaux-là, ça sue noir.

— Tais-toi, dit Casparis sévèrement.

Mais Pompon avait entendu sans doute, car elle s'était levée, et elle avait fait deux pas en avant pour ne pas poser ses pieds mouillés sur la peau d'ours.

— Reste couchée, dit Casparis, reste, mon enfant.

Et allant vivement à elle, il la prit et la força presque à s'étendre sur la peau, avec précaution, doucement, comme l'eût fait une femme, une mère.

— Si tu te sens mieux, dit-il, causons un peu.

— Si vous voulez, monsieur.

— Comment te trouvais-tu le long de la pierre où je t'ai relevée évanouie?

Elle ne répondit pas, et détournant les yeux, elle parut vouloir cacher son embarras : des tiraillements agitèrent les muscles de son visage.

Casparis, qui l'observait, fut frappé par cette expression de confusion et de honte, et il eut comme un regret de lui avoir adressé cette question, car son cœur s'était pris de pitié pour cette malheureuse enfant, pour cette pauvre petite bête, et déjà il s'intéressait à elle.

De peur d'apprendre ce qu'il ne voulait pas savoir, il changea de sujet :

— Où demeures-tu ? dit-il.

Elle ne répondit pas, et sa confusion augmenta.

Voyant cela, il pensa que c'était une enfant qui s'était sauvée de chez ses parents ou de chez ses maîtres.

— Tu n'oses pas répondre, parce que tu as peur que je te fasse reconduire chez tes parents, dit-il.

— Je n'ai pas de parents.

— Chez tes maîtres.

— Je n'ai pas de maîtres.

— Ah ! en voilà une forte ! s'écria Justine en levant les bras au ciel.

— Tais-toi, dit Casparis, et laisse cette petite me répondre librement.

— Elle vous conte des histoires, ou elle ne répond pas.

— Enfin tais-toi.

Cela fut dit d'un ton qui ne permettait pas la réplique ; et bien que Justine eût un peu le franc parler des servantes de Molière, elle n'osa pas continuer ses observations.

— Tu n'es pas à Paris toute seule ? dit Casparis s'adressant à Pompon.

— Si, monsieur, toute seule; pas de parents, pas de maîtres.

— Enfin, tu n'es pas venue seule de ton pays?

— Non, monsieur.

— Quel est ton pays?

— Je ne sais pas.

— Tu viens cependant de quelque part; d'où?

— De la Havane; mais la Havane n'est pas mon pays, c'est-à-dire, je ne crois pas.

— Avec qui es-tu venue à Paris?

De nouveau elle hésita.

— Pourquoi ne veux-tu pas répondre? tu dois bien voir que tu n'as rien à craindre de moi.

Elle le regarda longuement; puis tout à coup, se décidant :

— Avec mademoiselle Novar.

— Qu'est-ce que c'est que mademoiselle Novar?

— Vous ne connaissez pas mademoiselle Novar, la chanteuse?

Casparis avait lu ce nom, mais il ne le connaissait que vaguement et ne savait rien de cette chanteuse.

— Tu ne demeures donc plus chez mademoiselle Novar?

— Elle a quitté Paris pour aller en Italie chanter.

— Sans t'emmener?

Elle fit un signe affirmatif.

— Depuis quand est-elle partie?

— Depuis huit jours.

— Qu'as-tu fait depuis ce temps ?

Elle se troubla et ne répondit pas.

— Tu as demeuré quelque part ?

— Mademoiselle Novar m'avait donnée à un de ses amis ; mais comme ce monsieur n'était pas bon pour moi, je me suis sauvée de chez lui. Ah ! je vous en prie, monsieur, vous qui avez l'air si bon, ne me reconduisez pas chez lui ; j'aimerais mieux me laisser mourir de froid.

Casparis ne voulut pas insister sur ce point.

Quand t'es-tu sauvée ? dit-il.

— Il y a quatre jours.

— Tu avais de l'argent ?

— Non.

— Comment as-tu vécu ? qu'as-tu mangé ? où as-tu couché ?

— J'ai mangé ce que je trouvais dans les ordures, des croûtes de pain, des morceaux de pommes pourries ; j'ai couché dans une maison qui n'était pas encore habitée ; en passant j'avais remarqué cette maison fermée et il m'avait semblé que je pourrais entrer dans le sous-sol en me glissant entre les barreaux d'un soupirail ; je ne suis pas grosse, en me serrant beaucoup j'ai pu entrer ; il y avait des copeaux, je n'étais pas trop mal ; mais ce soir j'ai trouvé le soupirail fermé en dedans avec des planches ! j'ai cherché d'autres maisons, mais partout il y avait des clôtures; et puis la neige tombait et j'étais glacée.

— Ah! la pauvre petite, s'écria Justine attendrie.
— Ce qui me faisait très froid, continua Pompon,

c'est que je n'avais pas mangé, parce que la neige ayant recouvert les ordures, je n'ai pas trouvé de croûtes, alors je me suis assise contre une pierre... et je ne sais plus.

Sa voix s'était affaiblie; elle parut prête à défaillir.
— Mais elle se meurt de faim, s'écria Casparis

va vite, Justine, lui faire chauffer une bonne soupe.

— Je n'ai que le bouillon pour ta soupe de demain.

— Donne-lui vite mon bouillon, tu me feras autre chose.

Justine eût volontiers donné sa soupe, à elle, mais elle ne pouvait pas admettre l'idée de donner celle de son maître ; est-ce que cette petite bête ne pouvait pas manger du pain ? c'est très nourrissant le bon pain, surtout quand on a vécu de croûtes pendant quatre jours ; mais Casparis ne lui permit pas la résistance :

— Va vite, dit-il, et surtout ne partage pas ton bouillon, donne-lui tout.

Puis s'adressant à Pompon :

— Aimes-tu le pain dans la soupe, le pain bien trempé ?

— Oh ! oui.

— Et les légumes ?

— Oh ! oui.

— Mets-lui du pain et des légumes ; dépêche-toi, et apporte ta soupe bouillante ; toi, Nicolas, dispose le couvert.

— Je peux aller à la cuisine, dit Pompon en regardant craintivement les domestiques.

— Ne bouge pas ; ne quitte pas le feu ; on va te servir ; jusque-là ne parle pas, ne te fatigue pas ;

et tu ne disais pas que tu mourais de faim, pauvre enfant !

Justine ne tarda pas à revenir, portant une soupière fumante, et une odeur de soupe grasse se répandit dans la salle ; alors les narines de Pompon se dilatèrent en palpitant et ses yeux s'écarquillèrent.

Casparis voulut la servir lui-même, et quand elle

se mit à manger, il resta à la regarder, tout attendri de voir l'avidité avec laquelle elle avalait les cuillerées de soupe les unes par-dessus les autres.

Après la première assiettée, qui fut vite engloutie, il lui en servit une seconde, puis après celle-là une troisième.

Pendant qu'elle dévorait ainsi, Justine était sortie, mais pour revenir bientôt, portant dans ses bras une chatte noire aux yeux d'or, et suivie d'une levrette italienne au poil ras gris de souris à reflets dorés, à la démarche distinguée, à l'attitude noble ; en entrant, elle posa la chatte sur le tapis et regarda ce qu'elle allait faire.

La levrette et la chatte restèrent un moment attentives, regardant cette nouvelle venue qu'elles ne connaissaient pas ; puis la levrette s'approcha de Pompon qu'elle flaira, tandis que la chatte sautait sur la table.

Pompon venait de finir sa dernière assiette de soupe ; elle tendit la main à la chatte qui, au lieu de reculer, avança et se laissa flatter.

— Maintenant, dit Casparis, on va te coucher, mon enfant ; demain nous verrons ce qu'il y aura à faire : tu lui mettras une boule d'eau chaude dans son lit, Justine.

— Pardi ! il n'y a pas besoin de me recommander ça ; je sais ce que c'est qu'un enfant, peut-être bien.

Au bout d'un quart d'heure, Justine redescendit dans la salle à manger, où Casparis était resté devant le feu, réfléchissant.

— La petite est couchée, dit-elle, et je crois qu'elle en sera quitte pour la peur ; en voilà une qui a eu une chance que vous passiez là ; c'est égal, je ne crois pas que ce soit une mauvaise fille ; j'ai amené exprès Souris et Patapon pour qu'ils la flairent, et, vous avez vu, ils lui ont fait fête ; quand une bête est bien accueillie par les bêtes, on peut avoir confiance en elle, car les bêtes ont des connaissances que les gens n'ont pas.

— Mais les nègres ne sont pas des bêtes, dit Nicolas sentencieusement.

— Tu crois ça, toi; demande à M. Georges.

M. Georges ne se prononça pas.

VII

Casparis était assez inquiet pour sa petite négresse; comment la malheureuse enfant aurait-elle supporté ce grand froid?

N'aurait-elle pas gagné une fluxion de poitrine, une pleurésie, quelque grave maladie?

Si cela était, qu'en ferait-il?

L'hôpital?

Se résignerait-il donc à la voir sortir de chez lui dans une civière ? Quelques mois plus tôt, cette pensée ne lui fût peut-être pas venue ; mais maintenant elle s'imposait, car il était dans ces dispositions morales où la perte de ceux qu'on aime ouvre le cœur à la pitié, et où notre malheur nous rend compatissant au malheur d'autrui.

Qu'eût fait sa mère en pareille circonstance ?

La réponse à cette question ne pouvait pas être douteuse ; il devait donc faire ce que sa mère eût certainement fait.

Il ne la reverrait point et, quoique tout ce qui parlait de maladie ou de mort fût pour lui un sujet d'horreur en ce moment, il la ferait soigner.

C'était en s'habillant qu'il réfléchissait ainsi. Sa toilette faite, il descendit pour se mettre au travail, en attendant que le modèle arrivât ; il était en retard, étant resté au lit plus longtemps que de coutume.

Il y avait deux portes pour entrer dans son atelier : l'une qui ouvrait sur la cour, l'autre qui communiquait avec le salon ; ce fut par celle-là qu'il voulut passer, la neige l'empêchant de sortir dans la cour.

Comme il ouvrait cette porte, il fut surpris d'entendre des aboiements joyeux et une voix qu'il crut reconnaître pour celle de la petite négresse ; alors il s'arrêta, la porte entre-bâillée.

Pour passer du salon dans l'atelier, il fallait descendre un escalier de sept marches ; il resta au haut du perron, écoutant et regardant.

Au milieu de l'atelier, Pompon et la levrette jouaient à courir autour des selles, et c'était Pompon qui criait, répondant aux aboiements de Souris et les excitant. Sur un des divans, la chatte se tenait gravement assise et, de ses yeux ronds, elle regardait ces ébats qu'elle semblait présider, tandis que, sous une selle, une tortue, que la lenteur majestueuse de sa démarche avait fait appeler Dignité, avançait sa petite tête curieusement et tout à coup la

rentrait vivement lorsqu'un cri trop fort venait l'effrayer.

Non seulement elle n'était pas malade, la petite négresse, mais encore elle était si bien endiablée au jeu qu'elle n'avait pas entendu la porte du salon s'ouvrir.

Il en est du proverbe qui fait des chats les ennemis

des chiens, comme de beaucoup d'autres proverbes; vrai le plus souvent, celui-là est cependant quelquefois faux, et les liaisons intimes entre chien et chat sont plus fréquentes qu'on ne pense, surtout lorsqu'ils ont été élevés jeunes ensemble. C'était le cas pour Souris et Patapon, qui étaient les meilleures amies du monde.

Tout à coup la chatte, qui s'était contentée d'assister à ces jeux, voulut en prendre sa part et d'un bond

elle sauta entre Pompon et Souris, les yeux rayonnants, le dos bombé, la queue en l'air.

Alors ce fut une course folle à travers l'atelier, tous les trois courant les uns après les autres à tour de rôle, se roulant, se culbutant, criant, miaulant, aboyant.

De tous les animaux de la création, il n'en est pas assurément de plus souples, de plus agiles et de plus gracieux en même temps que la chatte et la levrette italienne ou levron, celle que les savants appellent *canis italicus*, et qui se distingue des autres lévriers par sa petite taille, ses formes délicates, ses proportions mignonnes, son poil ras et luisant. Le singe a peut-être plus de hardiesse dans l'agilité que le chat, mais il ne fait rien sans grimaces et il n'a pas la grâce sérieuse du chat. Quant à la levrette italienne, il n'y a pas de bête au monde qui lui soit comparable pour la délicatesse de son allure, pour la facilité de ses mouvements, pour la noblesse de ses attitudes ; c'est la perfection même dans la distinction.

Casparis connaissait bien sa chatte et sa levrette, et pendant ces heures de rêveries où l'artiste réfléchit et cherche, il les avait longuement étudiées ; elles étaient la gaieté et la vie de son atelier solitaire, où elles restaient près de lui la plupart du temps.

A les regarder jouer avec la petite négresse, il fut surpris de voir que Pompon était aussi gracieuse que Souris et presque aussi souple que Patapon ; elle avait surtout des flexions ondulées, dans sa taille longue et fine, vraiment extraordinaires, et telles qu'on se demandait si elle avait des os et si ses articulations n'étaient pas celles du serpent ; dans ses bonds elle avait la sûreté de la chatte ; dans ses allongements, lorsqu'elle rampait à terre, la molle flexibilité de celle-ci ; au contraire, lorsqu'elle s'arrêtait de jouer pour attendre l'assaut de ses nouveaux camarades qui s'étaient si promptement familiarisés avec elle, elle avait quelque chose de la finesse de Souris, lorsque celle-ci, posée sur trois pattes, la quatrième à demi repliée, le cou relevé fièrement, faisait la belle.

Un statuaire ne peut pas être insensible à la grâce

d'une attitude, à la souplesse d'un mouvement ; Casparis resta en admiration devant cette petite sauvage qui était si près de la nature, la plus jolie petite bête noire qu'il eût jamais vue et qui lui révélait des beautés qu'il n'avait jamais soupçonnées, lui l'élève de Grecs, l'amant du marbre immaculé.

A un moment donné, le hasard du jeu amena ce tourbillon au pied de l'escalier, sur la plus haute marche duquel il se tenait debout, appuyé à la rampe,

les regardant, les admirant silencieusement ; alors Pompon, laissant là chatte et levrette, bondit jusqu'à lui, et avant qu'il sût ce qu'elle voulait faire, elle lui prit la main et l'embrassa à pleines lèvres.

Puis se relevant et le regardant avec un sourire épanoui qui découvrit ses dents blanches nacrées :

— Bonjour, monsieur Georges, dit-elle gentiment.

— Bonjour, mon enfant.

— Vous n'êtes pas fatigué, monsieur ?

— C'est à toi, pauvre petite, qu'il faut demander si tu n'es pas souffrante après cette terrible nuit.

— Moi !

Elle se mit à rire aux éclats en frappant ses mains l'une contre l'autre joyeusement :

— Moi ! Je n'ai jamais été malade; j'ai eu froid, j'ai eu chaud, j'ai eu faim, oh ! très faim, plus d'une fois, mais je n'ai jamais été malade. Sans vous, je n'aurais pas été malade, je serais morte.

— Tu devais être fatiguée, au moins; pourquoi t'es-tu levée si tôt ?

— Pour rien.

Puis, après un moment d'hésitation, elle ajouta :

— Pour voir; parce que hier soir ça m'avait paru très beau ici, et ce matin, j'avais envie de voir.

— Tu es curieuse ?

— Oh ! oui, quelquefois.

— Alors tu as vu ?

— Non, parce que madame Justine m'a amenée ici avec Souris et Patapon, en me disant de ne pas sortir et surtout de ne toucher à rien; j'ai joué, je n'ai touché à rien.

Disant cela, elle regarda longuement du côté de la statue à laquelle Casparis était en train de travailler et qui se dressait au milieu de l'atelier, enveloppée de linges mouillés, pour empêcher la terre de sécher trop vite; de sorte qu'il était assez difficile de deviner ce que ce voile recouvrait.

— Tu as envie de savoir ce qu'il y a là-dessous,

n'est-ce pas? dit Casparis, qui avait surpris ce regard curieux.

Elle prit un air sainte-nitouche.

— Oh! moi, monsieur, je n'ai envie de rien.

Mais son regard démentit ses paroles.

Et Casparis se mit à sourire; avec son babil et sa roucrie enfantine, cette petite l'amusait.

— As-tu déjeuné? dit-il.
— Monsieur, j'ai soupé hier soir.
— Mais ce matin?
— Je me suis levée.
— Alors tu n'as pas mangé?
— J'ai joué.
— Mais tu mangerais bien, n'est-ce pas?

— Si vous voulez.

Il était donc dit qu'il n'obtiendrait pas d'elle une réponse précise; il eut la fantaisie de la pousser.

— Et si je ne voulais pas que tu manges?

— Je ne mangerais pas.

— Et si je veux que tu manges?

— Je mangerai.

— Lequel des deux te sera le plus agréable?

— Ce qui vous plaira.

— Tu n'as donc pas de volonté ?

— Non, monsieur; je fais ce qu'on veut.

— Mais toi, ne fais-tu pas ce que tu veux quelquefois ?

— Je ne l'ai jamais fait que depuis quatre jours dans la rue; mais je n'ai pas fait tout ce que j'aurais voulu, car j'aurais bien voulu ne pas coucher dehors cette nuit et manger à ma faim hier.

— Eh bien ! ici tu vas manger à ta faim et tant que tu voudras, car si je ne t'ai donné que de la soupe hier soir, c'est qu'il y avait danger qu'après ton jeûne trop de nourriture te fît mal; aujourd'hui ce danger n'existe plus et tu pourras manger tant que tu voudras.

— Oui, monsieur.

Il sonna et demanda à Nicolas, qui répondit à son appel, de lui donner sa soupe.

— Avec deux couverts, dit-il.

— La petite mange ?

— Mais certainement elle mange; crois-tu qu'elle n'a pas faim?

— Ce n'est pas cela que je veux dire, je dis elle mange avec...

Nicolas eût été le plus malheureux homme du monde de ne plus tutoyer son maître, car, pour lui, le tutoiement était une espèce de lien de parenté ou tout au moins d'affection réciproque; mais par un sentiment de réserve et de discrétion, il ne voulait pas en abuser, de sorte qu'il se donnait beaucoup de mal pour n'employer le toi que le plus rarement possible. Il allait dire : elle mange avec toi....; il se reprit.

— Elle ne mange pas avec nous ?
— Non.

Et pour atténuer tout de suite ce non, qui tout court eût pu peiner Nicolas et Justine, il ajouta :

— J'ai besoin de parler avec elle, de l'interroger ; il faut que j'en apprenne plus que ce qu'elle nous en a dit hier.

Si Pompon ne disait pas ce qu'elle pensait, elle ne cachait pas au moins ce qu'elle éprouvait ; et ce qu'elle manifesta en avalant les assiettées de soupe que Casparis lui servit, ce fut une satisfaction goulue qui montra combien elle avait été peu franche en ne parlant pas de sa faim.

Et en la regardant manger, il pensait à l'heureuse insouciance de cette pauvre enfant qui, quelques instants auparavant, jouait sans autre souci que son jeu, et qui maintenant déjeunait gaiement sans s'inquiéter de savoir si elle aurait un autre déjeuner que celui-là et où elle le prendrait, libre et légère d'esprit comme un oiseau.

Mais lui s'en inquiétait pour elle.

— As-tu confiance en moi ? lui demanda-t-il lorsqu'elle eut fini sa dernière cuillerée de soupe.

— Oh ! oui.

— Tu sens bien, n'est-ce pas, que je ne veux pas ton mal ?

Elle le regarda sans répondre, mais avec des yeux si doux, si reconnaissants, que les paroles n'étaient pas utiles, pour expliquer ce qu'elle ne disait pas

— Eh bien, mon enfant, il faut que tu me parles franchement, que tu me racontes tout ce que tu as fait depuis que tu es à Paris, et même tout ce que tu as fait ou tout ce qui t'est arrivé avant d'y venir. Tu dois comprendre que ce que je te demande là c'est dans ton intérêt; il faut donc me parler à cœur ouvert, sans rien craindre, afin que je puisse ensuite faire ce qui me paraîtra le meilleur pour toi. Comprends-tu ce que je te dis et te demande ?

— Oui.

— Eh bien ! pendant que je vais travailler, fais-moi ce récit, et dis-toi que, comme tu n'as rien à craindre de moi, tu ne dois rien me cacher. Assieds-toi si tu veux ; promène-toi, si tu aimes mieux ; seulement ne joue pas avec Souris ou Patapon pour ne pas te laisser distraire.

Et ayant défait les linges qui enveloppaient sa statue, il recula de quelques pas pour juger son travail de la veille.

— Va, mon enfant, je t'écoute.

VIII

Cependant Pompon ne parlait pas, elle regardait la statue avec une surprise dans laquelle il paraissait y avoir une certaine crainte, se demandant bien évidemment ce que pouvait être cette femme de couleur noirâtre qui tenait un enfant dans ses bras.

Ses yeux allaient curieusement de la statue à Casparis et à la terre glaise préparée ; quand Casparis prenait un morceau de cette terre et, après l'avoir pétri, l'appliquait sur la statue et le fondait dans la masse d'un coup de pouce nerveux, ou le modelait avec l'ébauchoir, elle restait les yeux arrondis, la bouche ouverte, les bras ballants :

— Et après ? dit-elle tout à coup.

— Quoi, après ?

— Je veux dire : elle marchera ?

— Non, elle ne marchera pas.

— Eh bien, alors ?

— Alors, ce sera une statue.

— Ah !

Elle n'en dit pas davantage ; mais à son air réfléchi, il était facile de comprendre qu'elle se demandait à quoi bon faire des femmes qui ne marchaient pas.

Après l'avoir laissée un moment à ses réflexions, Casparis revint à ce qui le préoccupait :

— Je t'écoute, dit-il.

— Mais je ne sais pas.

— Tu ne sais pas me dire d'où tu viens, ce que tu

as fait, ce qui t'est arrivé depuis que tu peux te souvenir ?

— Mais non, je vous assure. Où je suis née ? Je ne sais pas. Mon nom, je ne sais pas, au moins je ne m'en connais pas d'autre que celui de Pompon qui n'est pas un nom, n'est-ce pas ? Il est vrai que je m'appelle aussi Isabelle et Mary, car on m'a donné des noms nouveaux, chaque fois que j'ai été baptisée.

— Tu as donc été baptisée plusieurs fois ?

— Oh ! oui, je ne sais pas combien au juste, car je ne peux parler que de celles dont j'ai gardé le souvenir, mais j'en trouve deux au moins.

— Mais ton père ?

— Je n'en ai pas.

— Ta mère ?

— Je n'en ai pas.

Casparis était en train de modeler le sein de la *Maternité,* le sein qu'elle pressait dans ses doigts pour le présenter aux lèvres allongées de son enfant; il s'arrêta pour regarder Pompon :

— Pauvre petite, murmura-t-il, en se parlant à lui-même.

Puis s'adressant à elle :

— Quelle est la première chose que tu te rappelles ? dit-il ; dans toute enfance, il y a des souvenirs qui nous frappent ; ainsi, moi, mon premier souvenir se rapporte à un bateau que ma mère m'a donné;

on remontait un ressort et il marchait sur l'eau pendant longtemps.

— Comme cela devait être amusant ! Vous l'avez encore votre bateau ?

— Non.

— Quel malheur ! Moi, mon premier souvenir, c'est des coups de fusil qu'on nous tirait. Dans quel

pays ? Je ne sais pas. Pourquoi ? Je ne sais pas. Mais enfin on nous tirait des coups de fusil, et il faisait très chaud, du moins, j'ai eu très soif. Nous couchions dehors, car je me rappelle le chant des oiseaux le matin, qui sifflaient au-dessus de ma tête et me réveillaient. Le jour, nous marchions dans des endroits où il y avait des pierres qui coupaient les pieds. Une fois, j'ai eu le pied coupé si profondément que je ne pouvais plus marcher. Alors il y a un homme qui m'a portée sur ses épaules. Je me souviens que quand il courait je me retenais en me cramponnant les mains dans ses cheveux qui étaient crépus ; mais je ne sais pas s'il était blanc ou noir.

— S'il avait des cheveux laineux, il était noir : c'était peut-être ton père.

— Peut-être. Après m'avoir portée sur son dos, il me porta dans un sac suspendu à son cou, où j'étais bien mieux puisque je n'avais pas besoin de me retenir et que je pouvais dormir. Mais je ne dormais pas autant que j'aurais voulu, parce que les coups de fusil me réveillaient. Alors, quand on se battait, il me déposait derrière un arbre ou derrière un rocher ou dans un trou ; quand la bataille était finie, il venait me reprendre et m'emportait de nouveau sur son dos. Un jour, il ne revint pas.

— Sans doute, il avait été tué, ou blessé, ou forcé de fuir.

— Je ne sais pas. De même, je ne sais pas ce qui s'est passé alors. Je me trouve sur un navire, attachée à un banc et on me bat avec une corde : la corde fait flic, flic, et la mer, contre le bateau, fait floue, floue. C'est bête, n'est-ce pas que je me rappelle cela comme si je l'entendais encore, et que je ne me rappelle pas pourquoi l'on me battait ? Mais enfin c'est ainsi. Maintenant je suis dans une belle maison avec une véranda tout autour, d'où l'on voit et d'où l'on entend la mer. Là je suis très heureuse, puisque je ne me rappelle pas avoir été battue ; je joue toute la journée avec une petite fille blanche, douce pour moi, et qui quand elle mange de bonnes choses m'en donne toujours ; elle me permet de toucher à ses jouets et d'endormir ses poupées. Quoique nous ne puissions

pas nous comprendre, car je ne parlais pas sa langue, je commençais à l'aimer quand nous avons été séparées.

— Comment cela ? demanda Casparis, voulant l'encourager.

— Un soir, on m'a fait quitter la maison brusquement et on m'a emmenée dans une case très misérable, où je suis restée couchée plusieurs jours, je ne sais pas combien de temps ; j'étais malade de je ne sais quelle maladie, et c'était de peur que je communique cette maladie à ma petite maîtresse qu'on me séparait d'elle. Quand j'ai été guérie, je ne l'ai pas revue ; j'ignore pourquoi. Je me retrouve dans une autre maison, bien plus grande, bien plus belle que la première et qui n'est plus à la campagne, mais dans une ville, avec des toits tout autour de nous et aussi des jardins ; elle est pleine de noirs et de négresses ; mais la maîtresse de la maison est blanche, les maîtres sont toujours blancs, et elle parle français ; c'est plus tard que j'ai su que cette langue était le français : vous comprenez ?

— Parfaitement.

— Aussitôt mon arrivée, elle me fait venir devant elle ; on me déshabille, puis on m'habille avec un costume jaune ; alors elle me regarde en riant et me donne deux petits coups d'éventail sur la tête. Cela voulait dire qu'elle m'acceptait. Peut-être aurais-je dû être contente, mais je ne le fus pas, parce que cette dame avait l'air trop dur et qu'elle me faisait peur. Le lendemain, on me conduisit dans une chapelle, et ce fut la première fois qu'on me baptisa ; mais je vous assure que ce ne fut pas sans peine. Quand on me mit du sel dans la bouche, je le crachai, et quand on me versa de l'eau sur la tête, je me sauvai en criant ; ce qui fit rire tout le monde, ma maîtresse plus que les autres. Ce fut peut-être cela qui fit qu'elle m'attacha à son service. Je ne la quittais jamais : chez elle, en voiture, dans les maisons où elle allait, je devais toujours être près d'elle. Pourquoi ? Je ne l'ai pas encore deviné, car je n'avais rien à faire qu'à me tenir près d'elle, le plus près d'elle possible ; je n'avais permission de m'éloigner que quand elle était seule ; quand il venait du monde, je devais accourir au plus vite.

— Je comprends.

— Oh ! bien, dites-le moi alors.

— Elle était très blanche ?

— Oui.

— Jeune ?

— Pas très jeune ; mais très belle et toujours très parée.

— Eh bien ! toi, tu es noire ; placée près d'elle, tu la faisais paraître plus blanche : tu étais ce que nous appelons un repoussoir.

— Un repoussoir ? Je ne sais pas ce que c'est, mais je comprends tout de même ; et je comprends aussi pourquoi elle m'appelait petit singe. Moi, ça me peinait d'être appelée petit singe et ça me fâchait contre elle. Est-ce que vous trouvez que j'ai l'air d'un singe ?

— Pas du tout.

Elle sourit avec une orgueilleuse satisfaction, et

elle eut deux ou trois balancements de tête d'une coquetterie très gracieuse.

— Pour me venger d'être appelée petit singe, j'eus un jour l'idée de lui faire une malice; c'était une grande affaire que sa toilette et qui prenait beaucoup de temps; je n'étais pas obligée d'y assister, cependant elle me faisait venir quelquefois : un jour qu'elle s'était faite plus belle encore qu'à l'ordinaire, parce qu'elle devait recevoir des visites, je lui plantai dans le chignon tout doucement une grande plume rouge ébouriffée, que j'avais arrachée à un plumeau. Elle ne s'était aperçue de rien, et elle était entrée dans le salon où j'avais pris ma place ordinaire près d'elle, gravement, mais avec une terrible envie de rire.

Disant cela, elle prit la pose grave dont elle parlait, et elle fit cela si drôlement que Casparis se mit à rire.

— Les visites arrivent; elle les reçoit; elle parle; elle se lève; elle marche toujours avec sa plume dans les cheveux. Et moi je ne quittais pas son chignon des yeux, ne me laissant aller à rire que quand j'étais sûre qu'elle ne me voyait pas. A la fin, cependant, elle se douta de quelque chose, et s'étant regardée dans une glace placée vis-à-vis d'une autre glace, elle vit la plume. Si j'avais bien ri, je pleurai plus encore, car elle me fit fouetter avec ordre de ne s'arrêter que quand je perdrais connaissance. Je ne repris pas ma place au salon quand mes blessures furent guéries. Ma maîtresse, exaspérée contre moi, me chassa, et un soir on me conduisit au port, où

l'on m'embarqua. Je ne me rappelle plus combien de temps je restai en mer.

Elle s'interrompit :

— Est-ce que vous trouvez que je bavarde trop ?
— Au contraire, va toujours.
— C'est encore une dame qui m'achète, mais

celle-là laide et vieille ; elle parlait anglais ; si j'avais parlé français avec ma belle dame au chignon, j'avais parlé anglais avec les domestiques et je savais à peu près les deux langues. Quand la vieille dame m'a bien examinée avec ses lunettes, elle me demande si j'ai de la religion. Moi je lui réponds que je ne sais pas. Là-dessus elle me dit que c'est une abomination, et qu'il faut que j'aie de la religion, parce que cela m'empêchera d'être menteuse, voleuse, gourmande. Le lendemain, elle me mène elle-même à une chapelle sans rien me dire à l'avance, et là elle me déclare qu'elle va me faire baptiser. J'avais envie de répondre que j'étais déjà baptisée, mais je n'ai pas osé, pensant que je l'avais été mal, puisque je n'avais pas de religion. Je me suis laissé faire, et cette fois j'ai été appelée Mary.

— Et Pompon ?

— C'est plus tard ; c'est mon dernier nom et l'on ne m'a pas baptisée pour me le donner. Voulez-vous que j'y arrive tout de suite ?

— Non, continue, et suis l'ordre de tes souvenirs tels qu'ils te viennent ; tâche seulement de te rappeler le nom des pays où l'on te conduit, et des personnes chez lesquelles tu es.

— Cela aussi viendra plus tard ; mais ces noms de pays, je ne les retrouve pas ; je crois bien que je ne les ai jamais sus. Cependant je sais que ma maîtresse s'appelle miss Topsy. Elle est très sévère, très dure, mais avec des paroles douces, et quand elle me corrige, ce qui arrive dix fois par jour, elle me dit d'un air chagrin que je lui fais beaucoup de peine et que si elle me punit, c'est pour mon bien. Il faut que j'apprenne à lire et à écrire, ce qui est très difficile et ce qui me vaut beaucoup de coups. Si vous

saviez combien j'ai été battue parce que je ne peux pas prononcer les *R*. Quand elle ne me bat pas, parce qu'elle en est fatiguée, elle me prive de dîner ou de souper, et m'enferme sans me donner à manger dans ma chambre, une chambre dont la fenêtre a des grilles en fer. Je ne me rappelle pas combien de temps j'endurai les coups sans penser à me révolter, pleurant seulement et me trouvant si malheureuse que je souhaitais devenir malade pour mourir, mais enfin l'idée me prit de me sauver. Puisque je voulais mourir, je n'avais rien à craindre; si je ne trouvais pas à manger une fois que je me serais sauvée, je mourrais, voilà tout; les morts ne sont pas battus. Une fois que cette idée se fut mise dans ma tête, je ne pensai plus qu'à cela et au moyen d'assurer ma fuite, car je ne voulais pas être reprise. Je décidai que ce serait la nuit et que je me sauverais par ma fenêtre, dont je descellerais un barreau.

A ce moment, la porte de l'atelier s'ouvrit, et une jeune femme de grande taille et de belle tournure descendit les marches.

Aussitôt Pompon se tut.

— Enfin vous voilà, dit Casparis d'un ton fâché; il y a plus d'une heure que j'attends après vous; vous savez bien qu'au point où j'en suis, je ne peux pas travailler sans le modèle.

— Je n'ai pas pu venir plus tôt.

— Parce que?

Elle mit la main droite sur son cœur, et parlant avec une emphase comique :

— J'aime !

Et comme Casparis haussait les épaules.

— Ne vous fâchez pas, dit-elle, nous allons rattraper le temps perdu.

— Alors, dépêchons-nous.

Puis s'adressant à Pompon :

— Assez pour le moment, dit-il, nous reprendrons ton récit tantôt ; maintenant fais ce que tu voudras ; joue avec les bêtes ; lis, dors, promène-toi dans la maison ; ou reste ici si tu aimes mieux.

— Si vous voulez, je resterai ici.

Et elle alla se mettre dans un coin, regardant curieusement le modèle qui avait pris sa pose sur l'estrade.

IX

Ce fut seulement au déjeuner, et en tête à tête avec Casparis, que Pompon put reprendre son récit et le continuer.

— Décidée à me sauver de chez miss Topsy, je ne voulais pas m'exposer à être reprise, car je serais sûrement corrigée d'une terrible façon, pour mon bien : vous avez peut-être entendu dire qu'on pouvait frapper fort sur les noirs sans leur faire mal, à coups de fouet sur le dos ou à coups de bâton sur la tête ; eh bien ! ça n'est pas vrai ; je vous assure que, sur le dos comme sur la tête, ça fait mal, très mal. Aussi, bien que j'eusse hâte de me sauver, je pris mes précautions ; je commençai par desceller un barreau de ma fenêtre, puis, comme elle était au second étage, je ramassai tous les bouts de corde et de ficelle que je pus trouver dans la maison et au dehors, afin de m'en tresser une corde avec laquelle je pourrais descendre ; ce fut un travail difficile pour moi, car je ne pouvais m'y livrer que la nuit dans mon lit, sans lumière, au clair de la lune; enfin, comme je ne voulais pas être exposée à mourir de faim, j'économisai tous les jours un morceau de pain sur ma nourriture, qui n'était pourtant pas très abondante; et, pour qu'il ne moisit pas, je le fis dessécher dans le fourneau de la cuisine.

— Quel âge avais-tu alors?

— Je ne sais pas.

— Combien y a-t-il de temps que cela s'est passé?

— Il y a un peu plus de trois ans, je crois, mais je n'en suis pas sûre.

— Continue.

— Quand j'eus réuni toutes mes provisions, et pris toutes mes précautions, j'attendis une nuit sans lune. J'aurais pourtant bien voulu voir clair, car les nuits sombres c'est effrayant quand on est toute seule et qu'on a déjà peur; mais si je voyais clair, les autres verraient comme moi, et alors on pourrait m'apercevoir quand je descendrais de ma fenêtre dans la rue. Cette nuit arriva. J'attendis que tout fût endormi dans la maison et dans la rue. Alors j'enlevai mon barreau et j'attachai un bout de ma corde solidement avec plusieurs nœuds à un autre barreau, puis je jetai l'autre bout dans la rue, qui était noire et déserte. Il n'y avait plus qu'à descendre. Je passai à mon cou le mouchoir dans lequel j'avais serré ma provision de croûtes séchées, et prenant ma corde à deux mains, je commençai à descendre, mais sans me laisser glisser parce que ça brûle les doigts. J'étais à peu près à moitié chemin quand j'entendis un bruit de pas dans la rue. J'aurais bien voulu remonter. Mais celui qui venait marchait vite. Je m'arrêtai et me tins suspendue, collée contre la muraille.

— Avais-tu peur ?

— Peur à mourir; mais au lieu de me faire lâcher la corde, cela me faisait serrer plus fort. Et j'écoutais. Mon cœur ne battait plus. Celui qui venait approchait. Allait-il passer sans me voir ? C'était ce que je demandais. Avec quelle crainte ? vous pouvez vous l'imaginer. Il était sous moi. Et je me faisais toute petite. Il s'arrêta. Je crus que j'allais desserrer les mains. — Hé, hé ! dit-il. Et en anglais il ajouta... Vous savez l'anglais ?

— Non.

— Eh bien il dit : « Voici une jeune personne qui

a l'air de se sauver. » Je n'en pouvais plus. Je me laissai glisser à terre en me brûlant les doigts. Il me mit la main sur l'épaule, puis doucement il me la promena sur le visage et ensuite dans les cheveux. Il faisait si sombre que je ne pouvais voir si c'était

un blanc ou un noir ; mais, à son parler, je reconnaissais un blanc. — Bien, dit-il, je comprends, nous nous sauvons.

— Tes cheveux lui avaient dit qui tu étais.

— Justement. Je n'eus pas la force de me taire.

— Oh! monsieur, m'écriai-je, ne me rendez pas

à miss Topsy; si vous saviez combien elle est méchante; je vous en prie laissez-moi me sauver. — Et où veux-tu donc aller? — Je ne sais pas. — Tu seras reprise demain. — Je marcherai bien fort. — On marchera plus fort que toi. — Eh bien, je me jetterai à la mer. Il me prit par le poignet: — Suis-moi, me dit-il. Je voulus m'échapper, mais il me serra si bien que je dus marcher sur ses talons. Il ne disait rien et moi je n'osais plus parler. Cependant, comme nous nous éloignions de la maison, cela me rassurait un peu, car je pensais qu'il ne voulait pas me rendre à miss Topsy. En marchant ainsi, nous étions arrivés dans une rue éclairée; il s'arrêta devant une boutique où l'on vendait des liqueurs et qui était éblouissante de lumières. Alors il me regarda avec attention. — As-tu des parents? me demanda-t-il. — Non. — Bon. Moi aussi, je l'avais regardé pendant qu'il m'examinait: c'était un grand diable d'homme jaune, aux joues creuses, qui n'avait pas l'air doux. — Si je t'aidais à échapper à miss Topsy, me dit-il, que ferais-tu pour moi? — Tout. — Tu comprends qu'en t'aidant à t'échapper, je m'expose à un danger; il faut donc que tu me promettes obéissance; ou bien, si tu ne veux pas, je te mène à la police comme c'est mon devoir. — Je vous promets de faire tout ce que vous voudrez. — N'oublie pas que le jour où tu te conduiras mal avec moi je te rendrai à miss Topsy. — Je ne me conduirai jamais mal avec vous. — C'est bien, suis moi.

Bien qu'elle ne s'arrêtât pas de parler, elle n'en perdait cependant pas un morceau, mangeant rapidement, avec avidité, tout ce que Casparis lui servait sur son assiette.

Elle continua :

— Il me tenait toujours la main et, par les rues que nous suivions, je voyais bien que nous nous dirigions du côté du port. Bientôt, sur le ciel sombre, j'aperçus les mâts des navires. — Tu comprends que si nous restions ici, me dit-il, miss Topsy ne tarderait pas à te retrouver, il faut donc que nous allions aussi loin que possible. — Où vous voudrez. — A pied, ce serait difficile, mais sur un navire c'est très facile; avec moi, bien entendu, car toute seule on ne te recevrait pas ; je vais te conduire dans un navire où tu vas te coucher, et demain nous mettrons à la voile avant le jour.

— Et tu l'as suivi?

— J'aurais suivi le diable. — Tu trouveras là des camarades, me dit-il, avec lesquels tu n'auras qu'à jouer ; et le soir tu t'habilleras avec de belles robes.

— Un banquiste ?

— Un directeur de théâtre d'enfants. Si je l'avais deviné tout de suite, j'aurais été joliment rassurée, car si je le suivais quand même, ce n'était pas sans peur ; mais pour fuir miss Topsy, j'aurais été au fond de l'eau. En arrivant au bout d'une planche qui faisait communiquer ce grand navire tout noir avec le quai, il me serra le poignet plus fort. — Ne glisse pas, dit-il. Je le suivis et il me conduisit dans une cabine basse, éclairée par une lampe fumeuse qui me montra sept ou huit personnes couchées par terre et dormant. — Couche-toi sans faire de bruit, me dit-il doucement, et sans réveiller personne. Je fis ce qu'il m'ordonnait, mais je fus longtemps sans pouvoir m'endormir. Quand je me réveillai, le navire était secoué par le tangage et le vent soufflait dans la mâture ; nous étions en pleine mer. Il n'y avait plus personne dans la cabine. Comme la porte était ouverte, je crus que je pouvais sortir. Dans l'entrepont, je ne vis que deux ou trois matelots qui ne me dirent rien, et je montai sur le pont. Comme j'allais arriver au haut de l'escalier, j'entendis une musique de plusieurs instruments, un violon, une flûte et une trompette. Je m'arrêtai pour écouter et pour regarder. Auprès de mon nouveau maître étaient rangés trois enfants noirs qui faisaient cette musique, et devant eux quatre autres enfants noirs aussi ; trois garçons et une fille dansaient ; des gens de l'équipage les regardaient, et quand un mouvement de tangage ou de roulis faisait perdre l'équilibre à l'un des danseurs, ils riaient en criant : Hip ! hip ! Vous m'écoutez, n'est-ce pas, monsieur ?

— Comment, si je t'écoute !

— C'est que je vais vous parler de la grande joie et du grand chagrin de ma vie; moi, ça me touche et ça me donne envie de pleurer; mais vous, ça peut vous ennuyer; si je vous ennuie, dites-le, je passerai.

— Ne passe rien.

— Celui qui jouait du violon était un garçon de

deux ou trois ans plus âgé que moi peut-être, mais il n'était pas vigoureux; il était très maigre et très pâle, pâle comme un noir peut être pâle, bien entendu, il avait l'air doux et bon. Cela me fit plaisir, puisqu'il allait être mon camarade; j'étais contente qu'il eût l'air bon, parce que depuis que j'avais été séparée de la petite fille qui me laissait jouer avec ses poupées, je n'avais jamais vécu avec personne qui fût bon pour moi. Je montai sur le pont. — Voilà votre nouvelle camarade, dit mon maître. Et justement il dit à ce jeune garçon, qu'il appela Dick, de s'occuper de moi. Ça c'était de la chance, n'est-ce pas? J'avais naturellement envie de savoir ce qu'était notre maître, ce fut la première question que j'adressai à Dick, qui me dit que c'était un homme extraordinaire qui savait tout, chanter, jouer la comédie, en composer, jouer de tous les instruments; il était directeur d'une troupe d'enfants et il donnait des représentations partout où il pouvait; ce n'était pas un mauvais homme; seulement il était terrible quand il avait bu, ce qui lui arrivait assez souvent; alors les coups pleuvaient. Est-ce drôle qu'il y ait des gens qui ne pensent qu'à battre les autres; est-ce que c'est comme ça à Paris?

— Quelquefois.

— Dick voulut bien me prendre en amitié et il me dit que j'étais gentille, ce qui me fit beaucoup de plaisir; c'était la première fois et ç'a été la dernière; on m'a dit souvent que j'étais drôle, que j'étais un singe; il n'y a que lui qui m'a dit que j'étais gentille. Nous fûmes bientôt amis, et si amis que, quoiqu'il eût été chargé par notre maître de m'apprendre à jouer du violon, il ne m'a jamais battue, pas même de son archet, pas même quand je ne pouvais pas allonger le petit doigt pour faire un *si* dièze sur la chanterelle. Il fallait qu'il fût joliment bon garçon, n'est-ce pas? Pauvre Dick.

Elle s'arrêta, la voix tremblante et, vivement, elle essuya deux larmes qui roulaient sur ses joues.

— Ce n'est pas la peine que je vous raconte, n'est-ce pas, dit-elle en reprenant, tout ce que nous avons fait, partout où nous avons été? C'était en Amérique, nous donnions des représentations dans les villes ou dans les villages qui se trouvaient sur notre chemin, et je paraissais dans ces représentations pour jouer du violon avec Dick; je m'étais si bien appliquée, ou bien, lui, il s'était si bien appliqué, qu'au bout d'un certain temps j'avais pu jouer avec lui, pas aussi bien, mais enfin je jouais, et comme j'étais toute petite, on m'applaudissait.

— Cela te faisait plaisir.

— Je crois bien. Et à Dick donc! Il y avait des gens qui venaient pour moi: on mettait mon nom sur les affiches et il y avait des journaux qui parlaient de moi. Dick n'était pas jaloux, au contraire; mais cela n'est pas extraordinaire, parce que nous nous aimions comme frère et sœur. Lui aussi n'avait pas eu de parents; lui aussi avait été battu, et ça faisait que nous nous aimions; il était mon père, ma mère, mon frère, mon maître et mon ami, et moi j'étais tout cela aussi pour lui. Enfin nous étions bien heureux l'un et l'autre, et nous nous le disions toute la journée. — Quel bonheur que tu sois venue avec nous, répétait-il à chaque instant, ça me donne de la force de t'avoir près de moi, et je ne suis plus malade comme je l'étais avant : je m'ennuyais trop. Moi je disais la même chose. Et pourtant je vous assure que nous avions bien du mal, et qu'il fallait terriblement travailler, toute la journée étudier sans repos, et le soir, jouer pour le public. Ah ! si cela avait pu durer, même le mal, même le travail, même les coups que le maître nous donnait quand il nous faisait travailler lui-même notre violon !

Elle s'arrêta un moment, brisée par l'émotion ; puis elle reprit :

— Nous devions aller dans une grande ville ; oh ! celle-là j'en sais le nom et je ne l'oublierai pas : la Nouvelle-Orléans ; mais au moment de notre départ, on voulut arrêter notre maître en lui disant que la fièvre jaune venait d'y éclater ; il partit quand même en répondant que puisque tout le monde se sauvait, nous gagnerions plus d'argent étant les seuls, et que pour nous noirs il n'y avait pas de danger. Je ne sais pas s'il parlait franchement ou pour nous rassurer ; mais nous étions à peine installés qu'un de nos camarades fut pris de fièvre et mourut, puis après celui-là un autre ; puis Dick ; quand il se sentit pris par un tremblement des membres, il voulut m'empêcher de le soigner ; mais vous pensez bien que je ne l'écoutai pas et que je restai près de lui ; je ne pouvais pas faire grand'chose, mais au moins je le soignais, je l'encourageais, et quand il se jetait de côté et d'autre en poussant des hurlements, je le remettais sur son lit. C'est dans mes bras, devant mes yeux qu'il est mort.

Les larmes lui coupèrent la parole.

Alors Casparis se leva :

— Pense à ton ami, dit-il doucement, pleure-le librement, mon enfant; ce soir tu reprendras ton récit.

X

Il y avait assez longtemps déjà que Casparis s'était remis au travail d'après le modèle qui avait repris sa pose, lorsque tout à coup il entendit les sons d'un violon dans le salon.

Évidemment c'était Pompon qui se faisait de la musique. Elle avait décroché un violon à un panneau d'instruments disposé dans le vestibule et elle s'amusait à jouer.

Bien que la porte qui mettait le salon en communication avec l'atelier fût fermée, Casparis entendait cependant assez distinctement pour se rendre compte de ce qu'elle jouait et de la façon dont elle jouait.

Ce qu'elle jouait était assez vulgaire : un motif dansant comme on en fabrique tous les jours pour les orgues de Barbarie.

Mais ce qui était curieux, c'était sa manière de jouer : sans avoir poussé bien loin l'étude de la musique, Casparis en savait assez cependant pour apprécier ce qu'il entendait autrement que le vulgaire; il fut frappé de la virtuosité de cette petite sauvage, qui faisait parler à son violon une langue d'un accent étranger tout à fait bizarre; sur le motif original, qu'elle interrompait à chaque instant, elle brodait des enjolivements qui rappelaient ceux des Tsiganes.

Interrompant son travail, il alla ouvrir la porte, mais aussitôt Pompon, abaissant son violon, se tut.

— Cela vous ennuie, dit-elle d'un air confus; je vous demande pardon; mais, en trouvant un violon, j'ai eu l'envie de jouer sans penser que je troublais votre travail.

— Tu m'ennuies si peu que je te prie de venir jouer dans l'atelier, où je t'entendrai mieux et où je te verrai.

— C'est vrai? demanda-t-elle craintivement.

— Mais certainement c'est vrai; viens, si tu veux.

— Oh! je crois bien que je veux!

Et, le violon à la main, elle courut dans l'atelier.

— Que faut-il jouer?

— Ce que tu voudras; ton répertoire si tu veux.

— Tout ce que vous voudrez; tant que vous voudrez.

Et, se campant au milieu de l'atelier, elle se mit à jouer avec la liberté et la sûreté d'un musicien de profession, mais sans regarder Casparis, les yeux en l'air ou fixés sur son violon.

Casparis avait repris sa place devant sa statue, et il avait lancé à son modèle un « attention ! » qui disait que le travail allait recommencer et se continuer sérieusement ; cependant, ayant jeté un rapide coup d'œil du côté de Pompon, il était resté à la regarder, saisi par la pureté de pose et la gracieuse élégance avec laquelle elle maniait son archet.

Comment diable cette petite moricaude avait-elle cette finesse de galbe, et cette amplitude de bras, et ce mouvement d'épaule ; cette ligne serpentine du torse ?

Mais il revint à la petite négresse pour l'écouter : ce qu'elle jouait était étrange et ne ressemblait en rien à la musique à laquelle Casparis était habitué : c'était quelque chose de sauvage qui, jusqu'à un certain point, ressemblait à un chant d'oiseau, avec toutes sortes de serpentements fantaisistes, de balancements, de rythmes, qui déroutaient l'oreille comme une divagation folle ; l'esprit ne pouvait pas plus la suivre que l'œil ne suit le vol du papillon ; et elle allait imperturbablement, jouant toujours sans s'arrêter, vous entraînant avec elle.

Tout à coup, elle s'arrêta et, lentement, elle se mit à jouer un *andante* qui, par son caractère doux et tendre, ne ressemblait en rien à la musique sauvage qu'elle avait exécutée jusqu'à ce moment.

Elle s'était allongée sur son violon comme si elle avait voulu le mettre en communication plus directe avec son cœur, l'enveloppant de son bras gauche, de son épaule, de sa tête, et elle jouait avec une énergie passionnée, les yeux levés au ciel, les lèvres entr'ouvertes, les narines palpitantes, toute frémissante de la tête aux pieds ; puis une grosse larme

perla au bout de ses cils, roula sur ses joues et tomba sur le violon ; elle fut suivie d'une autre, puis d'une autre encore, et bientôt ce fut un flot qui jaillit de ses yeux.

Alors elle abaissa son violon, en s'écriant :

— O Dick !

Et, se sauvant, elle alla se jeter sur un divan, la tête tournée du côté de la muraille.

Quelle étrange enfant !

Casparis n'essaya pas de la consoler ou de la calmer ; que lui eût-il dit ?

La laissant pleurer librement, il se remit au travail, ému lui-même; et bientôt, entraîné par son œuvre, il ne pensa plus qu'à sa statue.

Ce fut seulement quand le modèle fut parti qu'il revint à Pompon.

Elle était restée dans l'atelier à jouer avec les bêtes, tantôt avec la levrette ou la chatte, tantôt avec la tortue, et maintenant elle le regardait envelopper sa statue de linges mouillés, stupéfaite de le voir l'arroser avec un arrosoir.

— Veux-tu continuer ton récit? lui dit-il; nous en étions restés au moment où la fièvre jaune avait désorganisé votre troupe.

— Notre maître lui-même fut malade, mais il ne mourut point ; quand il fut rétabli, il était impossible de continuer nos représentations, car nous n'étions plus que trois, deux garçons et moi. Ce qu'il fit des garçons, je n'en ai jamais rien su. Un soir il rentra seul, et il me dit que je ne les verrais plus. Et comme ce n'était pas un homme qu'on pouvait interroger, je m'en tins à cela. Probablement, il les avait cédés à un autre directeur. Enfin, je ne sais pas. Au reste cela m'était bien égal, je ne pouvais pas avoir du chagrin pour d'autres que pour Dick. Ce qui me fit penser qu'il s'était fait de l'argent avec mes camarades, c'est que nous étions depuis assez longtemps sans le sou à la maison, n'ayant pour manger que ce que nous gagnions en allant jouer dans les rues, et que, du moment où ils disparurent, je revis des dollars dans les mains du maître. Quoiqu'il fût encore très faible des suites de sa maladie, il me faisait travailler, et tant qu'il restait à la maison, je devais étudier mon violon; je devais même l'étudier quand il n'était pas là, et si, en rentrant, il ne m'entendait pas de loin et n'avait pas ainsi la

preuve que je ne perdais pas mon temps en son absence, c'étaient des coups et de rudes.

— C'est là le refrain de ton récit, pauvre petite : des coups.

— Et je ne vous dis pas tous ceux que j'ai reçus. A quoi bon? C'est toujours la même chose. Vous pensez bien que je ne travaillais pas avec le maître comme j'avais travaillé avec Dick, et que les coups d'archet et les claques pleuvaient dru. Combien cela dura, je ne me rappelle pas. Un jour il me dit que nous allions nous embarquer. Cela me faisait de la peine de quitter la Nouvelle-Orléans, parce que j'y laissais mon pauvre Dick; mais pour le reste, que m'importait! Il m'était bien indifférent aussi d'aller ici ou là. Nous voilà donc de nouveau en mer, et je joue sur le bateau. Où nous allons, c'est à la Havane, et c'est de la Havane que je suis venue en France avec Mlle Novar. Vous voyez que nous approchons de la fin.

— Mais je ne tiens pas à arriver à la fin, au contraire.

Il avait allumé un cigare et, assis dans un fauteuil, il écoutait Pompon placée sur un escabeau devant lui. La nuit était tombée et le vaste atelier n'était éclairé que par la blanche reverbération de la neige qui couvrait les toits voisins. Voyant son maître immobile, Patapon avait sauté sur ses genoux où elle faisait ronron avec béatitude, engourdie par la chaleur du calorifère, tandis que Souris, assise sur son séant, avait fourré son fin museau sous la main de Casparis et restait ainsi immobile; des ombres emplissaient mystérieusement les coins de l'atelier, au milieu duquel se dressait la statue de la *Maternité*, lumineuse dans son blanc linceul.

— A la Havane, continua Pompon, on me fit paraître en public, toute seule, ce qui m'épouvanta, car je n'avais jamais joué sans Dick. Cependant, il paraît que je ne jouai pas trop mal, car un riche planteur voulut m'avoir à son service pour lui faire de la musique pendant ses repas, quand il serait seul. Au moins, ce fut ce que mon maître m'expliqua en me disant qu'il m'avait cédée à ce planteur. Il n'avait

jamais été bien doux pour moi, mon maître, ni bon, ni tendre; il avait trop souvent levé et abaissé sa main lourde; pourtant cela me fit de la peine de le quitter : il avait élevé Dick, et avec lui je pouvais parler de mon pauvre camarade. Il fallut nous séparer, et je m'en allai avec mon nouveau maître, qui m'envoya dans son *cafetal*. Vous savez ce que c'est qu'un cafetal?

— Une plantation où l'on cultive le café, je suppose.

— Justement; c'est très beau parce qu'il y a de grands arbres, tandis que dans les *ingenios*, là où l'on cultive la canne à sucre, il n'y a pas d'arbres. Ç'a été mon bon temps que j'ai passé dans ce *cafetal*. Je pouvais me promener une partie de la journée, courir, m'amuser comme je voulais, et l'on ne me grondait jamais, on ne me battait jamais. Pourvu que je fusse prête à jouer du violon aux heures des repas, ou quand mon maître avait envie de faire la sieste, c'était tout ce qu'on me demandait; pour le reste j'étais libre. Ah! comme je regrettais que mon pauvre Dick ne fût pas avec moi; comme nous aurions été heureux tous les deux! Mais cela ne devait pas durer; mon maître n'était plus jeune; il avait la goutte; une nuit il fut étouffé dans son lit. Il avait pour héritier un neveu qui s'installa au cafetal, mais il ne me fit jouer qu'une fois devant lui; il me dit que j'étais une sauvage et que je lui écorchais les oreilles.

— Il n'aimait pas la musique?

— Au contraire, mais il aimait la belle musique, la savante, pas celle des sauvages; il ne manquait pas une seule représentation de l'Opéra et il était le plus grand admirateur de Mlle Novar qui chantait en ce moment à la Havane, où elle avait beaucoup de succès. Savez-vous qu'on fait des cadeaux aux artistes le jour où ils donnent une représentation à leur bénéfice : des fleurs, des bijoux, de l'argent. Au lieu d'envoyer des bijoux ou de l'argent à Mlle Novar, mon nouveau maître m'offrit. Il me fit monter en voiture sans m'avertir de ce qu'il voulait et il me conduisit chez Mlle Novar : « J'ai longtemps cherché ce que je vous offrirais bien d'original, lui dit-il, voilà mon cadeau. » Et il me poussa en avant. Si Mlle Novar fut surprise, je ne le fus pas moins qu'elle.

— Je comprends cela.

— Et que voulez-vous que je fasse de ça? dit Mlle Novar en riant. Alors mon maître expliqua que je jouais du violon d'une façon bizarre, que je dansais, que je pourrais amuser ses amis, surtout en rentrant en Europe, où je serais une curiosité; et il ajouta qu'il est toujours bon pour une artiste de frapper l'attention du public par une bizarrerie. Mlle Novar m'accepta, et me voilà installée chez elle sous le nom de Pompon qu'elle me donne, mais sans me faire baptiser. Là non plus je ne fus pas malheureuse. Elle est très bonne, Mlle Novar, et si elle avait toujours eu de l'argent, je serais encore chez elle. A la Havane, elle en avait tant qu'elle voulait, et elle le dépensait comme il lui venait, à pleines mains. Elle me fait habiller magnifiquement avec des robes à pail-

lettes, des bas de soie et des souliers à talons d'or.
Quand elle sort, je suis toujours à côté d'elle en voiture. Je mange avec elle. Lorsqu'elle joue, je l'accompagne au théâtre. Et quand elle reçoit des visites, il faut que je sois là. Par exemple, je dois être toujours en mouvement. Quand elle veut que je danse, il faut que je danse tout de suite; quand elle veut rire, il faut que je la fasse rire n'importe comment, ou elle se fâche. J'avais encore une autre chose à faire, plus difficile, mais très amusante : c'était, quand il y avait quelqu'un avec elle et qu'elle ne voulait pas être dérangée, de recevoir les personnes qui se présentaient; je pouvais leur dire tout ce qui me passait par la tête, mais il ne fallait pas les laisser entrer. C'était chaque fois des histoires nouvelles qui m'amusaient bien, et avec lesquelles je faisais rire Mlle Novar, quand nous étions seules et que je lui montrais l'argent qu'on me donnait quelquefois pour dire la vérité.

— Tu prenais l'argent et tu mentais?

— Il fallait bien. Son engagement fini à la Havane, nous sommes venues à Paris, où elle a continué à me promener en voiture. Elle voulait chanter à l'Opéra de Paris; mais cela ne s'est pas arrangé; et comme l'argent n'arrivait plus aussi facilement qu'à la Havane, elle a accepté un engagement pour l'Italie; moi je croyais que j'irais en Italie avec elle. Mais, au moment du départ, elle m'a dit que cela était impossible, et que je devais aller chez un de ses amis que j'avais vu souvent chez elle, et qui voulait bien se charger de moi ; il me donnerait un maître pour travailler mon violon et devenir une artiste. Cela m'a fait de la peine de me séparer de Mlle Novar, mais je ne pouvais pas l'obliger à m'emmener malgré elle. J'ai été chez son ami... et puis...

Elle s'arrêta embarrassée ; mais ce fut au timbre de sa voix que Casparis devina son embarras, car la nuit était venue tout à fait et en la regardant il ne voyait plus que le blanc de ses yeux.

— Et puis je me suis sauvée... parce que je n'étais pas bien.

— Et où demeure cet ami de Mlle Novar ?

Elle hésita :

— Je ne sais pas, dit-elle enfin.

Casparis n'insista pas plus pour connaître les raisons qui l'avaient fait se sauver au risque de mourir de faim et de froid, que pour apprendre où demeurait cet ami de Mlle Novar. Évidemment Pompon ne voulait pas parler, et ce qu'il tenterait en ce moment pour lui desserrer les lèvres serait inutile : sa réponse était arrêtée, elle n'en varierait point :

— Je ne sais pas.

XI

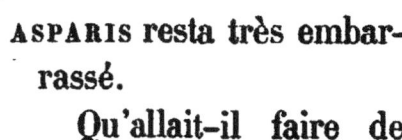

ASPARIS resta très embarrassé.

Qu'allait-il faire de cette enfant?

Sans bien savoir pourquoi, il avait cru qu'il trouverait dans l'histoire qu'il lui demandait quelque moyen pour décider cette question, au moins quelque indication pour le guider, pour l'inspirer.

Mais l'histoire racontée, la situation de la pauvre petite se présentait plus critique encore qu'avant qu'il sût rien d'elle.

Mlle Novar, sur laquelle il avait jusqu'à un certain point compté, était impossible.

L'ami de Mlle Novar, plus impossible encore.

Elle était donc seule.

S'il la mettait dehors, elle n'avait que le pavé en attendant la police correctionnelle et la maison de correction, à moins qu'elle ne mourût de froid et de faim, ce qui vaudrait mieux encore.

Il n'eût pas mis dehors un chien qu'il aurait trouvé; et si « la pauvre bête » qu'il avait ramassée dans la neige avait été vraiment une bête au lieu d'être une petite fille, il l'aurait gardée, il l'aurait donnée pour camarade à Souris, à Patapon et à Dignité; mais une petite fille était autrement gênante qu'une pauvre bête, et dans le présent et dans l'avenir, alors surtout que cette petite fille était une négresse; en ce moment elle pouvait être la camarade de Patapon et de Souris, elle pouvait jouer avec elles et animer l'atelier par sa jeunesse et ses chansons; mais plus tard? quand l'enfant serait une jeune fille?

Elle était restée devant lui, et pendant qu'il réfléchissait ainsi, elle se tenait immobile, gardant le silence, attentive, anxieuse, comprenant évidemment que c'était son sort qui se décidait en ce moment, sa vie présente et son avenir; dans l'obscurité on ne voyait que le blanc de ses yeux qui brillait.

— Et qu'espérais-tu en te sauvant? demanda tout à coup Casparis, qui suivait sa pensée et voulait toujours trouver en dehors de lui ce qu'il ne trouvait pas en lui.

— Je n'espérais rien, je me sauvais.

— Mais une fois que tu te serais sauvée tu ferais quelque chose ; quoi ? Tu te demandais cela, sans doute.

— Non ; je n'avais qu'une idée : me sauver.

— Et après ?

— Après ! mais il n'y a pas d'après. Que voulez vous que je me demande ? Je ne connais personne à Paris. Je n'ai donc rien à attendre de personne, puisque je ne peux m'adresser à personne.

Casparis eut le cœur remué de cette réponse, et il fut aussi touché de cette détresse que de cette discrétion instinctive : bien certainement elle ne savait pas ce que c'était que la discrétion ; et si elle parlait ainsi c'était naturellement ; mais cela n'en était que plus caractéristique ; il y avait donc un cœur dans « cette petite bête ».

Il garda un moment le silence, et quand il le rompit, ce fut pour parler d'autre chose ; au moins Pompon dut le croire.

— Est-ce que tu jouerais devant quelqu'un ce que tu m'as joué tout à l'heure ? demanda-t-il.

— Devant quelqu'un ?

— Oui, devant un de mes amis, un musicien que j'attends ce soir et qui va dîner avec nous ; je voudrais qu'il t'entendît ; moi, je ne suis pas musicien, ce que tu m'as joué m'a plu.

— Ah !

— Beaucoup même ; mais c'est une impression, ce n'est pas un jugement ; je voudrais que lui te jugeât et me dit ce qu'il pense de tes dispositions.

— Je jouerai devant qui vous voudrez et ce que vous voudrez.

— C'est bien.

L'ami que Casparis attendait c'était Félicien Falco, qui, venant ce jour-là d'Andilly à Paris pour passer la soirée avec madame Arbelet, lui avait promis de dîner avec lui.

Mais viendrait-il par ce temps affreux ? La neige couvrait la terre, et à la campagne, les chemins ne devaient pas être frayés encore : d'Andilly à Paris, la course serait longue, pour un homme qui devait la faire à pied. C'était plus que l'économie qui obligeait Falco à habiter la campagne dans une maison abandonnée où il ne payait pas de loyer ; c'était la misère, une misère qui ne lui permettait pas de prendre le chemin de fer et l'obligeait à venir et s'en retourner à pied.

Comme Casparis se posait cette question, le timbre de l'entrée résonna ; sans doute c'était Falco, car il n'attendait pas de visites, qui, dans son isolement, étaient rares.

Il se rendit vivement dans le vestibule.

Il ne s'était pas trompé, c'était bien Falco qui venait d'arriver, et qui se secouait pour faire tomber la neige dont il était couvert jusqu'à mi-corps ; mais

Falco si singulièrement accoutré qu'il fallait le regarder avec attention pour le reconnaître ; il était coiffé d'un petit chapeau mou et vêtu d'un manteau à capuchon gris-bleuté comme ceux des chasseurs à pied ; dans sa main droite il tenait un bâton d'épine, et sous son bras gauche il portait un assez gros paquet enveloppé dans du papier ciré.

— Comment ; te voilà par ce temps affreux ?

— Il n'y a pas de temps pour moi ni beau ni affreux ; il y a un jour, le jeudi, et le jeudi, je viens à Paris.

— Est-ce que tu as apporté ce paquet d'Andilly ? demanda Casparis, voulant le débarasser.

Mais Falco se défendit.

— Avec précaution, je te prie, car ce paquet, que tu traites si familièrement, est ce que j'ai de plus précieux au monde : ma toilette de soirée, c'est-à-dire mon habit, mon gilet, mon pantalon, ma chemise, ma cravate, mes bottines.

— Et tu apportes ça d'Andilly ?

— Il le faut bien ; je ne peux pas me promener sur les grands chemins en habit noir et en gilet à cœur.

— Pourquoi ne le laisses-tu pas à Paris ?

— Parce qu'il me fallait pour cela un endroit sûr, et que cet endroit je ne l'avais pas jusqu'à ce jour trouvé. Tu te rappelles Thomasset, ton camarade ? Eh bien ! depuis que Thomasset a quitté l'école, il a loué un atelier rue Rochechouart ; mais, dans cet atelier, on ne fait guère de sculpture, et s'il y est entré quelquefois de la terre, ce qui a dû arriver rarement, il n'y est jamais entré de marbre. Thomasset cause

ses statues et elles sont superbes en paroles, mais il ne les exécute jamais.

— De quoi vit-il, le brave garçon ?

— Il ne vit pas, il meurt lentement ; mais en attendant et pour que son atelier serve à quelque chose, il le met à la disposition de ses amis qui pratiquent le noctambulisme. Quand on connaît Thomasset, on est toujours certain de trouver à coucher. On va rue Rochechouart quelle que soit l'heure, on crie son nom au concierge, et dans la cour, au rez-de-chaussée naturellement, à gauche, en tâtant, on met la main sur une clef ; la porte ouverte, on est dans l'atelier et dans la chambre de Thomasset ; s'il y a encore de la place dans le lit, on peut s'allonger à côté de Thomasset, qui ne se réveille pas pour cela ; s'il n'y en a plus on s'arrange comme l'on peut et où l'on peut. C'était chez Thomasset que je m'habillais pour ma soirée, et que je me déshabillais après pour retourner à Andilly ; car je ne couchais pas dans ce dortoir, qui n'a jamais été pour moi qu'un simple cabinet de toilette.

— Et tu ne voulais pas laisser ton habit chez Thomasset ?

— Si j'avais laissé mon habit chez Thomasset, il aurait servi à tous ceux des amis de Thomasset qui auraient eu besoin d'aller dans le monde, de faire une visite, ou tout simplement d'avoir un vêtement sous leur pardessus trop mince, et, dans le nombre, il aurait pu s'en trouver qui ne l'auraient pas rapporté... le jour où j'en aurais eu besoin. Voilà pourquoi le jeudi je voyage avec ce paquet ; ça n'est pas commode, il est vrai, mais au moins c'est sûr.

— Où se trouve la maison dans laquelle tu vas en soirée ?

— Avenue de Messine.

— C'est-à-dire à deux pas d'ici.

— Ce qui me sera joliment commode ce soir par ce temps mauvais, pour mes bottines.

— Ce qui te sera commode tous les jeudis si tu veux, et ce qui te dispensera de voyager avec ce pa-

quet, au cas où tu voudrais bien avoir en moi plus de confiance qu'en Thomasset.

— Ce n'est pas la même chose.

— Tu arriveras tous les jeudis pour dîner avec moi ; ensuite tu endosseras ta toilette de soirée que tu auras laissée ici, et tu t'en iras avenue de Messine;

la soirée finie tu reviendras, et si tu ne veux pas coucher tu repartiras, après avoir repris tes vêtements de tous les jours qui auront eu le temps de sécher, — ce qui ne devait pas arriver chez Thomasset.

— Au contraire, ils s'imbibaient.

— Est-ce dit ?

— J'accepte.

— Eh bien, pour commencer, laisse-moi te conduire à ta chambre où tu quitteras tes vêtements mouillés. Quand tu redescendras j'aurai un service à te demander.

— Alors je redescends tout de suite.

— Prends ton temps.

Quand Falco redescendit en toilette de soirée, gilet en cœur, chemise à plastron, cravate blanche, ses cheveux noirs bien peignés, sa barbe frisante, et qu'il entra dans le salon où Casparis lui avait dit qu'il l'attendrait, il fut surpris de voir une petite négresse installée au coin de la cheminée et en grande conversation avec son ami, qu'il croyait trouver seul; il s'en fallut de peu qu'il ne laissât échapper une exclamation.

— Mon cher Falco, dit Casparis, je te présente une petite amie dont j'ai fait la connaissance hier soir : mademoiselle Pompon.

Falco salua, mais en se demandant si Casparis ne

se moquait pas de lui, et aussi ce que cette petite moricaude pouvait bien faire là.

Quant à Pompon, elle se tenait droite sur son fauteuil n'osant pas bouger.

— Ma petite amie, continua Casparis, est une artiste ; elle joue du violon et elle a donné des concerts... en Amérique ; je désire que tu me fasses l'amitié de l'entendre.

— Avec plaisir, si elle veut bien jouer devant moi.

Pompon eut un sourire.

— Je veux tout ce que veut M. Georges.

— Eh bien ! joue, mon enfant, et ne te trouble pas ; je t'ai dit que mon ami Falco était un musicien de talent, et cela doit te rassurer, car plus le talent est grand, plus est grande aussi l'indulgence.

— Oh ! je n'ai pas peur du tout, je vois bien que M. Falco est bon.

— Et où vois-tu cela ? demanda Casparis en souriant.

— Je ne saurais pas vous le dire, mais je le sens là.

Elle mit la main sur son cœur.

— Que dis-tu de cela ? demanda Casparis, tout joyeux de cette réponse.

— Je dis qu'elle est charmante.

Elle avait répondu franchement en disant qu'elle n'avait pas peur; à la façon dont elle prit son violon et l'accorda, il fut évident qu'elle était pleinement à son aise.

— Que faut-il jouer? demanda-t-elle en s'adressant à Casparis.

— Ce que vous voudrez, mademoiselle, répondit Falco.

— Oh! mademoiselle, fit-elle en se cachant à demi derrière son violon, c'est cela qui va me faire peur; je ne pourrai plus jouer.

— Ce que tu voudras, petite Pompon.

Elle sauta en l'air joyeusement.

— Alors, je joue tout de suite.

Et bravement, gaillardement, elle commença.

Après son premier morceau, elle allait passer à un second, mais Casparis l'arrêta.

— Bravo! mon enfant, dit Falco, c'est très bien.

Mais ce n'était pas un compliment banal que Casparis voulait, il attira Falco dans une embrasure de fenêtre.

— Eh bien? demanda-t-il à voix basse.

— Eh bien, c'est très curieux. Je ne dirai pas que cette petite est un prodige, mais c'est vraiment une curiosité. D'où vient-elle?

— De la Havane.

— Cela me déroute un peu; à l'agilité de son doigté, à la façon dont elle accorde son violon, et à plusieurs autres points caractéristiques, je croirais volontiers qu'elle a travaillé avec quelque Tsigane.

— Cela est possible.

Ils furent interrompus : la porte du salon venait de s'ouvrir.

XII

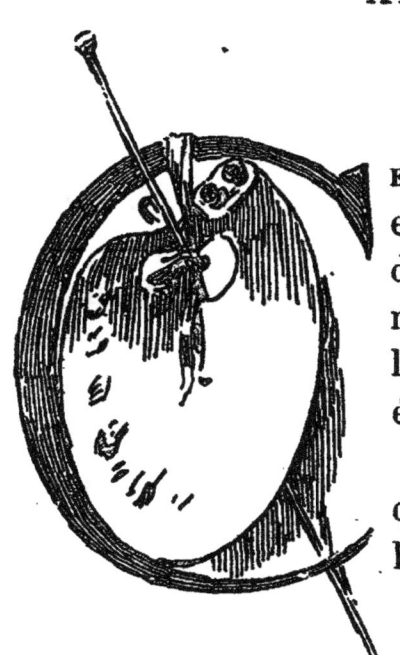

Celui qui faisait ainsi son entrée vivement, tendant d'un même mouvement la main droite à Casparis et la main gauche à Falco était Sylvain Blanchon.

— En voilà une chance que de vous trouver tous les deux! s'écria-t-il.

Et il embrassa Casparis.

C'était un homme de quarante ans environ, d'apparence robuste, la tête grosse, les épaules larges, le buste puissant, le visage énergique, en tout un gaillard bâti pour labourer la terre ou fendre un arbre.

Les contrastes étaient frappants entre ces trois hommes unis par une solide amitié, mais séparés par des dissemblances de nature nettes et tranchées :

Blanchon, un vrai paysan.

Casparis, au contraire, d'allures distinguées, élancé, bien découplé, la tête offrant un profil d'une beauté sculpturale, le visage montrant tous les nobles instincts, l'honnêteté, la droiture, la franchise, la bonté; avec cela une extrême simplicité dans la tenue comme dans le langage, les cheveux noirs coupés en brosse, la barbe qu'il portait entière taillée courte aussi sur les joues, en pointe au menton.

Falco, enfin, un joli garçon de manières féminines, de complexion tendre, un passionné avec un visage creusé, ravagé, et des yeux mélancoliques ou rêveurs.

Blanchon jeta un coup d'œil sur Pompon, qui le regardait curieusement; mais il avait autre chose à cœur que de donner son attention à cette petite.

— J'arrive d'Anvers à l'instant même, dit-il, et il n'y a pas deux heures que j'ai ouvert ta lettre; cela t'explique, mon pauvre Casparis, pourquoi je ne suis pas venu et je ne t'ai pas répondu.

Il s'établit un silence; aucun des trois ne voulant parler pour ne rien dire, et ne voulant pas davantage parler pour dire ce qu'il avait dans le cœur.

Ce fut Blanchon qui le premier prit la parole:

— Si j'avais su, dit-il, je serais venu; mais là-bas j'ai vécu aussi étranger au monde que si j'avais été au centre de l'Afrique.

— Et qu'as-tu pu faire pendant si longtemps? demanda Falco.

— Tu sais que j'étais parti pour aller voir l'Holbein du musée de Bruxelles, un petit portrait de Thomas Morus large comme les deux mains, mais grand comme la nature même, le Van Eyck et le Memling de Bruges, et le Quentin Massys d'Anvers. J'avais réuni difficilement l'argent nécessaire pour cela, mais pas plus, juste le nécessaire : voyage en troisième classe, logement dans les auberges des faubourgs, pipes modérées. Seulement j'avais largement escompté le temps que je donnerais à chacun : deux jours à Bruxelles, trois jours à Bruges, trois jours à Anvers. Mais voilà qu'à Anvers je suis pris d'une passion si violente pour le Quentin Massys que je sens que si je ne copie pas son *Ensevelissement du Christ*, je n'aurai plus de tranquillité, et que je serai obligé de revenir à Anvers. Tu connais ce tableau, n'est-ce pas, Casparis ?

— Non, je n'ai jamais été en Flandre ni en Hollande.

— Eh bien, alors, dis que tu ne sais pas ce que c'est que la peinture ; la vérité et la conscience dans l'art, la réalité dans le détail, l'effet dans l'ensemble, la puissance dans l'expression.

— Va toujours, dit Casparis en souriant.

— Non, car j'irais jusqu'à demain ; mais enfin, il y a une chose qui en dira plus que toutes les paroles : Anvers vit de la gloire de Rubens et dans la ville, dans la cathédrale, comme au musée, Rubens est Dieu et Van Dyck est son prophète ; eh bien, il y a au musée un tableau de Rubens qui a de la valeur, le *Christ à la paille*, puis tout à côté se trouve le *Christ de Massys*, c'est-à-dire deux cadavres qu'on peut

comparer ; la comparaison faite, on s'aperçoit que celui de Rubens n'existe pas.

— C'est-à-dire tu t'aperçois, toi, Sylvain Blanchon.

— Ne l'excite pas, dit Falco, il ne finirait pas ; laisse-le nous dire pourquoi il est resté à Anvers.

— Pour copier le Massys ! parbleu ; et si vous

croyez qu'un tableau avec dix personnages de grandeur naturelle, où tout est d'un fini merveilleux, se copie en deux jours, vous vous trompez. L'argent du retour prélevé, il me restait trente francs quand cette idée m'est venue. Il me fallait donc gagner le surplus. Savez-vous ce que j'ai fait ?

— Tu t'es embauché comme ouvrier sur le port pour décharger les navires, répondit Falco.

J'en ai eu la pensée; mais, comme ce travail m'aurait abîmé la main, j'y ai renoncé et je me suis résigné à pis que cela : j'ai fait une petite copie du *Christ entre les deux larrons*, de Rubens, qui m'a été assez bien payée. Ce que j'ai souffert ! Enfin, me voilà ; dans un mois arrivera mon Massys.

— Qu'en veux-tu faire?

— L'accrocher dans mon atelier et le regarder; si je venais à faiblir dans mes idées, il m'empêcherait de me laisser influencer par les bêtises des critiques, ou de céder aux suggestions des amateurs.

On servit le dîner et l'on continua, ou plutôt Blanchon continua à parler du forgeron d'Anvers.

Puis la conversation tourna et ces trois camarades, ces trois amis réunis après une longue séparation en vinrent tout naturellement à parler d'eux-mêmes, de ce qu'ils avaient fait depuis qu'ils ne s'étaient vus, surtout de ce qu'ils voulaient faire; Falco, du poème d'opéra qu'il espérait bientôt obtenir; Casparis, de la première exposition; Blanchon, de la voie où il voulait faire entrer l'art pour le ramener à la sincérité.

Immobile sur sa chaise, Pompon les écoutait; ses regards allaient curieusement de l'un à l'autre, se fixaient sur celui qui parlait, ne se détachant de lui que lorsqu'il se taisait.

Mais il arriva un moment où son attention parut faiblir, et soit que ce qui se disait ne l'intéressât point, soit que la fatigue et le sommeil pesassent sur elle, elle ferma les yeux à plusieurs reprises.

— Tu es fatiguée, petite? dit Casparis qui avait remarqué qu'elle laissait tomber sa tête.

— Oh! non.

— Vous pouvez être fatiguée de nous entendre, dit Blanchon avec bonhomie, je comprends cela.

— Va te coucher, mon enfant, dit Casparis.

Aussitôt elle quitta la table, et ayant fait une révérence à Falco et à Blanchon avec un gentil sourire, elle vint à Casparis.

Alors se baissant, elle lui prit la main et la lui embrassa comme elle l'avait fait le matin.

— Bonne nuit, monsieur Georges.

Arrivée à la porte, elle se retourna et lui adressa un dernier regard tout plein de tendresse, puis se faufilant doucement, elle disparut.

— Quels yeux elle a, dit Blanchon; positivement c'est du velours: je l'ai examinée pendant le dîner, alors qu'elle écoutait si attentivement celui d'entre nous qui parlait, et je vous assure qu'il y a en elle quelque chose de l'animal intelligent, le chien, le chat, qui, ne pouvant pas vous interroger directement, vous regardent longuement pour deviner ce que voulez faire et remplace la question qu'il ne peut pas vous poser par un travail d'intuition et de calcul.

— Alors elle t'intéresse, cette petite? demanda Casparis.

— Je crois bien.

— Eh bien, puisqu'il en est ainsi, et puisqu'elle intéresse aussi Falco, nous allons tous les trois tenir une sorte de conseil de famille, moi en qualité d'auteur de ses jours, comme dit la loi.

— Comment, tu es le père de cette petite négresse, qui est d'un si beau noir?

— Non, mais elle ne m'en doit pas moins la vie, vous allez voir comment, — vous en qualité d'amis, si vous voulez être ses amis.

Et alors, il leur raconta comment il l'avait trouvée mourante; puis il rapporta aussi ce qu'elle lui avait dit de sa jeunesse, de son arrivée à Paris, avec Mlle Novar, et de sa fuite.

— La pauvre petite!

— Tu l'as sauvée.

— D'une mort immédiate, cela est certain, et

voilà comment je suis l'auteur de ses jours, mais après ? Que va-t-elle devenir ? Que vais-je en faire ?

Falco et Blanchon se regardèrent sans répondre.

— J'estime, continua Casparis, que quand on demande l'avis de ses amis, on doit commencer par leur dire ce qu'on pense soi-même ; cela n'est peut-être pas très habile, mais la loyauté et la franchise valent mieux que l'habileté, n'est-ce pas ?

— Bravo ! s'écria Blanchon.

— Donc, en vous demandant ce que je dois faire de cette enfant, je commence par vous dire l'idée qui m'est venue : c'est de la garder.

— Tu ne peux pas la mettre sur le pavé.

— Sauver la vie aux gens vous impose des devoirs comme leur donner la vie.

— Évidemment, tout cela est juste, et je me le suis dit moi-même ; mais ce qui complique la situation, c'est que Pompon est la petite personne que vous venez de voir, qui t'intéresse, toi, Blanchon, par son intelligence ; toi, Falco, par ses dispositions pour la musique. Si je pouvais l'envoyer à la cuisine pour aider ma vieille Justine, ce serait tout de suite fini, je ne vous réunirais pas en conseil de famille pour décider son sort ; mais le puis-je ? C'est ce que je vous demande.

— Que ne m'a-t-on envoyé à la cuisine quand j'étais jeune, dit Falco ; au moins j'aurais aujourd'hui un métier qui me nourrirait !

— Qui nourrirait ton ventre, dit Blanchon ; mais qu'est-ce qui nourrirait ta tête, qu'est-ce qui nourrirait ton cœur ? Tu te calomnies, ami Falco ; tu ne tiens pas tant que ça à ton ventre.

Falco sourit tristement :

— Je t'assure, ami Blanchon, que ton « tant que ça » est en réalité bien peu ; mais encore faut-il ce peu.

— Qui dit que cette petite ne pourra pas gagner ce peu autrement et autre part qu'à la cuisine ? dit Blanchon. En ma jeunesse, j'ai eu un métier qui me nourrissait ; je l'ai quitté pour un autre qui, pendant de longues années, m'a laissé mourir de faim ; eh bien ! je vous donne ma parole que je n'ai jamais regretté ma résolution, même quand j'avais le ventre vide.

— Crois-tu Pompon incapable de devenir une artiste ? demanda Casparis à Falco.

— Je ne sais si elle en est capable ou incapable ; elle a des dispositions, voilà la vérité ; mais ira-t-elle plus loin que là où elle est arrivée ? Ce qu'elle nous montre aujourd'hui n'a-t-il pas été acquis par une sorte d'imitation simiesque, si puissante chez les nègres ? En supposant qu'elle acquière du talent pourrait-elle en tirer parti à Paris ? Une négresse jouant du violon ne ferait-elle pas rire? Voilà les questions qu'il faut se poser.

— Cela est très juste, répondit Casparis; mais pour ce qui est de la question relative à son éducation musicale, nous ne pouvons pas la trancher avant d'avoir tenté cette éducation.

— Et, pour ce qui est de la question de succès, continua Blanchon, nous ne pouvons non plus la décider. Qui sait si justement ce ne serait pas cette qualité de négresse, ou plutôt cette bizarrerie, cette originalité qui ferait pour une part ce succès ? Paris est bizarre lui-même dans ses engouements. Et puis, si elle ne réussissait pas à Paris, ne pourrait-elle pas réussir ailleurs? à Haïti, par exemple.

— Je vois, dit Falco, que ce que Casparis nous demande, c'est la confirmation de son secret désir, et que toi, Blanchon, tu l'appuies.

— Parfaitement.

— Eh bien, voici ce que je propose, moi : c'est de me charger de l'éducation de cette petite. Si elle est mal dirigée, si on lui enlève son originalité, elle ne fera rien de bon, et si on veut lui enseigner le grand style, elle n'apprendra peut-être rien; il faut qu'elle soit dirigée dans le sens de sa nature. Si tu veux, Casparis, je la ferai travailler deux heures tous les jeudis. C'est te dire que j'accepte ton hospitalité ; je rendrai à Pompon ce que tu feras pour moi. Je n'aurai qu'à venir à Paris plus tôt. De quatre à sept je la ferai piocher.

— Mais... dit Casparis.

— Refuse, je refuse ; accepte, j'accepte. Pourquoi ne veux-tu pas que je fasse quelque chose pour cette enfant? Pense donc combien cela me sera agréable et utile ; un homme qui ne peut rien pour lui et qui peut quelque chose pour un autre : mais c'est un soutien cela, au moins une consolation. Et puis tu sais que j'ai été premier violon au théâtre de Toulouse avant d'entrer au Conservatoire, je ne serai donc pas un trop mauvais professeur. C'est dit, n'est-ce pas? Maintenant je vous laisse délibérer en paix.

— Sais-tu que j'ai des remords, dit Blanchon lorsque Falco fut sorti. Je n'aurais pas dû parler de la question nourriture à Falco. Mais voilà, j'ai pu devenir artiste, je ne serai jamais un homme bien élevé. Sache que ce bon garçon est l'amant de Mme Arbelet, et qu'elle le garde là-bas à Andilly, où elle le nourrit des choux pourris de son jardin qu'il fait cuire lui-même, sans beurre, crois-le bien. C'est pour l'indépendance de sa vie et de son amour qu'il lui faudrait quelques sous, qu'elle se garde bien de lui faire gagner, ce qui serait facile pour elle avec ses relations. Oh ! les femmes ! Tâche de t'en garer, car tendre et passionné comme tu l'es, tu ferais toutes les folies. Heureusement tu vas avoir cette gentille Pompon, à laquelle tu vas t'attacher, et comme avec tes idées sur la femme et sur la beauté, elle ne sera jamais à tes yeux qu'un joli petit animal, ce sera parfait; elle occupera ton esprit et ton cœur; elle les égayera, et tu n'auras pas d'autre maîtresse... sérieuse que la sculpture. Donc : vive Pompon! elle est la bienvenue.

DEUXIÈME PARTIE

I

Ompon avait grandi.

Ce n'était plus une petite fille, c'était une jeune fille.

Mais, en grandissant, elle avait peu changé, c'est-à-dire qu'elle était restée la même par la sveltesse, pour la souplesse, et aussi pour son air jeune, naïf et enfantin.

Ce n'était plus la petite négresse fagotée en singe savant que Casparis avait ramassée dans la rue et qui pouvait provoquer le rire lorsqu'on la regardait dans son accoutrement bizarre inventé par une comédienne habituée aux oripeaux du théâtre. Casparis et Blanchon lui-même, le statuaire et le peintre, s'étaient unis en collaboration pour lui composer une toilette qui l'habillât bien sans la signaler à la curiosité : l'été, des robes de foulard écru ou maïs, avec toque de lophophore ; l'hiver, des robes de velours grenat ou bleu sombre, avec toque de castor naturel ou de loutre ; les jupes courtes laissaient voir les pieds chaussés de bas de soie noire et de souliers ; les corsages plats lacés par derrière et sans corset moulaient sa longue taille onduleuse et ses hanches; les manches de ces corsages étaient courtes, elles n'arrivaient qu'au coude et elles étaient garnies de petits sabots de dentelle bise ; c'étaient des ruches de cette même dentelle bise qui entouraient le cou; elle portait des gants de Saxe très montants ; enfin, ses cheveux, simplement disposés, étaient retenus par un peigne d'or mat.

Les maquettes de ces toilettes avaient été très longues à établir et le sujet de graves discussions le jeudi après le départ de Falco, le statuaire tenant pour le collant, le peintre pour l'étoffé ; mais enfin ils s'étaient mis d'accord, et Casparis avait pu les faire exécuter à peu près telles qu'il les voulait.

Ce n'avait donc plus été un singe qu'il avait eu devant les yeux, mais une petite fille noire, habillée avec goût et à son avantage.

S'il n'avait pu que difficilement faire accepter ses idées par les couturières, les chapeliers, les lingères, auxquels il avait confié le soin d'habiller Pompon, il avait eu de la peine aussi, au moins dans le commencement, à amener celle-ci à renoncer au clin-

quant et au pailleté auxquels elle s'était habituée et qu'elle aimait d'instinct.

Quel chagrin pour elle de ne plus avoir des bottines à talons dorés et de ne plus ombrager sa tête de plumes d'autruche qui lui pendaient dans le cou.

Quand les fournisseurs étaient venus pour la première fois et qu'ils avaient déballé leurs échantillons, Casparis avait vu quel regard de convoitise elle jetait sur tout ce qui tirait l'œil.

Comme au bleu sombre elle eût préféré le bleu clair, à la dentelle bise la dentelle blanche, au foulard maïs, le foulard écossais bariolé de toutes les couleurs de l'arc-en-ciel !

Et quels détours ne prenait-elle pas pour savoir, sans le demander directement, si ce qu'elle désirait n'était pas plus cher que ce que Casparis choisissait.

Quand elle voyait que les prix étaient les mêmes, elle regardait Casparis longuement pour tâcher de deviner les raisons qui le décidaient et qu'elle ne comprenait pas.

Cependant elle n'avait pas une seule fois manifesté la plus légère velléité, sinon de révolte, au moins de résistance, et toujours elle avait eu des paroles de remerciement aussi bien que des sourires de reconnaissance pour ce qu'on lui donnait.

A mesure que Casparis avait appris à la connaître, il avait été frappé de cet esprit de soumission qui était en elle, non seulement pour les choses matérielles, mais encore pour les idées ; il eût affirmé en plein midi qu'il faisait nuit, qu'elle lui eût aussitôt servi de témoin et de bonne foi l'eût juré ; il lui eût dit de s'habiller d'une peau d'ours, qu'elle eût bien vite trouvé que la peau d'ours était la toilette qui lui convenait le mieux et que c'était très joli.

Cette souplesse d'esprit et de caractère s'était manifestée en tout, et ç'avait été avec une extrême rapidité qu'elle s'était pliée et façonnée à la vie nouvelle qui devait être la sienne.

De même elle s'était pliée aussi aux manies et aux exigences des deux vieux domestiques Nicolas et Justine qui, tout d'abord, avaient été offusqués de voir l'intrusion de cette nouvelle venue dans la maison, leur maison.

— Une négresse, une enfant trouvée, pense donc, Nicolas !

Et Nicolas avait pensé exactement comme pensait sa femme, c'est-à-dire que tous les maîtres étaient des ingrats ; et de plus, en son nom personnel, il avait pensé aussi que quand ces maîtres étaient des artistes, c'étaient des originaux bien singuliers.

— Si encore elle mangeait avec nous !

Cependant, en moins de huit jours, Pompon avait trouvé moyen de les faire revenir de ces préventions et de les adoucir si bien, qu'ils s'étaient mis tous les deux à l'aimer comme si elle avait été l'enfant de la maison.

— Une enfant si gentille, qui a si bon cœur, pense donc, Nicolas !

Et Nicolas, non content de penser comme sa femme, ce qu'il faisait religieusement depuis trente ans, avait enchéri sur elle.

— Pense donc, Justine, que depuis qu'elle mange avec M. Georges, il ne reste plus comme il restait pendant des quarts d'heure à regarder devant lui comme s'il n'avait rien dans son assiette. Il avait perdu l'appétit. Tu avais beau lui faire ce qu'il aimait le mieux autrefois, il n'y touchait que du bout des dents. Le chagrin lui emplissait l'estomac; ça se comprend, dans cette salle, tout seul; je faisais bien ce que je pouvais, Souris aussi, et Patapon ; mais moi, Souris et Patapon, nous lui rappelions toujours sa pauvre mère. Tandis que cette petite, elle bavarde, elle rit, elle mange, elle joue avec la chienne, elle joue avec la chatte, elle fait mille grimaces, elle a des inventions de tous les diables; et lui, cause, rit, mange comme elle, sans s'apercevoir de rien, sans penser à rien, naturellement. Tu n'as plus besoin de soigner ta cuisine : tout lui semble bon.

— Pense donc, Nicolas, que le modèle m'a dit que M. Georges ne pouvait pas venir à bout de la ête de sa *Maternité;* il la recommençait toujours; jamais il n'était content. Voilà que cette petite s'en vient avec son violon lui jouer un air, et voilà qu'en un rien de temps il fait la tête qu'a maintenant sa statue.

— Juste la tête qu'avait notre pauvre dame quand

elle pensait à **M.** Georges et qu'elle restait sans rien dire, regardant comme si elle le voyait.

— Ça, c'est extraordinaire.

— Pour sûr ; car enfin elle était à Paris quand elle avait cette tête-là, et lui il était à Rome, il ne l'a donc jamais vue.

— Il l'aura vue sans la voir, comme madame le voyait sans le voir quand elle pensait à lui.

— **M.** Blanchon disait l'autre jour que c'était tout à fait beau.

— Sans la petite, il ne l'aurait peut-être pas pu faire : elle l'a calmé.

Ce n'était pas seulement parce qu'elle avait calmé leur maître et lui avait rendu l'appétit, que de la répulsion et de l'hostilité ils étaient passés à la sympathie et à l'affection, elle les avait encore gagnés personnellement par mille petites choses pour eux capitales.

Au lieu de se faire servir, elle s'était appliquée dès le premier jour à ne les déranger pour rien et à se passer d'eux. Ainsi, en se levant, elle avait fait son lit et sa chambre, mettant bien tout dans l'ordre où elle l'avait trouvé, puis elle était descendue au sous-sol pour brosser ses vêtements et nettoyer ses chaussures. Tout d'abord Nicolas et Justine n'avaient rien dit, trouvant cela naturel et juste. « Il ne manquerait plus que d'avoir à servir cette moricaude, pense donc, Justine ! — Pense donc, Nicolas ! —

Toi! — Moi! » Pendant quelques jours ils s'étaient ainsi renfermés dans leurs droits et leur dignité. Puis un matin Justine avait faibli, le lendemain du jour précisément où Pompon avait échangé ses bottines, — celles de Mlle Novar, — contre les souliers que Casparis lui avait achetés. — « Est-ce que vous croyez que je vais vous laisser abîmer ces souliers-là? avait dit Justine en les lui prenant des mains, des souliers tout neufs ; vous n'y entendez rien; donnez-moi ça... » Pompon était remontée à sa chambre, et elle avait trouvé Nicolas en train de la balayer. « — Est-ce que vous croyez, avait dit Nicolas, que je vais vous laisser abîmer les plinthes à coups de balai? c'est mon affaire de balayer, ce n'est pas la vôtre ; désormais ne vous mêlez donc pas de ça ; vous n'y entendez rien. »

Au lieu de les traiter en domestiques, elle leur avait montré la politesse et les égards qu'elle aurait eus pour des parents de Casparis; ne les appelant jamais que monsieur Nicolas et madame Justine ; les écoutant lorsqu'ils lui adressaient des observations ; cherchant à leur plaire dans ce qu'elle savait leur être le plus agréable ; et tout cela simplement, sans affectation, sans prétention, comme si elle était inspirée par l'instinct et non par l'habileté ou le calcul.

C'est que réellement ce désir de plaire ne provenait chez elle ni de l'habileté, ni du calcul, mais simplement de la nature; ce n'était point parce qu'elle avait calculé qu'il était de son intérêt de se mettre bien avec Nicolas et avec Justine, qu'elle avait voulu

leur être agréable, mais simplement parce que cela lui avait été agréable à elle-même.

Ç'avait été avec tout le monde qu'elle s'était montrée ce qu'on appelle « une aimable enfant »; et elle avait su se faire aimer aussi bien de ceux qui devaient lui être utiles dans la maison, que de ceux qui ne pouvaient rien auprès de Casparis, ni pour elle, ni contre elle.

C'était ainsi qu'en quelques jours elle s'était fait du praticien de Casparis, un grand et beau garçon d'une trentaine d'années appelé Edmond Jottral, un ami chaud et dévoué.

La *Maternité,* complètement terminée en terre et moulée en plâtre, le moment était venu de l'exécuter en marbre, et la préparation de ce travail avait été confiée à ce qu'on appelle en sculpture un praticien, c'est-à-dire à celui qui doit ébaucher dans le marbre la statue que le sculpteur doit achever.

S'il fut un temps où les sculpteurs taillaient eux-mêmes entièrement leurs statues dans un bloc de marbre, ce temps est loin. Aujourd'hui, ce travail du marbre, qui, pour le public peu initié aux choses du métier, semble devoir être le principal, à ce point qu'on se représente généralement le sculpteur le marteau et le ciseau à la main, ce travail est pour la plus grosse part, et quelquefois même pour toute la part, abandonné au metteur au point d'abord, qui doit *épaneler* le marbre et le préparer, puis au praticien. Il semble que le sculpteur français ait peur du marbre et qu'il n'ose porter la main sur une matière aussi chère dont un coup de ciseau maladroitement donné peut détruire la valeur. Aussi, pour prévenir ce mauvais coup de ciseau, a-t-on inventé toutes sortes de moyens géométriques qu'on confie au metteur au point, et de procédés industriels qu'exécute le praticien.

Bien que, pendant son séjour à Rome, Casparis eût appris son métier de sculpteur à l'école des Italiens, qui sont de merveilleux ouvriers en marbre, et qu'il fût capable d'être son propre praticien,

ce qui ne se rencontre pas toujours, il avait appelé un vrai praticien pour faire l'ébauche de sa *Maternité*.

C'était un de ses anciens camarades d'atelier, qui, trop pauvre pour continuer la sculpture, et ayant une mère infirme et une jeune sœur à nourrir avec son travail quotidien, d'artiste qu'il avait espéré devenir, s'était fait ouvrier sous le coup du besoin et de la misère : de quinze à dix-huit ans il avait rêvé l'art avec toutes les nobles satisfactions qu'il peut donner : la création, la gloire, la fortune, et, avant même d'avoir pu savoir s'il était ou n'était pas capable de réaliser ce rêve, il avait dû renoncer à l'art pour le métier et se contenter d'ébaucher, à dix ou quinze francs par jour, des statues que plus d'une fois il n'aurait pas voulu signer.

Il y avait environ quinze jours que Casparis avait recueilli Pompon, lorsque Jottral avait commencé son travail.

Et avant la fin de la première semaine, Pompon et lui étaient amis ou plutôt camarades comme s'ils se connaissaient depuis des années.

C'était un garçon d'une nature tendre qui, loin de s'endurcir sous les coups de l'adversité comme cela arrive si souvent, s'était faite plus compatissante pour tout ce qui était faible, plus sympathique pour tout ce qui souffrait, plus enthousiaste pour tout ce qui était bon ; aussi s'était-il pris d'une véritable affection pour cette enfant, qui avait eu une existence si malheureuse, et au bout d'un mois avait-il demandé à Casparis de lui permettre de l'emmener quelquefois, le dimanche, passer la journée à Montrouge où il demeurait avec sa mère, pour que sa sœur et elle devinssent amies et camarades de jeu.

Et Justine, qui n'aimait pourtant pas à se déranger et qui affirmait haut son droit « d'avoir son dimanche », s'était proposée elle-même pour conduire Pompon le matin à Mme Jottral et aller la rechercher le soir.

— Ça lui sera bon, à cette petite, de jouer avec une camarade de son âge !

II

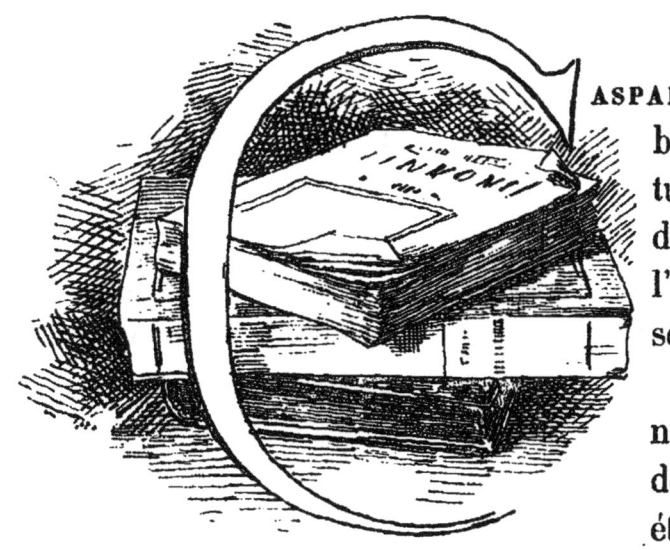C ASPARIS n'avait pas borné sa sollicitude aux toilettes de Pompon, il l'avait étendue à son éducation.

Pour cela, un nouveau conseil de famille avait été tenu, et Casparis avait exposé ce qu'il voulait pour elle.

— Avant tout, je ne veux pas qu'elle soit une boîte à musique, comme certains musiciens qui, lorsqu'ils n'ont plus leur instrument aux mains, sont bêtes à manger du foin et ignorants comme des carpes. Mon avis serait donc de lui donner une maîtresse qui viendrait tous les jours et qui lui enseignerait ce que toute femme bien élevée doit savoir. Je pourrais peut-être la laisser s'instruire seule, au hasard de ses lectures, car elle aime à lire et se jette sur les livres, qu'elle dévore, n'importe lesquels.

Là-dessus Blanchon s'était récrié en secouant sa forte tête:

— Ne permets pas cela; c'est ainsi que s'est faite mon instruction et je ne sais rien. C'est-à-dire que je sais à fond un tas de choses inutiles, et que j'en ignore un tas d'autres indispensables. Et cela parce que j'ai travaillé au hasard, sans ordre, sans méthode. Le jour où j'ai su qu'il y avait une méthode, il était trop tard pour revenir en arrière; il aurait fallu tout recommencer; où en trouver le temps? Tous les dictionnaires du monde, que je pioche sans cesse, ne combleront jamais ces trous insondables. N'en laisse pas s'ouvrir de pareils dans l'esprit de Pompon; il vaudrait mieux qu'elle fût complètement ignorante de tout; au moins elle n'aurait pas l'humiliation de pouvoir se rendre compte de son ignorance et la mesurer.

Elle avait donc travaillé avec cette maîtresse; mais, tout son temps n'étant pas pris par ses devoirs et ses leçons, elle en avait passé une grande partie dans l'atelier: tantôt jouant du violon pendant que Casparis et Jottral travaillaient eux-mêmes; tantôt lisant à haute voix quand Jottral ne faisait pas trop de bruit; tantôt s'amusant avec les bêtes, qui s'étaient de plus en plus attachées à elle, au point qu'elle en obtenait tout ce qu'elle voulait, même de la chatte; tantôt s'essayant à modeler la terre; tantôt restant étendue sur un des divans, la chatte dans ses bras, la levrette à ses pieds, et regardant à la dérobée Casparis de ses yeux fixes, de son regard profond qui semblait toujours chercher ou exprimer des choses mystérieuses que la langue ne pouvait pas expliquer.

Bien souvent Casparis l'avait examinée lorsqu'elle le regardait ainsi, et il s'était demandé, comme il lui avait demandé, ce qu'elle cherchait. Mais il n'avait pas plus trouvé de réponse à ses propres questions, qu'il n'en avait obtenu à celles qu'il lui adressait. Il y avait en cette enfant quelque chose d'étrange qu'il fallait renoncer à comprendre, comme il fallait renoncer à comprendre ce qui se passait en Patapon lorsque celle-ci, assise gravement ou béatement ramassée sur elle-même, les quatre pattes sous le ventre, la queue mollement allongée contre son flanc, le regardait de ses yeux ronds dont les prunelles s'agrandissaient ou se rapetissaient suivant le rythme de son ronron. Pompon, Patapon; elles semblaient aussi près l'une de l'autre par leur nom, que par leur nature.

Casparis avait dû se préoccuper aussi de l'éducation physique de sa petite négresse.

C'était beaucoup de lui donner du talent, beaucoup d'en faire une jeune fille bien élevée, mais c'était beaucoup aussi et un point non moins essentiel, de penser à sa santé.

Après avoir travaillé son violon, appris ses leçons et fait ses devoirs, elle avait besoin de marcher, de galoper en plein air.

Elle avait, il est vrai, les dimanches qu'elle allait passer à Montrouge, et où elle jouait avec la sœur de Jottral; mais ce n'était pas assez. Le petit jardinet de Montrouge, ou bien les glacis des fortifica-

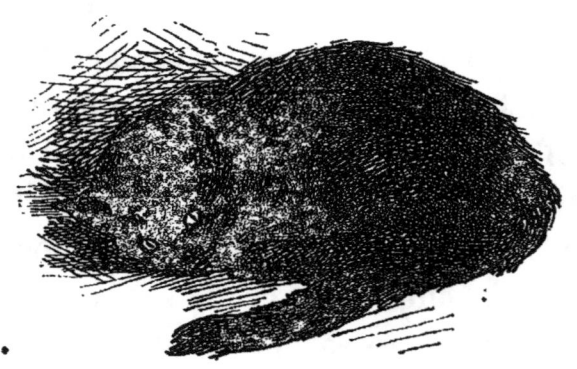

tions sur lesquels elle s'amusait à se laisser glisser, un pied dans une ornière mouillée, ce n'était pas assez pour une enfant de son âge, il lui fallait la campagne avec l'air pur et les longues courses.

Il avait donc organisé ces longues courses à la campagne, car à Paris, lorsqu'il sortait, il ne pouvait pas le plus souvent la prendre avec lui. Qu'eût-il fait d'elle chez les amis ou les camarades qu'il allait voir? De quelle utilité pour elle, pour son plaisir ou sa santé, eussent été ces visites? Quant à l'emmener la nuit avec lui, dans ses promenades à travers le bois de Boulogne, il n'osait le faire que rarement, car, à son âge, elle avait besoin de sommeil et elle était mieux dans son lit qu'à courir les bois la nuit.

Il avait décidé que tous les lundis ils s'en iraient aux champs; et Blanchon, consulté comme toujours, avait demandé à les accompagner : la vie de Paris commençait à lui être étouffante, et après vingt-cinq années passées dans son atelier de la rue de l'Éperon, il avait besoin de voir des arbres et des nuages.

Blanchon se faisait leur compagnon, Falco devait aussi se joindre à eux; n'étaient-ils pas inséparables, au moins dans ce qui était plaisir? Mais là s'était présentée une difficulté qui eût arrêté des amis moins étroitement unis et moins ingénieux à chercher des moyens pour s'être mutuellement agréables. Puisque la détresse d'argent de Falco était telle qu'il ne pouvait user des chemins de fer pour venir tous les jeudis à Paris, comment penser à lui faire payer sa quote-part dans les dépenses qu'entraîneraient ces promenades? et comment ne pas la lui faire payer sans le blesser? Mais les artistes ont des rouéries pour arranger les difficultés d'argent ou d'amour-propre, dont les bourgeois ne s'aviseraient pas.

— Puisque l'ami Falco ne peut venir à nous, avait dit Blanchon, c'est à nous d'aller à lui. La partie nord des environs de Paris est toute aussi curieuse que la partie sud. Je propose donc que

toutes nos promenades se fassent dans le nord. Que nous prenions la ligne de Rouen, de Pontoise, de

Creil, de Soissons, Falco est assez bon marcheur pour venir à pied nous rejoindre au point que nous lui fixerons à l'avance.

— Et comme je n'aimerais pas la cuisine des marchands de vin, avait dit Casparis, nous porterons notre dîner avec nous; puisque nous viendrons en chemin de fer, cela sera tout naturel; tandis que cela serait absurde de la part de Falco, qui aura une route plus ou moins longue à faire à pied.

Et comme des ouvriers qui font le lundi, comme de bons bourgeois, ces deux artistes, accompagnés de Mlle Pompon et de Mlle Souris, étaient partis toutes les semaines, quand le temps le permettait, pour la campagne, emportant avec eux leur dîner.

Et, dès le départ, c'était un plaisir pour eux de voir avec quel mépris les gens qui se respectent, les gens bien mis, bien gantés, regardaient ces deux hommes chargés de victuailles, cette petite négresse et cette levrette; des saltimbanques, pour sûr. Comment monter avec ces espèces? Aussi le plus souvent les laissait-on seuls dans leur compartiment.

Falco avait donc pu prendre sans scrupules sa part de ces dîners, puisque évidemment il ne pouvait pas apporter, de quatre ou cinq lieues de loin, son plat dans ses poches ou sous son bras; cependant il avait voulu qu'ils vinssent de temps en temps dans le bois de Montmorency, et il leur avait été impossible de ne pas lui faire ce plaisir.

Alors ils avaient vu comment il était installé et quelle misérable existence était la sienne.

La propriété Arbelet, une des plus belles d'Andilly, étend son parc et ses pelouses sur les pentes boisées qui de la forêt descendent vers la vallée de Montmorency; mais ce n'était point dans la maison même, qui s'élève importante et de belle ordonnance au milieu de gazons verts, qu'habitait Falco, c'était dans une sorte de fabrique à moitié ruinée, qu'on ne conservait que parce que, avec son revêtement de lierres et son encadrement de hauts arbres, elle faisait bien dans le paysage. Il s'était meublé une chambre dans la partie la mieux conservée, celle où il ne pleuvait point, et il vivait là, travaillant sur un petit piano d'Érard, un de ces instruments primitifs, à cinq octaves et demie, qui tiennent le milieu entre le clavecin et le piano, faisant lui-même son ménage et sa cuisine, — cuisine bien simple, qui consistait en légumes du jardin, qu'il mangeait assaisonnés au sel, avec quatre sous de pain, sa grande dépense, ne se plaignant pas, attendant tout de l'avenir, et heureux dans le présent, quand la femme qu'il aimait venait de temps en temps lui apporter un peu d'amour et de bonheur.

Casparis avait été douloureusement ému de cette détresse, la première fois qu'il avait vu Falco dans ce triste milieu ; mais, malgré tout le désir qu'il en avait, il n'avait rien pu faire pour la soulager, car Falco n'était pas homme à accepter un prêt d'argent, et ç'eût été le fâcher que de le lui proposer. Il fallait même ne pas paraître douter des histoires qu'il racontait pour cacher en partie cette détresse. De même qu'il fallait paraître croire aussi aux raisons qu'il donnait pour justifier son séjour à Andilly, c'est-à-dire à son amour pour la campagne, à son besoin de travail dans la solitude.

Et de fait, n'était-ce pas chose profondément touchante que de voir ce jeune homme de trente ans, qui avait un grand talent, et qui un jour, sans doute, aurait la gloire, vivre ainsi misérablement, un peu par amour, beaucoup par fierté artistique, pour ne pas faire métier de son talent et l'abaisser dans des œuvres indignes de lui?

— Je veux attendre mon heure, disait-il.

Et il attendait sans se plaindre.

— Tâche donc de me donner un moyen pour que je fasse gagner quelque argent à Falco, avait dit le soir Casparis à Blanchon en revenant.

— Je ne l'ai pas trouvé pour moi, comment veux-tu que je le trouve pour toi, ce moyen? et je t'assure que cependant je l'ai bien cherché. Tu viens de voir comment vit ce pauvre garçon, et cela t'a ému.

Moi, j'ai appris sur lui une chose qui m'a peut-être plus ému encore et qui m'a fait chercher ce moyen que tu demandes et que je n'ai pas trouvé. Bien que Falco ait arrangé sa vie de façon à n'avoir besoin que de bien peu d'argent, il lui en faut cependant; ne serait-ce que pour son pain de chaque jour, et surtout pour son linge, ses cravates, ses gants, quand il va dans le monde. Sais-tu comment il le gagne? Cherche un peu ; mais dans l'impossible, dans l'invraisemblable.

— Dis plutôt.

— Eh bien, il vend des fleurs.

— Comment, les fleurs du jardin de cette maison?

— Les fleurs de M. Arbelet! Tu n'as pas réfléchi. Lui qui se fait scrupule de manger les légumes qui n'ont pas commencé à pourrir. Non, ce ne sont pas ces fleurs qu'il vend. Ce sont des fleurs champêtres ou forestières qu'il cueille lui-même dans les champs ou dans les bois, et qu'un paysan lui porte à la halle et vend pour lui. En hiver, des fragons aux fruits rouges, qui font un effet charmant dans un salon, mais qui déchirent cruellement les mains lorsqu'on les cueille, — et ces mains sont des mains de pianiste. Au printemps, des scilles, ces petites fleurs bleues à clochette qui tapissent les clairières des bois, des jonquilles, des violettes. Plus tard du muguet. Plus tard des digitales.

— Est-ce possible?

— Non, peut-être ; cependant c'est vrai. Comme toi cela m'a serré les entrailles quand j'ai appris ça; tu sais, à l'endroit où la faim se fait sentir. Et cependant, en y réfléchissant, on se dit que cette existence misérable n'est peut-être pas aussi malheureuse pour Falco qu'on pourrait le croire. Il souffre, cela est certain. Mais il travaille. C'est une nature rêveuse et poétique. La solitude où il vit est plus favorable à son talent que ne le serait le monde. Avec cela il aime. Je serais étonné si, dans ces conditions, il ne produisait pas quelque belle œuvre, originale et puissante.

Pendant qu'ils parlaient ainsi librement comme

s'ils étaient seuls, Pompon les écoutait, suspendue aux lèvres de Blanchon; et, s'ils avaient fait attention à elle, ils auraient été frappés par les regards interrogateurs qu'elle attachait tantôt sur Blanchon, tantôt sur Casparis, comme si elle voulait descendre en eux pour y lire ce que leurs paroles ne lui faisaient pas comprendre.

Et le jeudi suivant Falco avait été surpris des attentions que Pompon avait eues pour lui, de sa docilité pendant la leçon, de ses prévenances, de sa sollicitude, de ses élans de tendresse pendant le dîner, de ses regards admiratifs.

III

Pompon était heureuse de sortir avec Casparis ! — folle de joie comme un chien déchaîné quand elle courait dans les champs, revenant sans cesse à lui, pour repartir aussitôt en poussant des cris de plaisir, passant à travers tout, sautant les fossés, escaladant les obstacles, ne craignant ni rosée, ni poussière, ni broussailles, ni froid ni chaleur ; — fière et superbe quand elle l'accompagnait dans les rues de Paris, relevant la tête et souriant à ceux qui la regardaient ; par contre, lorsqu'elle restait seule à la maison, elle tombait, aussitôt qu'il était parti, dans des accès de mélancolie que, malgré ses efforts, elle ne pouvait pas plus dominer que cacher.

— Il faudrait pourtant comprendre, disait Justine, moitié la consolant, moitié la grondant, il faudrait comprendre qu'un jeune homme ne peut pas emmener partout une petite fille.

— Je sais bien.

— Il faudrait comprendre que M. Georges a des amis, chez lesquels il va le soir, et où il ne peut pas conduire une jeune fille.

— Je sais bien.

— Il faudrait comprendre qu'à son âge c'est tout naturel qu'il s'amuse : c'est un jeune homme ; ce n'est pas une jeune fille.

Et pour appuyer ses consolations par un exemple, Justine ajoutait :

— Il n'emmène pas Souris, il n'emmène pas Patapon.

Mais ces raisons, si bonnes qu'elles fussent aux yeux de Justine, ne valaient rien pour Pompon.

Est-ce qu'il y avait une comparaison à établir entre elle et Souris, ou entre elle et Patapon? C'était pour elle une humiliation qui la faisait pleurer de honte et de rage la nuit dans son lit, qu'on eût toujours la pensée de chercher des points de ressemblance entre les bêtes et elle. Elle n'était pas un animal pourtant. Que Justine, que Nicolas, fissent un pareil rapprochement, elle pouvait le supporter au moins dans une certaine mesure, en se disant que Justine et Nicolas étaient... Justine et Nicolas. Mais que Casparis, que Blanchon, que Falco, fissent ce rapprochement, c'était ce qui la torturait, le plus grand, le plus profond chagrin de sa vie nouvelle, sous tant d'autres rapports si heureuse. Combien souvent, lorsqu'elle était dans l'atelier, voyait-elle les yeux de Casparis aller d'elle à Patapon et de Patapon à elle, soit qu'elles fussent l'une et l'autre en mouvement, soit qu'elles fussent au repos! Il ne disait rien, il est vrai; mais elle n'avait pas besoin qu'il parlât pour le comprendre; un geste lui apprenait ce qu'il voulait, un regard ce qu'il éprouvait ou ce qu'il pensait. Elle les avait si souvent suivis, ces yeux, lorsqu'ils allaient du modèle à la statue en train, ou de la statue au modèle, qu'elle ne pouvait pas se tromper sur leur expression lorsqu'ils allaient d'elle à Patapon ou de Patapon à elle : ce qu'ils étudiaient dans le modèle, c'étaient les points par où l'œuvre à laquelle il travaillait s'en rapprochait ou s'en éloignait, ce qu'ils étudiaient dans elle et dans Patapon, c'étaient les points de contact par lesquels elles tenaient l'une à l'autre. Eût-elle pu avoir des doutes à cet égard que Blanchon, avec son habitude de dire haut tout ce qu'il pensait, les eût fixés :

— Vois donc comme cette petite est près de la nature, s'écriait-il à chaque instant sans se douter de la blessure qu'il faisait, et simplement parce que son œil d'artiste voyait tout au point de vue de l'art et rapportait tout à son art,

Et non content de cette remarque, il la précisait, il l'expliquait :

— Vois donc cette longueur de torse, cette souplesse de l'échine, cette sveltesse de la taille, cette flexibilité dans les ondulations, cette grâce dans les allongements, cette mollesse dans les attitudes du repos.

Sans doute, c'étaient là des compliments qui l'eussent flattée, si elle n'avait pas eu à les partager avec Patapon.

Aussi était-elle jalouse de Patapon, mais sans que cela l'empêchât d'aimer la chatte et de traiter celle-ci en camarade, même quand Patapon, qui se plaisait dans le plâtre et dans la poussière du marbre sautait sur elle et lui faisait des taches blanches.

De même elle était jalouse aussi des amis de Casparis, et jalouse encore des amusements qu'il prenait chez eux et dont Justine lui parlait.

Quels étaient ces amis ?

Quels étaient ces amusements ?

C'était là pour elle un sujet de longues rêveries, non seulement lorsqu'elle était seule, mais encore lorsqu'elle restait silencieuse dans l'atelier, couchée sur le ventre le plus souvent, à demi soulevée sur ses deux coudes, la tête dans ses mains, le regardant et cherchant à deviner quels étaient les amis qu'il avait vus la veille, et à deviner aussi avec qui, à quoi, comment il avait passé sa soirée,

depuis l'heure où il était sorti jusqu'à l'heure où il était rentré.

Si elle avait osé, elle aurait attendu son retour; mais de peur des gronderies de Nicolas et de Justine, surtout de peur d'une observation de Casparis, elle se couchait toujours à son heure habituelle, qu'il sortît ou ne sortît pas; seulement, lorsqu'il était dehors, elle ne s'endormait que lorsqu'elle l'avait entendu rentrer.

Que d'heures elle passait ainsi à rêver, à chercher, appliquant son esprit et son imagination aux mille choses qui lui étaient inconnues et qu'elle tâchait de deviner ou de reconstituer d'après un mot qu'elle aurait entendu, mais qu'elle n'était pas sûre d'avoir bien compris; pleine de hardiesse dans ses investigations, de timidité dans ses conclusions.

Que de tristes pensées, qui presque toutes se résumaient dans un sentiment désespéré d'infériorité et d'impuissance : elle était noire; et Justine, Nicolas, Casparis, Blanchon, avaient bien raison de la comparer à un animal. N'en était-elle pas un?

Et elle eût tant voulu avoir quelque mérite, quelque qualité extraordinaire, l'esprit, le talent, la beauté.

Cela eût rapproché la distance qui la séparait de Casparis, et qu'elle ne mesurait jamais sans épouvante et sans désespoir.

Elle eût été si heureuse qu'il l'aimât plus que Souris et Patapon; non comme un animal plus ou moins gracieux qui distrayait son esprit et plaisait à ses yeux, mais pour ce qu'elle était réellement, comme une créature humaine qui, quoique bien loin de lui, et au bas de l'échelle dont il occupait le sommet, n'en avait pas moins certaines qualités d'intelligence et d'affection.

Pour elle, c'était comme un Dieu qu'elle l'aimait ; Dieu de bonté, Dieu de beauté.

Elle n'imaginait pas qu'on pût être aussi bon que lui.

Elle n'imaginait pas qu'on pût être aussi beau.

Pour la bonté, elle n'avait pas besoin qu'on la confirmât dans son sentiment : n'était-elle pas une preuve vivante de cette bonté ; et ce qu'elle voyait, ce qu'elle entendait chaque jour, non seulement pour elle, mais encore à propos des choses et des gens de la vie ordinaire, affirmait à chaque instant la générosité du cœur de Casparis. Qu'eût-on pu lui apprendre qu'elle ne savait mieux que personne ?

Mais, pour la beauté, elle avait des manières détournées de poser des questions à ceux qu'elle croyait en état de l'éclairer qui leur en eût appris long s'ils s'étaient donné la peine de réfléchir : Blanchon, Jottral, Blanchon surtout, toujours prêt à traiter des sujets d'esthétique, et qu'elle entendait tous les jeudis et les lundis discuter des théories sur le beau.

Un jour qu'ils se promenaient tous les quatre dans la forêt de l'Isle-Adam, et que Casparis avait pris les devants avec Falco, tandis qu'elle était restée en arrière avec Blanchon, elle avait demandé à celui-ci de lui expliquer le *canon artistique*, dont elle avait bien souvent entendu parler comme étant la loi idéale de la beauté humaine. Et Blanchon, qui n'était jamais plus heureux que lorsqu'il pouvait professer, lui avait gravement expliqué ce qu'était le canon des Égyptiens, des Grecs et des Romains, où le pied est pris comme base de la mesure du corps humain; et ce qu'était celui d'Albert Dürer et de Léonard de Vinci, où la tête est prise comme base de cette mesure. Elle l'avait écouté sérieusement, intelligemment, et en lui posant des questions qui prouvaient qu'elle comprenait ce qu'elle se faisait expliquer.

— Que diable dites-vous donc là de si sérieux? avait demandé Casparis survenant.

— C'est Pompon qui veut que je lui explique ce que c'est que le *canon*.

— Et pourquoi?

Elle n'avait pas répondu.

Casparis et Falco s'étaient mis à rire.

— Lequel est plus drôle, du professeur ou de l'élève? avait demandé Falco.

Blanchon s'était fâché, et Pompon n'avait rien dit; mais tandis que son professeur se défendait, elle n'avait pas quitté Casparis des yeux; un peu meilleur observateur, Blanchon se fût sûrement demandé si elle ne cherchait pas précisément dans Casparis la démonstration vivante de ce qu'il venait de lui enseigner! et si dans Casparis il y avait bien deux têtes de la plante des pieds jusqu'au genou, deux du genou au tronc, deux du tronc aux seins, deux des seins

au sommet du crâne, comme Michel-Ange le veut.

Mais si les peintres, même quand ils ont du talent comme Blanchon, ne savent pas toujours tirer les conséquences de ce qu'ils voient, les simples domestiques bien souvent savent en voir plus qu'eux et arrivent ainsi à des suppositions, quelquefois même à des conclusions logiques qui étonneraient bien les peintres de talent.

C'était ce qui s'était produit avec Nicolas et Justine, surtout avec Justine.

Bien que Pompon fût très réservée et très mystérieuse dans les manifestations de son adoration pour son Dieu, elle n'avait pas toujours pu se cacher de Nicolas et de Justine et échapper à leur curiosité de domestiques.

Ordinairement c'était de loin qu'elle regardait Casparis et qu'elle fixait sur lui ses yeux questionneurs et chercheurs, toujours craintifs, et très souvent attendris, qui étaient à la fois et des yeux d'enfant et des yeux de chien; mais quand elle voulait jouir librement de sa contemplation et s'en délecter, elle avait soin de se mettre dans un coin plein d'ombres où l'on ne pouvait pas l'apercevoir; là elle demeurait durant des heures immobile et silencieuse, et bien habile eût été celui qui eût pu deviner ce qui se passait alors en elle, à quoi, à qui elle pensait.

Mais elle ne pouvait pas trouver toujours ainsi et à propos de tout ces coins sombres, de sorte que Justine, qui était la curiosité en personne et qui savait voir ce qui se passait autour d'elle, avait fait certaines remarques et certaines observations dont elle avait tiré les conséquences.

Une nuit, il y avait à peu près une heure que Casparis était rentré, elle avait entendu la porte de Pompon s'ouvrir avec précaution, et bien que la petite négresse eût, quand elle le voulait, le pas léger et velouté de Patapon, Justine, dont l'oreille était fine, l'avait entendue traverser le corridor et descendre au premier étage; puis, au bout d'un temps assez long, remonter doucement et rentrer dans sa chambre avec les mêmes précautions qu'elle avait prises pour sortir. Que voulait dire cela? Le lendemain elle l'avait interrogée, mais sans rien pouvoir en obtenir, si ce n'est des réponses ambiguës qui ne disaient rien. Alors elle s'était promis, si ce bruit se reproduisait, de voir elle-même où allait ainsi Pompon.

Au bout de huit jours, elle avait de nouveau entendu la porte s'ouvrir et Pompon passer; vivement elle s'était levée et, marchant doucement, elle s'était avancée au haut de l'escalier noyé dans l'ombre, tandis que le palier du premier étage était éclairé par une veilleuse qui brûlait là toute la nuit; alors, se penchant en avant, elle avait vu Pompon l'oreille collée contre la porte de la chambre de M. Georges et restant immobile. Que pouvait-elle faire là? Les minutes s'étaient écoulées : Pompon, enveloppée dans sa robe de chambre, ne bougeait pas; évidemment elle écoutait ; mais pourquoi se levait-elle la nuit et venait-elle écouter M. Georges dormir? Cela n'était-il pas extraordinaire ?

Un autre fait non moins extraordinaire l'avait encore frappée quelque temps après : un matin elle avait surpris Pompon dans la chambre de M. Georges, en train de flairer l'habit que celui-ci avait mis la veille pour sortir.

Elle s'était arrêtée et cachée pour mieux voir, croyant s'être trompée. Mais ce n'était point une erreur : Pompon flairait longuement le collet et les revers de l'habit; et elle revenait plusieurs fois au revers gauche, comme si un parfum particulier s'était imprégné là. Puis, après avoir flairé ainsi l'habit, elle prit les gants jetés sur la table et les flaira de même.

Qu'est-ce que cela voulait dire?

Mais la vieille bonne connaissait trop bien Pompon pour le lui demander franchement.

IV

Pompon avait l'habitude d'aller et venir dans la maison au gré de sa fantaisie capricieuse, et d'entrer dans l'atelier quand cela lui plaisait, ce qui, à vrai dire, lui plaisait souvent et longtemps.

C'était même là qu'elle passait la plus grande partie de ses journées, lorsqu'elle avait terminé ses devoirs pour sa maîtresse et étudié son violon ; encore y venait-elle bien souvent apprendre ses leçons et travailler ses morceaux.

Elle y venait pour son propre plaisir et aussi parce que Jottral l'y appelait.

— C'est joli ce que vous apprenez en ce moment, lui disait-il souvent ; venez donc le jouer dans l'atelier, car je vous entends mal quand vous êtes dans le salon et que les doubles portes sont fermées.

— J'en ouvrirai une.

— Non, venez.

Jottral était une de ces natures d'artistes qui sont également bien organisées pour tous les arts, et qui aiment d'un même amour la peinture, la sculpture, la littérature, la musique, confondant tout dans un éclectisme passionné d'amateur qui leur donne de douces jouissances, mais qui, par contre, ne leur donne presque jamais un talent hors ligne, car l'art est exclusif; un grand musicien n'est que musicien; un grand poète ne comprend bien, ne sent bien que la poésie, et souvent que *sa* poésie. Jottral aimait passionnément la musique, et c'était pour lui un très vif plaisir d'entendre Pompon, non seulement quand elle jouait un morceau su, mais encore quand elle le travaillait; doué d'une admirable mémoire, il apprenait même quelquefois le morceau avant elle, tout en taillant ou en polissant sa statue, il le fredonnait à voix basse, tandis qu'elle l'exécutait sur le violon; il ne s'arrêtait qu'aux passages périlleux pour voir si elle allait les franchir sans accroc, mais sans oser la regarder. car alors elle se fâchait et déclarait qu'elle ne jouerait plus devant un critique qui ne l'écoutait que pour noter au passage ses fautes ou ses hésitations.

— Voyez M. Georges, disait-elle, est-ce qu'il a de ces défiances?

— Oh! Casparis est un dieu; il sait d'avance ce qui doit arriver.

— Parfaitement : et vous, vous n'êtes...

Elle s'arrêtait pour s'amuser de l'air inquiet de Jottral.

— ... Et vous, vous n'êtes... qu'un bon garçon.

Et elle recommençait son morceau, ou bien elle en jouait un autre dont elle était sûre.

Elle ne venait pas dans l'atelier que pour y travailler, elle y venait aussi pour son agrément personnel, pour ne rien faire, pour jouer, pour causer avec Casparis et Jottral, pour les faire causer surtout, car il y avait en elle une curiosité d'enfant qui n'était jamais satisfaite. Elle prenait intérêt à tout, regardait tout, et voulait tout comprendre. Et c'était des questions, des pourquoi qui s'enchaînaient comme un chapelet pour ne jamais finir. Tous deux se prêtaient de très bonne grâce à ces interrogatoires, et même ils y prenaient plaisir, car elle avait souvent une manière de comprendre les choses tout à fait fantaisiste et personnelle qui les amusait par son étrangeté; ou bien, quand elle ne comprenait pas, elle avait une manière drôle de paraître vouloir ne plus s'intéresser à rien, qui ne les amusait pas moins. Si les sourds sont quelquefois intéressants à écouter lorsqu'ils répètent ce qu'ils croient avoir entendu; si les myopes sont curieux à écouter lorsqu'ils expliquent ce qu'ils croient voir, combien plus intéressante, plus curieuse était cette petite sauvage qui ne savait rien de la vie et la comprenait d'après les fantaisies de son imagination primitive. Quels aperçus étranges elle entr'ouvrait!

Mais il vint un moment où cet atelier qu'elle aimait tant, et dont elle était la joie, qu'elle animait, qu'elle égayait de sa jeunesse et de son babil, lui fut interdit, au moins à certains jours et pendant certaines heures.

Ce fut un jeudi qu'elle reçut cette mauvaise nouvelle.

Falco était venu comme à l'ordinaire de bonne heure, pour lui donner sa leçon; puis était arrivé Blanchon un peu après le moment de se mettre à table, en retard comme de coutume, mais ayant mille bonnes raisons pour justifier ce retard : il était parti de chez lui dès deux heures de l'après-midi, mais il avait bouquiné sur les quais depuis le pont Saint-Michel jusqu'au pont Royal, et le temps avait passé d'autant plus vite qu'il avait trouvé un livre sur l'Égypte plein d'intérêt : il s'agissait dans ce livre d'un temple dédié à Pacht ou à Bubastis, c'est-à-dire en réalité aux chats, et il y avait là des détails très curieux sur les chats qui l'avaient ravi, une phrase particulièrement qu'il avait retenue : « Les chats ressemblent aux dieux, car ils aiment les caresses et n'en donnent pas » ; comment n'eût-il pas perdu le sentiment des heures?

Ces explications avaient été longues, car Blanchon était toujours abondant dans ses discours, au milieu desquels il ouvrait des parenthèses, qui elles-mêmes donnaient naissance à de nouvelles digressions; et lorsqu'il s'était tu, Falco avait pris la parole.

— J'ai un renseignement à te demander, avait-il dit à Casparis; quel prix demandes-tu pour faire un buste de femme, en marbre, bien entendu?

— Je ne veux pas faire de buste.

— Bravo! dit Blanchon, puisque tu es assez riche pour ne pas sacrifier au métier, ne fais que du grand art. Tu as assez de confrères qui sont obligés d'accepter les bustes qu'on leur demande, pour que tu ne les leur disputes pas. Est-ce que ce n'est pas à devenir l'ennemi du genre humain que de voir toutes ces têtes de bourgeois et de bourgeoises qui encombrent nos expositions! comme un animal vous repose, au milieu de ce défilé de binettes plus laides les unes que les autres, insignifiantes ou prétentieuses, infiltrées et avachies par l'excès de nourriture, déprimées par les mauvaises passions.

— Tu ne diras pas que toutes les femmes qui font faire leur buste sont laides? interrompit Falco.

— Pires que laides, elles sont vulgaires.

— Est-ce que les têtes que l'on voit au musée du Capitole, dans la salle des Empereurs et des Philosophes, sont distinguées?

— Ce sont des têtes d'empereurs romains et

d'impératrices, ou d'écrivains, et cela suffit pour les rendre intéressantes : ce sont des documents; que me fait que la tête de Tibère ou de Virgile soit belle ou laide? ce n'est pas de leur beauté ou de leur laideur que je m'inquiète, c'est de leur caractère; comment diable veux-tu que je m'inquiète du caractère de la tête de M. Gros-Jean, ou Gros-Pierre, ou de mesdames leurs épouses? Ne donne pas dans le magot bourgeois.

— Ce n'est pas d'un magot qu'il s'agit, continua Falco, ou plutôt ce n'est pas d'une magote, c'est d'une femme jeune, intelligente, belle, qui a pour ton talent la plus vive admiration; en un mot c'est de Mme Arbelet.

— Ah!

— Et ce nom suffit pour t'expliquer comment je me suis chargé de cette négociation, que j'ai à cœur de faire réussir, non seulement parce que je serai heureux de voir la beauté de Mme Arbelet interprétée par le talent de Casparis, mais encore parce qu'on me rendrait responsable de l'échec que j'éprouverais si tu persistais dans ton refus. Que tu ne veuilles pas accepter tous les bustes qu'on peut te proposer, je comprends cela et t'approuve; mais pour un, pour quelques-uns même, ce n'est pas sacrifier l'art.

— Canaille! s'écria Blanchon.

— Sérieusement, dit Casparis, est-ce un service

que tu me demandes, ou bien est-ce une affaire que tu me proposes?

— Un service que je te demande, mais qui s'appuie sur une affaire, car on te donnera le prix que tu fixeras toi-même.

— Le service, je ne peux ni ne veux le refuser, par amitié, d'abord, par reconnaissance ensuite. Pompon ne me le permettrait pas; n'est-ce pas, Pompon?

Elle avait écouté sans rien dire; mais ainsi interpellée, elle dut répondre, comprenant très bien le sentiment que Casparis évoquait d'un mot et sans vouloir insister :

— C'est mon grand chagrin de ne pouvoir rien faire pour M. Falco, dit-elle.

— Petite peste! interrompit Blanchon; veux-tu bien te taire et ne pas mêler les questions de reconnaissance aux questions d'art; est-ce que la postérité s'occupera de savoir si Georges Casparis a eu ou n'a pas eu bon cœur? Elle ne s'occupera que de son talent; qu'il soit un gredin, un monstre, mais qu'il garde son talent.

— En attendant la postérité, dit Casparis en riant, il y a le présent, et dans le présent je tiens à faire tout ce que je pourrai pour Falco; mais précisément pour cela, la question d'argent doit être écartée.

— Mais pas du tout, s'écria Blanchon en prenant la parole avec autorité; si je te laisse faire une première sottise, je ne t'en permettrai pas une seconde. Tu accordes le buste parce que Falco te le demande, c'est bon, ou plutôt c'est mauvais; mais enfin, dans les conditions qui te sont faites et dont la responsabilité retombe sur Falco, je comprends jusqu'à un certain point que tu ne refuses pas. Seulement, ce que je ne comprendrais pas, ce serait ton désintéressement, disons le mot, ta bêtise, dans la question d'argent. Ce n'est pas à Falco que tu offres ce buste, n'est-ce pas ?

— Je le voudrais si j'avais le droit de disposer d'un buste de Mme Arbelet, et si la possession de ce buste pouvait donner quelque plaisir à Falco.

Bien que les deux amis Blanchon et Casparis connussent à fond toute l'histoire de la liaison de Mme Arbelet avec Falco, ils étaient censés ne croire qu'à des relations amicales : c'était une sorte de convention tacite qu'ils respectaient, sans même sourire, lorsque Falco s'empêtrait dans quelque explication qui n'expliquait rien ou plutôt qui expliquait tout.

— Puisque tu ne l'offres pas, continua Blanchon, il faut te le faire payer, et le plus cher possible.

— Je ne peux pas écorcher les amis de Falco.

— Tu ne les écorches pas, tu gagnes leur estime et tu donnes toi-même de la valeur à ton œuvre, au moins à leurs yeux; crois-tu que si tu faisais payer ton buste trois mille francs ils y croiraient?

— Mme Arbelet a le sentiment du beau, dit Falco.

— Et monsieur a le sentiment de l'argent, n'est-ce pas? Arrangeons donc les choses en conséquence: madame admirera l'œuvre parce qu'elle sera belle; monsieur parce qu'elle sera chère; oh! mes enfants, quel beau jour pour l'art que celui où la mode permettra de mettre sur un cartouche, à la suite du nom du peintre, le prix que son œuvre aura été payée; vous verrez la noble émulation des amateurs et leurs blagues!

— Fais ton prix, dit Falco.

— Ce n'est pas à lui de le faire, continua Blanchon, c'est à moi.

— Ne rends pas tout arrangement impossible, dit Falco.

— Ne crains rien; je vais fixer ce prix d'après la réputation et la situation de Casparis, — de Georges Casparis, premier grand prix de Rome, deuxième médaille il y a deux ans, première il y a un an; je ne parle que de ce qui est officiel, et non de la place qu'il occupe dans l'estime de ses confrères et dans l'opinion publique, et je dis que dans cette situation il ne peut pas, lui qui n'a pas besoin d'argent et qui n'a jamais consenti à faire un buste, il ne peut pas demander moins de dix mille francs pour le portrait de Mme Arbelet, femme de M. Arbelet, le riche financier, le riche, etc., etc.

— Mettons huit mille, dit Casparis.

— Dix mille, insista Blanchon, pas un sou de moins, et comme je veux t'empêcher de faire des concessions bêtes, voici le moyen que je trouve, que je suis fier de trouver, car il n'est pas trop maladroit. Si tu l'avais pu, n'est-ce pas Casparis, tu aurais offert ce buste à Falco?

— Parfaitement.

— Eh bien, puisque tu es en veine de générosité, tu en offriras le prix à notre petite Pompon.

— De grand cœur.

— Ce sera le commencement de sa fortune, — dix mille francs c'est une fortune, huit mille ce n'est rien, — et elle la devra à son bon ami Casparis et un peu aussi à son ami Falco.

— Et à son ami Blanchon.

— Cela aura coûté si peu à celui-là que ce n'est pas la peine d'en parler.

— Au moins ce sera la peine de s'en souvenir, dit Casparis.

— Alors Mme Arbelet peut venir?

— Dis-donc, Pompon, continua Blanchon, sais-tu que l'atelier ne va pas être drôle maintenant, quand cette belle dame va poser?

V

La réponse à la demande de Casparis ne se fit pas attendre et ce fut M. Arbelet qui l'apporta lui-même dès le lendemain.

Il était enchanté, ravi, plein de reconnaissance pour son ami Falco, à qui ils devaient cette faveur, car ils n'ignoraient pas que c'était une véritable faveur.

C'était un petit homme maigre, grêle de corps, avec une tête chafouine, intelligente, rusée, pleine de feu; il parlait d'une voix flûtée, enchaînant les mots les uns aux autres sans respiration, entassant les politesses par-dessus les politesses, en homme qui tient à se montrer aimable, mais qui en même temps a hâte d'arriver à des choses plus sérieuses. Casparis, qui avait si souvent entendu parler de lui, de son âpreté au gain, de son avarice, de son orgueil de parvenu et de ses démêlés avec le corps des ingénieurs des ponts et chaussées, dont il avait été exclu pour ses spéculations, le regardait curieusement, en se demandant comment il acceptait si facilement ce prix de dix mille francs, sans marchander, sans discuter, avec reconnaissance.

Il fut bientôt fixé sur ce point, qui tout d'abord l'avait dérouté.

— En nous adressant à vous pour ce buste, dit M. Arbelet, ce que nous avons désiré, avant tout, Mᵐᵉ Arbelet et moi, c'est une œuvre d'art; vous aurez donc toute liberté sous ce rapport, et nous n'aurons point, soyez-en convaincu, de sottes exigences bourgeoises : l'artiste maître de son œuvre, maître absolu.

Il avait débité ces quelques paroles d'un trait, il fit une pause.

Puis, voyant que Casparis ne répondait rien, il continua, mais plus lentement et en détachant chaque membre de phrase :

— De cela il résulte que... si vous vouliez... j'entends si cela vous est agréable et entre dans vos convenances... vous pourrez envoyer votre œuvre au salon.

— Voici mon exposition, dit Casparis.

Et il montra de la main un plâtre de grandeur naturelle, représentant une femme couchée, qui occupait le milieu de l'atelier.

M. Arbelet se leva et vivement il s'approcha du plâtre en se penchant dessus comme s'il voulait le respirer.

— Qu'est cela? demanda-t-il.

— *Ève endormie* et tentée pendant son sommeil.

— Oh! très beau, admirable, grande œuvre; ce mélange d'innocence et de sensualité est tout à fait remarquable.

Casparis s'inclina sans dire si ce compliment lui était ou ne lui était point agréable.

— C'est le plâtre que vous exposez?

— Non, le marbre.

— Mais vous n'êtes pas limité à une seule œuvre; vous pouvez en envoyer deux, n'est-ce pas?

— Parfaitement.

— De sorte que, avec cette *Ève endormie*, qui sera votre œuvre capitale, vous pouvez aussi exposer le portrait de Mme Arbelet?

Casparis ne répondit pas, car il comprenait maintenant pourquoi on lui payait ce buste dix mille francs; c'était une réclame de femme du monde qui veut faire du tapage, et cherche à ce qu'on s'occupe d'elle dans les journaux et dans le public.

— Vous savez, continua M. Arbelet, nous ne

sommes pas de ces bourgeois timorés qui prennent des affectations de réserve et de discrétion ridicules : vous n'aurez pas à nous cacher sous un X plus ou moins transparent et vous pourrez très bien faire figurer le nom de Mme Arbelet sur le livret. Ainsi, c'est entendu.

Casparis voulait être aimable pour le mari de

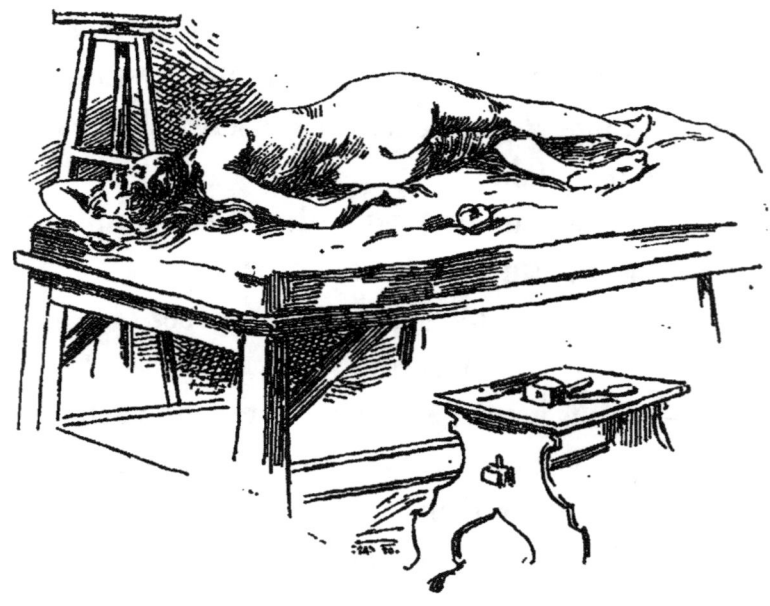

l'amie de Falco. Cependant il ne pouvait pas laisser arranger ainsi les choses.

— Mon intention n'est pas d'exposer de buste, dit-il.

— Ah! vraiment, s'écria M. Arbelet suffoqué. Vraiment!

Mais il se remit bien vite.

— C'est que vous ne connaissez pas votre modèle, dit-il, vous verrez qu'il est très beau, et alors vous changerez sans doute d'avis.

— Le modèle n'est pour rien dans ma détermination; mais, désirant ne pas continuer à faire des bustes, il me sera difficile de refuser ceux qu'on pourra me demander si, une fois, j'en ai exposé un.

— Enfin, vous discuterez cela avec notre ami Falco; pour nous, je vous le répète, nous serons toujours à votre disposition. Quand Mme Arbelet peut-elle venir?

— Quand elle voudra.

— Demain alors, à une heure.

Et le lendemain, Casparis vit arriver une jeune femme de vingt-six à vingt-sept ans qui, si elle n'était pas très belle comme on le lui avait dit, était cependant charmante et très agréable; de grande taille, se tenant bien, la tête haute, les traits droits, la physionomie froide et énigmatique, blonde, blanche, les cheveux tombant en cascades ondulées, élégante, mais non parée; avec cela un air fin et faux qui cependant n'excluait pas une certaine candeur, une vraie Parisienne.

Elle se présenta sans son mari et très gaillardement, toute seule :

— Madame Arbelet.

Puis elle ajouta :

— De la part de notre ami Falco.

Cela, évidemment, n'était pas utile à dire, mais

il sembla à Casparis que c'était justement pour cela qu'elle l'avait dit.

L'atelier était désert, sans que Pompon, Jottral, Souris ou Patapon fussent là, bien en ordre, balayé soigneusement, et propre.

Elle alla tout d'abord à l'*Ève endormie*, qu'elle admira intelligemment, c'est-à-dire ni trop ni trop peu, et elle précisa son admiration en quelques mots justes.

Puis il s'établit un moment de silence : Casparis l'examinait franchement, l'étudiait longuement ; et elle le regardait à la dérobée.

Elle s'était débarrassée de son chapeau et de son manteau.

— Quelle pose dois-je prendre ? demanda-t-elle en souriant.

— Aucune, si vous le voulez bien ; car je ne sais vraiment pas encore quelle est celle qui doit vous être la plus favorable ; il me semblerait que, pour faire un portrait, on devrait connaître préalablement son modèle, non seulement dans ses traits, mais encore dans son caractère ; ce n'est cependant pas ainsi que les choses se passent : le modèle arrive devant un artiste qui ne l'a jamais vu et lui dit : « Quelle pose dois-je prendre ? » Franchement, madame, je n'en sais rien et je vous demande la permission de chercher cette pose.

— Mais j'en ai plusieurs, dit-elle, que nous pouvons essayer.

Et se mettant de trois quarts, les yeux à quinze pas devant elle, hautaine, superbe, elle resta immobile durant quelques secondes.

— Voulez-vous celle-là ? dit-elle.

— C'est très joli.

— En voulez-vous une autre ?

Et elle se mit de face, le regardant avec un sourire encourageant et tendre, alanguie, rêveuse : la femme de cœur.

— Très joli aussi.

— En voulez-vous une troisième ?

Et elle prit une pose sévère avec un air réfléchi et profond : la femme de tête.

Puis après celle-là une autre, puis une autre encore.

Évidemment elle s'était longuement préparée devant son miroir ; elle avait ainsi toute une série d'attitudes à offrir à son portraitiste que sûrement elle avait baptisées et cataloguées : la sentimentale, la tendre, la noble, la hautaine, la fille des croisés, l'évaporée, la légère, la passionnée et dix autres qu'elle pouvait être, sans compter celles qu'elle improviserait au besoin.

Casparis était assez embarrassé, car la femme qu'il voulait, c'était celle qu'elle devait être pour Falco, et celle-là il ne la trouvait pas dans celles qu'elle lui avait montrées.

— C'est la nature que je voudrais, dit-il, c'est elle que je cherche à saisir.

— Voulez-vous que je vous aide ?

— Comment cela ?

— En vous disant ce que je suis.

Il ne pouvait pas refuser, mais il se promit de se

tenir sur ses gardes, car si elle était aussi sincère dans le portrait qu'elle allait faire d'elle, qu'elle l'avait été dans ses attitudes, il n'avait guère de chances d'arriver à la connaître telle qu'elle était et non telle qu'elle voulait paraître.

Ce fut en effet un portrait de fantaisie qu'elle traça : non qu'elle s'accordât toutes les qualités sans se reconnaître un seul défaut, mais parce que, dans les qualités et les défauts qu'elle déclara lui appartenir, elle fit un choix d'après ses goûts et ses idées ; se donnant des défauts qu'elle n'avait réellement pas, mais qui lui semblaient originaux ou de bon ton ; et se refusant des qualités dont elle était réellement douée, mais qu'elle ne voulait pas avouer parce qu'elle les trouvait vulgaires ou insignifiantes et qu'elles ne concordaient pas avec le type idéal qu'elle s'était tracé.

Et, pendant qu'elle parlait, Casparis s'efforçait de retrouver dans l'expression de son visage tout ce qu'elle lui expliquait; dans ses yeux durs l'ineffable tendresse dont elle se gratifiait, et dans sa lèvre sensuelle la froideur qu'elle tenait à affirmer en parlant à un ami de Falco.

Enfin il se mit au travail sans parti pris, se disant que ce qu'il cherchait viendrait sans doute à mesure qu'il apprendrait à connaître cette nature complexe qui semblait prendre plaisir à se fausser.

Ils avaient heureusement un sujet commun de

conversation qui leur permettait de s'entretenir comme s'ils se connaissaient depuis longtemps déjà : Falco.

Mais, si Casparis s'étendit longuement sur Falco,

sur son talent, sur son avenir, que l'œuvre qu'il achevait allait lui ouvrir glorieux, sur ses qualités aussi bien que sur ses mérites, Mme Arbelet parut bientôt ne vouloir pas le suivre :

— M. Falco nous a parlé, dit-elle, d'une jeune fille qu'il fait travailler, que vous avez recueillie, une jeune négresse n'est-ce pas ?

— Parfaitement.

— Il nous disait que vous l'aviez souvent auprès de vous lorsque vous travaillez.

— Quelquefois.

— Qu'elle courait dans la maison jouant d'une façon charmante avec une levrette et une chatte ?

— C'est une enfant.

— Vous aimez les enfants ?

— A vrai dire, je n'en sais trop rien, mais j'aime celle-là.

— Quel âge a-t-elle ?

— Nous n'en savons rien ; elle-même ne le sait pas.

— Elle n'est pas une cause d'embarras pour vous?

— Elle nous est une cause de distraction.

— Elle vous accompagne dans vos promenades à la campagne ?

— Tous les lundis.

— Mais c'est très curieux, très intéressant, très original, cela.

— Au moins cela nous est-il très agréable à tous les quatre : à elle, dont les jeunes jambes ont besoin de courir ; à Falco qui nous rejoint, et à un autre de nos amis, le peintre Blanchon qui nous accompagne.

— Et le monde ?

— Le monde !

— Oui, que dit le monde ?

— Nous n'avons pas souci de savoir s'il dit quelque chose ni ce qu'il peut dire.

— Ne la verrai-je point ?

— Si vous le désirez, madame, je vous la présenterai.

— Je serai curieuse de la voir.

Curieuse! Casparis regretta de s'être laissé entraîner, car il n'admettait point que ce fût par curiosité qu'on voulût voir Pompon ; par intérêt, par sympathie, oui, mais par curiosité, non. Cependant, il était trop avancé pour reculer.

— Quand nous nous reposerons, dit-il, j'irai la chercher.

— Eh bien, si nous nous reposions tout de suite ; je suis fatiguée.

Casparis n'eut pas loin à aller pour chercher Pompon ; comme il ouvrait la porte qui faisait communiquer l'atelier avec le salon, il la trouva devant lui.

— Comment ? tu es là.

Elle parut confuse, mais il n'insista pas.

— Viens, dit-il, Mme Arbelet désire te voir.

Pompon se présenta sans embarras ; mais bientôt ce ne fut pas sans gêne qu'elle soutint les regards curieux que Mme Arbelet attachait sur elle tout en causant, ne la quittant des yeux que pour aller à Casparis et revenir à elle aussitôt.

Aussi, lorsque Casparis parla de reprendre la pose, s'empressa-t-elle de saluer et de sortir de l'atelier.

VI

En parlant de Pompon, et en disant à Mme Arbelet : « C'est une enfant », Casparis avait sincèrement exprimé sa pensée : elle n'était qu'une enfant pour lui, il la voyait toujours petite fille ; sinon « la pauvre petite bête » qu'il avait ramassée dans la neige, au moins la petite fille qui jouait si joyeusement avec Souris et Patapon, si follement.

C'était en petite fille qu'il la traitait, et en petite fille que Falco et Blanchon la traitaient aussi, Blanchon surtout, qui parlait volontiers avec elle la langue que les nourrices emploient avec leur bébé : bobo nez ; et qui, au premier janvier, ne manquait jamais de lui apporter une collection de jouets qu'on donne aux petits enfants, et dont il s'amusait d'ailleurs lui-même tout le premier, étant resté un grand enfant, comme le sont souvent ceux qui n'ont pas eu d'enfance.

Cependant tout le monde autour de lui ne la voyait pas ainsi, ne la traitait pas ainsi ; et il eut bientôt la preuve, qui le stupéfia, que c'était une jeune fille et non plus une enfant.

Un jour Jottral, chez qui il n'avait jamais été, le pria de venir dîner le dimanche suivant à Montrouge avec Pompon, sa mère ayant une demande à lui adresser et ne pouvant pas se déranger par suite de son infirmité, qui lui interdisait la marche et même la sortie en voiture.

Casparis fut assez surpris de cette invitation, et intrigué aussi de cette demande que Mme Jottral désirait lui adresser. A propos de quoi cette demande ? Il ne connaissait pas la mère de son praticien, et s'il entendait parler d'elle chaque jour, il ne l'avait jamais vue. Tout ce qu'il savait, c'est qu'elle était une brave et digne femme, qui adorait son fils et que son fils adorait. Cela lui donna à penser que c'était de lui qu'elle voulait l'entretenir. Peut-être se sentait-elle plus malade et, prévoyant sa mort prochaine, voulait-elle le lui recommander ?

— Volontiers, dit-il, c'est entendu pour dimanche ; je serai heureux de faire ainsi la connaissance de madame votre mère, et aussi de celle de votre sœur, qui a toujours été si aimable pour ma petite Pompon.

— C'est Pompon qui a toujours été charmante pour Adèle.

— Et puis Pompon m'a dit que votre atelier était plein d'études, je suis désireux de les voir.

— C'est moi qui suis désireux de vous les soumettre... et anxieux aussi.

— Pas de ces mots-là entre nous, mon bon Jottral; n'avons-nous pas été camarades, ne le sommes-nous pas ?

— Non ; mon ancien camarade est devenu un maître, et moi je ne suis devenu qu'un ouvrier.

Il secoua la tête avec tristesse, sa belle tête toute lumineuse d'intelligence et de feu :

— Enfin, ne parlons pas de ça, dit-il ; c'est folie, n'est-ce pas, de demander la réalisation de tous ses rêves de jeunesse ? Après tout il y a assez de bon dans ma destinée pour que je ne me plaigne pas... maintenant surtout.

Casparis ne comprenait pas très bien ce que voulait dire « ce maintenant »; mais il ne se le fit pas expliquer, pensant qu'il s'appliquait sans doute aux satisfactions que Jottral éprouvait dans sa situation présente.

— C'est entendu, dit-il, à dimanche. A quelle heure ?

— A l'heure que vous voudrez ; mais, si vous pouviez ne pas venir trop tard, cela nous permettrait de causer avec ma mère avant le dîner, et aussi de voir Pompon et Adèle jouer ensemble ; c'est charmant, je vous assure.

— Alors, c'est dit.

Et le dimanche, de bonne heure, comme il l'avait promis, il s'en alla à Montrouge par le chemin de fer de ceinture.

La maison qu'habitait la famille Jottral était bâtie dans la plaine qui s'étend entre la route de Châtillon et le chemin de fer de l'Ouest ; et bien que Pompon lui eût longuement expliqué le chemin à suivre, il eut assez de mal à le trouver dans le dédale des rues qui se sont ouvertes là selon le caprice des propriétaires des terrains. Enfin il arriva devant une maisonnette d'apparence plus coquette et plus proprette que ne l'étaient celles de ce quartier, et qui annonçait au dehors la profession de son propriétaire.

Elle s'élevait au fond d'un jardinet planté d'arbres fruitiers à hautes tiges : cerisiers, abricotiers, poiriers, et divisé en bosquets de lilas qui venaient aboutir sur la rue à une claire-voie à barreaux de bois peints en brun Van Dyck, de sorte que l'œil du passant curieux pouvait enfiler ce jardin et aller jusqu'au perron de la maison. Comme on était alors en hiver et que les arbres n'avaient pas de feuilles, la vue

passait à travers ces bosquets et apercevait çà et là des bustes, des statuettes, des groupes en terre cuite. Il y en avait partout : au bord des massifs, le long des allées, au centre des tonnelles, de chaque côté du perron, et contre la maison même sur des socles entre les fenêtres. Il semblait que ce fût un musée, ou plutôt un magasin d'exposition d'un modeleur.

Et ce qui pouvait confirmer l'opinion de ceux qui s'arrêtaient à cette idée, c'était un assez grand atelier qui occupait un des côtés du jardin et était adossé au mur mitoyen : atelier modeste, construit en planches goudronnées, couvert en carton bitumé et éclairé par un grand châssis vitré.

En voyant ces terres cuites, Casparis fut ému par un sentiment de douloureuse sympathie :

— C'était donc là, se dit-il, l'exposition des œuvres de ce pauvre garçon, qui, ne trouvant pas à placer ce qu'il faisait, travaillait quand même cependant le soir et le matin, et, trop pauvre pour se payer le marbre ou le bronze, se contentait de la terre des potiers. N'était-ce pas vraiment touchant ?

A son coup de sonnette, ce fut Jottral lui-même qui vint ouvrir la porte, accourant joyeux et empressé, en gilet de tricot, les manches retroussées, les mains pleines de terre à modeler.

— J'arrive trop tôt, dit Casparis.

— Pouvez-vous penser cela ? Je travaillais en attendant ; il est vrai de dire cependant que nous ne comptions pas sur vous si tôt, ce costume le montre, et ma mère dort encore, car c'est son habitude à la pauvre femme de faire la sieste entre le déjeuner et le dîner, je vais la prévenir.

— Gardez-vous-en bien; la journée est à nous. Où est Pompon?

— Chez une de mes tantes, avec ma sœur.

— Eh bien! en attendant le réveil de votre mère, il me semble que c'est le moment, pendant que nous avons encore du jour, de visiter votre atelier.

Mais, au moment d'introduire Casparis dans cet atelier, Jottral s'arrêta.

— Eh bien? dit Casparis.

Jottral eut un sourire.

— Est-ce jeune! me voilà tout ému, presque tremblant!

— Allons donc! dit Casparis, lui frappant amicalement sur l'épaule.

Ils entrèrent, Casparis, le premier, Jottral sur ses pas.

Bien que l'atelier, ou plutôt le hangar, fût vaste, il était presque entièrement rempli de morceaux de sculpture en terre et en plâtre, et, contre les murs mêmes, étaient accrochés des médaillons et des bas-reliefs : çà et là aussi se montraient quelques esquisses peintes.

Casparis fut stupéfait de cette production.

— Et où trouvez-vous le temps de faire tout cela? s'écria-t-il.

— Si vous saviez comme on a du temps à soi

lorsqu'on se lève matin et qu'on se couche tard; mais la quantité n'est rien, c'est la qualité qui est tout. Je vous prie, si vous avez quelque estime pour moi, quelque amitié, parlez-moi en toute sincérité, comme un juge, la main sur la conscience.

Casparis commença son examen et il fut épouvanté : tout cela était plein de bonnes intentions, mais il n'y avait, par malheur, que des intentions, pas de puissance, pas d'invention, pas d'originalité : partout des imitations, et tellement frappantes dans leur naïveté, qu'on pouvait dire de qui elles procédaient, et que, dans le même morceau, on reconnaissait plusieurs influences, celles des maîtres qui avaient marqué en ces derniers temps, celui-là pour la grâce, celui-ci pour la force, un autre pour la pensée; une seule qualité, la facilité naturelle de l'amateur, mais sans la difficulté acquise de l'artiste; pas une seule de ces œuvres n'était complètement mauvaise, mais pas une seule non plus n'était bonne; toutes étaient médiocres et banales.

Malgré l'appel à sa conscience, il ne pouvait pas dire cela, cependant.

De quel droit rendrait-il un pareil jugement et ferait-il à ce pauvre garçon une si cruelle blessure?

Son émotion fut profonde : il avait l'horreur du mensonge et de la tromperie; mais, d'autre part, l'horreur non moins vive de la cruauté... alors surtout que cette cruauté était inutile. A quoi bon dire à

Jottral : « Vous n'avez pas de talent, vous n'en aurez jamais ! » Ce n'était pas un débutant qui venait le consulter et lui demander la confirmation d'une vocation hésitante : c'était un résigné qui attendait une parole de consolation.

Tout à coup Jottral, comme s'il était en communion d'idée avec lui, exprima justement cette pensée :

— Vous pouvez parler avec d'autant plus de franchise, dit-il, que votre jugement, que j'attends avec une si poignante angoisse, ne changera rien à ma vie : ouvrier je suis, ouvrier je resterai ; mais ce que je vous demande, c'est de savoir s'il y avait en moi un artiste.

Ce fut un soulagement pour Casparis, car sur ce terrain, la réponse était facile.

— Assurément oui, il aurait été un grand artiste... Seulement.

Et il n'avait pas été trop difficile de lui donner de bonnes raisons pour expliquer qu'il n'était pas ce qu'il aurait pu être.

Cependant le coup, si adouci qu'il fût, avait été rude encore :

— Je sais bien, répéta-t-il, je sais bien, c'est vrai, c'est juste, je me le suis dit moi-même souvent ; mais voilà, dans ce qu'on se dit on croit le bon, et pas le mauvais ; c'est si vivace l'espérance.

Après avoir visité l'atelier, ils étaient venus dans le jardin, Casparis voulant tout voir afin de trouver de nouvelles occasions d'appuyer sur certains compliments de détails qui pouvaient être une sorte de consolation.

Comme ils approchaient de la maison, ils aperçurent derrière une fenêtre du rez-de-chaussée un mouchoir blanc qu'on agitait.

— Ah! maman est éveillée, dit Jottral, et comme elle ne peut pas quitter sa chaise roulante, elle nous appelle : voulez-vous que nous entrions tout de suite? Elle s'impatienterait peut-être.

— Allons vite, alors.

— Ce n'est pas qu'elle soit méchante, croyez-le bien : mais c'est si triste d'être paralysée et de ne pas pouvoir se servir de ses jambes, quand le cœur est bon et que l'esprit est alerte.

La maison, divisée en deux parties égales par un vestibule, se composait d'un côté d'une salle à manger avec cuisine, et de l'autre d'une grande chambre à coucher habitée par Mme Jottral.

Dès l'entrée, Casparis fut frappé de la propreté et de l'ordre qui se montraient partout : le carreau rouge du vestibule était soigneusement lavé, l'escalier était ciré, la pomme en cuivre de la rampe resplendissait.

Il en était de même dans la chambre où Jottral l'introduisit : mais là son attention était ailleurs qu'à l'ameublement en érable pâle et en cretonne claire : elle était tout entière à Mme Jottral elle-même, étendue sur une chaise roulante, et qui s'était soulevée pour saluer Casparis.

C'était une femme qui avait dû être belle en sa jeunesse, et qui, de sa beauté usée, avait conservé des lignes pures; mais ce qui plus et mieux que cela frappait en elle, c'était un air de bonté et de douceur, avec quelque chose de résigné qui tout de suite inspirait la sympathie.

— Je n'aurais pas dû appeler Edmond, dit-elle, car vous étiez en train de regarder son travail. Et il a si peu l'occasion d'être apprécié, le brave garçon ! N'est-ce pas, monsieur, que c'est beau ?

Elle dit cela avec plus de tendresse que d'orgueil, et plutôt pour son fils lui-même que pour elle.

Casparis répondit comme il convenait et il trouva des louanges qui mirent des larmes dans les yeux de cette mère.

— Et c'est pour nous, dit-elle, pour sa sœur et sa mère qu'il a renoncé à devenir le grand artiste qu'il aurait été s'il avait pu attendre. Je ne dirai jamais assez souvent ni assez haut quel bon fils il a été et il est. Et j'aurai toujours le chagrin de ne pouvoir pas lui rendre le bonheur qu'il m'a donné. Mais enfin je voudrais l'essayer dans la mesure du possible et c'est pour cela que je vous ai demandé de vouloir bien venir ici, ne pouvant pas aller moi-même chez vous, comme je l'aurais dû.

— Soyez sûre, madame, que si je puis m'associer à vos efforts, je le ferai de grand cœur.

— Vous le pouvez, monsieur, vous pouvez tout, car ce que j'ai à vous demander, — je veux vous le dire franchement tout de suite, — c'est la main de votre pupille, de Pompon, pour mon fils.

— Pompon!...

VII

'ÉTAIT un cri, un vrai cri qui avait échappé à Casparis et non une simple exclamation de surprise.
— Vous voulez épouser Pompon? dit-il en s'adressant à Jottral.

— Je l'aime.

Ils se regardèrent, les yeux dans les yeux, durant quelques secondes.

Mais l'expression de ces deux regards qui se croisaient n'était pas la même.

Dans ceux de Casparis se lisait l'étonnement ; — il ne comprenait pas, son esprit n'admettait pas ce que ses oreilles avaient entendu.

Dans ceux de Jottral l'interrogation ; — il cherchait pourquoi Casparis avait poussé ce cri et à quel sentiment il avait obéi ; était-ce la surprise, était-ce la colère ? La surprise, cela se comprenait, mais la colère ?

— Et Pompon ? demanda Casparis.

— Pompon ne sait rien ; ou si elle a deviné que je l'aime, elle ne connaît pas mes intentions ; n'était-ce pas à vous que je devais parler tout d'abord ?

— Voilà mon fils, dit Mme Jottral.

— Je sais quel honnête homme il est ; ma demande ne portait donc que sur les sentiments de Pompon.

— Je ne les ai pas interrogés, je n'ai consulté que les miens, et c'est après avoir bien constaté leur solidité et leur profondeur que je me suis décidé à cette demande.

— Ce n'est pas d'aujourd'hui qu'il l'aime, dit Mme Jottral, et il y a plus d'un an qu'il m'a, pour la première fois, parlé de son amour.

— L'année dernière au mois de janvier, le jour de ta fête, dit Jottral en précisant.

— Vous pensez bien, monsieur, que, comme vous, j'ai poussé un cri, continua Mme Jottral. Je ne m'attendais pas à cela. Et puis franchement, il faut tout dire, n'est-ce pas, cela me paraissait impossible à admettre que mon fils pût avoir l'idée de prendre pour femme une jeune personne qui... enfin, qui n'était pas blanche; ça me déroutait, pardonnez-moi le mot, ça me renversait.

— Qu'importe la couleur, dit Jottral; j'en appelle à Casparis, qui sait mieux que personne ce que c'est que la beauté, et je lui demande s'il a jamais vu un torse mieux modelé et plus souple que celui de Pompon, des attitudes plus gracieuses que les siennes...

— Mon fils m'a dit cela, poursuivit Mme Jottral interrompant, et moi je lui ai longtemps répondu : « C'est une négresse. »

— Ah! je vous assure, dit Jottral en souriant à sa mère, que je l'ai entendu, ce mot que maman prenait pour un argument.

— Et puis, poursuivit Mme Jottral, on n'épouse pas une jeune fille parce qu'elle a un torse bien modelé, si artiste qu'on soit.

— On l'aime pour sa beauté, pour son charme, dit Jottral; on l'épouse pour ses qualités morales : quelle jeune fille est plus tendre, plus affectueuse, plus douce, plus intelligente que Pompon?

— Ça, c'est vrai, dit Mme Jottral; depuis qu'elle vient ici, nous avons pu l'apprécier, et toutes les qualités que lui reconnaît Edmond, je les lui reconnais aussi. C'est par là que j'ai été décidée. Comment ne pas accepter pour bru, ne pas désirer une petite femme aussi bonne que Pompon? Nous avons pu la bien étudier depuis qu'elle vient ici tous les dimanches, et il est certainement impossible de trouver une meilleure nature. Les pauvres malades comme moi sont de bons juges ; ils ont le temps d'observer, de réfléchir : et puis on ne les gâte pas ; on ne se met pas généralement en frais pour eux ; pourquoi se gêner avec des invalides, des trouble-fête? Aussi, quand on est attentif et affectueux ou patient avec eux, est-ce la preuve qu'on a du cœur. Eh bien, Pompon a été une fille pour moi, aussi bonne, aussi tendre, aussi prévenante que ma vraie fille. Alors voyant cela, j'ai dit comme Edmond : « Qu'importe la couleur ! » J'aurai des petits-enfants qui seront des mulâtres ; mais il y a eu des mulâtres, n'est-ce pas, qui ont été de grands hommes?

— Parbleu, dit Jottral.

— Je ne voudrais pas faire de la peine à ce brave garçon, continua Mme Jottral ; cependant il me faut tout dire et parler comme s'il n'était pas là. Vous voyez, monsieur, en quel état je suis : malade, très malade.

— Veux-tu bien te taire, maman !

Et il l'embrassa tendrement pour lui fermer la bouche.

Mais elle ne se tut point.

— C'est folie, n'est-ce pas, de compter sur la vie quand on est en bonne santé, forte et solide ; mais combien plus grande folie serait-ce encore à une femme dans ma situation. Que deviendrait mon fils si je disparaissais ? Vous avez passé par là, monsieur Casparis; vous savez quel vide et quel trouble c'est de perdre ceux qu'on aime; je ne parle pas de la douleur. Encore vous, aviez-vous votre art, et mon fils m'a dit que votre douleur vous avait inspiré un chef-d'œuvre. Mais lui, le cher garçon, il ne peut plus se réfugier dans son art, puisqu'il me l'a sacrifié. Ni son art, ni sa mère. Et n'oubliez pas que nous ne nous sommes jamais séparés depuis trente ans.

— Et vous ne vous séparerez pas de sitôt, dit Casparis.

— Je l'espère; mais enfin le contraire peut arriver. Il y a des hommes qui peuvent vivre heureux seuls, au moins on le dit, car pour moi je n'en ai pas vu. Ce que j'ai vu, c'est des hommes qui, n'ayant ni femme, ni enfants, semblaient parfaitement heureux, et qui, tout à coup, arrivés à un certain âge, se jetaient dans de mauvaises liaisons et finissaient par faire des mariages ridicules ou honteux; ou bien, s'ils n'en faisaient point, devenaient tristes et hargneux, insupportables à tous et à eux-mêmes. Je ne veux pas de cette vie, je ne veux pas de cette fin pour mon fils.

— Et je n'en veux pas moi-même, dit Jottral.

— Je veux, avant de m'en aller, avoir la consolation et la sécurité de me dire que, le jour où je ne serai plus là, il aura une brave petite femme à aimer, qui l'aimera, et peut-être même, je l'espère, des enfants. Voilà pourquoi je vous demande en mariage votre pupille, notre chère petite Pompon, que j'aime déjà comme si elle était ma fille.

Jottral avait jusque-là laissé sa mère exposer sa demande ; mais à son tour il prit la parole :

— Vous savez que nous ne sommes pas riches, dit-il, il s'en faut... de tout ; cependant nous n'avons pas de dettes, et nous sommes propriétaires de cette maisonnette, qui n'est pas belle, j'en conviens, ni dans un joli quartier ; mais enfin, c'est une maison, c'est un toit sur la tête ; il y a un jardin pour les enfants, et pour la mère de l'air, du soleil et des échappées de vue sur la campagne, les bois de Clamart, les coteaux de Meudon, où l'on est en quelques instants de marche. Vous savez mieux que personne ce que je gagne : cinq à six mille francs par an ; mais, en abandonnant toutes ces fantaisies que je viens de vous montrer, et qui, je le sais bien, ne peuvent me conduire à rien, en travaillant pour le commerce, je peux facilement gagner en plus deux mille francs. Cela me donne donc un gain assuré de sept à huit mille francs par an ; c'est-à-dire que ma femme n'aura pas besoin de travailler elle-même et de courir la chance si périlleuse de paraître en public. Voilà donc ce que nous offrons : un mari qui l'aime et qui l'adorera, et, d'autre part, un homme d'énergie qui la fera vivre honorablement.

Casparis avait eu le temps de revenir de sa surprise, et de penser à sa réponse :

— S'il m'est échappé un cri quand vous m'avez demandé la main de Pompon, dit-il, c'est qu'à mes yeux Pompon n'est qu'une enfant. Jusqu'à ce jour jamais la pensée ne m'était venue qu'elle pouvait se marier et qu'on pouvait l'aimer. Sans doute, cela est assez extraordinaire, car je reconnais en elle tous les mérites, dont Jottral parlait tout à l'heure avec enthousiasme; cependant cela est ainsi; je la vois jouant, rien de plus. Et puis je dois dire aussi, car je tiens à ce que ce sentiment de surprise, qui a pu vous blesser, soit bien expliqué, qu'avec mes idées sur la beauté féminine, mes études, mes travaux, mon idéal d'artiste, Jottral sentira cela, Pompon n'est pas une femme pour moi.

Il s'arrêta un moment comme pour chercher ses mots :

— J'aborde là un sujet délicat et d'autant plus difficile que je parle devant un amoureux ; mais enfin c'est un devoir pour moi de tout dire. Tout à l'heure Jottral s'élevait contre le préjugé de la couleur ; eh bien ! j'avoue que j'ai probablement subi ce préjugé à mon insu ; et même je me demande si Jottral, qui en est exempt en ce moment, ne le subira pas plus tard, soit de lui-même, soit parce qu'il lui sera imposé par le monde.

— Pompon est pour moi la plus charmante des femmes, et je ne connais pas de blanche qui soit son égale : où en voyez-vous qui aient son élégance ?

Casparis l'arrêta d'un geste amical :

— Ne discutons pas la beauté de Pompon, cela pourrait nous entraîner loin ; ce que j'ai voulu dire, c'est que ce préjugé de la couleur doit être sérieusement examiné et mûrement pesé ; mais ce n'est pas le moment, car, avant d'aborder cette question, il y en a une autre plus importante encore ; Pompon vous aime-t-elle et veut-elle se marier ? Voilà ce qu'avant tout il faut savoir.

— C'est juste, dit Mme Jottral.

— Mais vous, mon cher maître, demanda Jottral, approuvez-vous mon amour, je veux dire l'autorisez-vous et me la donnez-vous pour femme ?

Casparis resta un moment silencieux, embarrassé.

Une pensée égoïste le serrait au cœur : perdre cette petite Pompon, si gentille, qui était la joie de sa maison ; briser leur vie d'intimité à tous les quatre ; interrompre leurs promenades ; ne plus la voir; ne plus l'entendre, était-ce possible ?

Mais ce n'était pas à lui qu'il devait penser, c'était à elle, à son bonheur, à son avenir. De quel droit s'opposerait-il à ce mariage, si elle-même le désirait ; qu'avait-il à lui offrir en échange ?

Ce ne fut qu'un éclair.

— Pompon est maîtresse d'elle-même, dit-il; ce qu'elle voudra, je le voudrai.

Puis, pour corriger ce que cette réponse avait d'un peu ambigu, il ajouta vivement :
— Si j'avais pensé à lui trouver un mari, je ne lui en aurais pas souhaité et cherché un qui m'inspirât plus de confiance que vous, mon cher Jottral, et

pour le cœur et pour le caractère, et pour la dignité de la vie ; vous serez pour votre femme ce que vous avez été, ce que vous êtes pour votre mère.

— Cela sûrement, dit Mme Jottral.

A ce moment, on entendit des éclats de voix dans le jardin et des rires ; c'était Pompon et la sœur de Jottral qui rentraient.

— J'interrogerai Pompon ce soir en nous en allant, dit Casparis à Jottral ; demain je vous donnerai sa réponse, et la mienne par conséquent.

La porte s'ouvrit vivement :

— Monsieur Georges ! s'écria Pompon, dont le visage s'illumina ; vois-tu, Adèle, que j'avais raison de soutenir qu'il serait arrivé : pourquoi n'as-tu pas voulu me croire ?

— Parce que Edmond m'avait dit que nous avions du temps à nous, répondit avec calme la jeune fille, qui ressemblait à son frère, mais avec quelque chose d'apaisé et de froid.

— Puisque vous voilà, dit Mme Jottral, vous allez mettre la table et moi je vais m'occuper du dîner ; Adèle, roule-moi dans la cuisine.

Casparis et Jottral restèrent seuls, mais il ne fut plus question de Pompon ; Casparis parla de Mme Jottral et trouva pour dire l'effet qu'elle avait produit sur lui des mots qui mirent assez de joie au cœur du fils pour que l'amoureux ne prît pas la parole.

Si Casparis avait été frappé de la propreté, de

l'ordre et de l'air de bien-être de la chambre de Mme Jottral, il éprouva cette impression plus vivement encore en entrant dans la salle à manger, où le couvert en faïence de couleur était dressé sur une nappe bien blanche, aux plis droits et nettement dessinés ; l'argenterie tout usée et les couteaux à la lame amincie avaient un éclat brillant qui disait avec quel soin on les entretenait ; il n'y avait qu'une sorte de vin sur la table ; mais, à la légère couche de poussière qui recouvrait les bouteilles, on voyait qu'il venait de la cave et non de chez le marchand de vin du coin.

Le dîner fut des plus simples : une soupe, une tourte apportée par le pâtissier et un gigot avec de la salade de barbe ; mais tout cela fut excellent, et le service fut fait gaiement par Adèle, aidée de Pompon.

— Quel doux intérieur, pensait Casparis, quelle bonne vie de famille !

VIII

Es-tu fatiguée ? demanda Casparis à Pompon, en remontant en chemin de fer.

— Pas du' tout.

— Eh bien, au lieu d'aller jusque chez nous, nous descendrons à Auteuil et nous rentrerons par le bois de Boulogne.

— Quel bonheur !

Et elle sauta de joie : elle se serait promenée toute la nuit avec Casparis sans penser à la fatigue.

Quand, en sortant de la station d'Auteuil, ils

entrèrent dans le bois, la lune venait de se lever, et à travers les branches sans feuilles des grands arbres et des taillis flottaient des vapeurs transparentes qui adoucissaient les contours des choses et noyaient les lointains dans une brume bleuâtre; le ciel était pur, sans nuages, criblé d'étoiles pâles dont la lumière de la lune éteignait l'éclat scintillant; pas de vent; une douce température; en tout, une belle nuit d'hiver, calme et lumineuse.

Ils marchèrent quelque temps côte à côte en silence; Casparis réfléchissant à ce qu'il avait à dire; Pompon regardant au loin les effets de la lumière argentée brillant sur les gazons, et allant se perdre dans les brumes azurées qui emplissaient les larges allées du bois; à vivre avec des artistes continuellement, à les écouter, à les accompagner, elle était devenue artiste elle-même, au moins par le sentiment, et elle s'intéressait aux choses de la nature que tant d'honnêtes gens ne voient même pas.

— Comment ne rencontre-t-on personne dans le bois la nuit? demanda-t-elle; c'est si beau. Cette solitude, ce silence, cette belle lune blanche, ce ciel bleu, ces vapeurs, cela ne dit donc rien?

— Tu vois.

— Il est vrai qu'autrefois cela ne me disait rien non plus; je vous dois cela, comme je vous dois tant de choses, comme je vous dois tout, la vie, ce que je suis.

— Alors tu es heureuse?

— Ce n'est pas sérieusement, n'est-ce pas, que vous m'adressez cette question?

— Pourquoi ne serait-ce pas sérieusement?

— Parce que je serais alors bien coupable, bien bête, bien ingrate de ne pas vous avoir dit, de ne pas vous avoir montré mon bonheur, — à vous si heureux de faire des heureux.

— Ne t'inquiète pas de cela; je n'ai pas voulu t'adresser un reproche, je sais que tu es heureuse; je le vois, tu me le montres et me le dis de toutes les manières, chaque jour, à chaque instant, dans tout. Ma question ne signifiait qu'une chose : Es-tu aussi heureuse que tu peux l'être? Ne désires-tu pas davantage?

Elle marchait regardant droit devant elle; vivement elle se tourna du côté de Casparis et elle resta les yeux fixés sur lui, sans répondre, cherchant à comprendre ce qu'il y avait, tout ce qu'il y avait sous cette demande.

Mais, malgré la clarté de cette belle nuit lumineuse, elle le voyait mal et ne pouvait pas lire dans les yeux qu'il avait, lui aussi, tournés vers elle, et qui réfléchissaient la lumière sans se laisser pénétrer.

— Tu n'es plus une petite fille, continua Casparis; tu es une grande fille, c'est-à-dire une jeune fille; et ce qui a pu te rendre pleinement heureuse, quand tu étais une enfant, n'est peut-être plus suffisant pour la jeune fille que tu es devenue, pour la petite femme intelligente et tendre que tu es, la petite femme de tête et de cœur.

Ce fut au tour de Casparis de la regarder; mais

elle avait baissé les yeux et les tenait fixés à trois pas devant elle; il ne la voyait que de profil, la tête droite, les bras serrés contre le corps.

Il resta un moment embarrassé : la situation était délicate pour lui, difficile aussi; il n'était nullement préparé aux rôles de père, et c'était un rôle qu'il remplissait en ce moment, car il ne se sentait pas le père de Pompon.

— Mon enfant, dit-il en reprenant et en insistant sur « mon enfant », comme si, en répétant les mots, il se pénétrait du sentiment qu'ils exprimaient, il serait tout naturel qu'à ton âge tu eusses d'autres idées, d'autres désirs que lorsque tu étais la petite Pompon d'autrefois, et c'est à cela précisément que ma question faisait allusion : « Es-tu heureuse ? »

De nouveau il la regarda, et il crut remarquer que sa main et son bras étaient agités par un tremblement.

— Il ne faut pas que cela te trouble, ma mignonne; tu ne dois pas craindre de me répondre en toute franchise; ne suis-je pas ton meilleur ami?

— Oh! oui, murmura-t-elle d'une voix pleine d'une tendresse concentrée.

— Il faut donc, ma petite Pompon...

Elle se tourna vers lui.

— Il faut me répondre en toute franchise, en toute sincérité.

— En toute sincérité, oui.

— Car ce n'est pas seulement pour jouir de ce beau clair de lune que je t'ai proposé cette promenade solitaire, c'est pour que nous puissions nous entretenir librement en tête-à-tête, à cœur ouvert, sans être dérangés et sans qu'on nous entende : tu vois que l'endroit est à souhait.

Et de fait, il ne pouvait pas être mieux choisi : ils avaient dépassé la butte Mortemart et ils suivaient l'allée de ceinture du lac, déserte et silencieuse. Aussi loin que leur vue pouvait s'étendre, ils ne voyaient que les ombres des arbres qui s'allongeaient capricieusement sur le sable blanc de l'allée ; et autour d'eux ils n'entendaient d'autres bruits que ceux de leurs pas sur le gravier.

— C'est ta vie qui va se décider ce soir, ma mignonne, continua Casparis, et je te demande de ne pas te renfermer dans cette réserve que tu observes trop souvent.

— Ce n'est pas ma faute.

— Enfin, fais un effort et réponds-moi franchement : n'as-tu pas pensé quelquefois que tu te marierais ?

— Oh ! monsieur Georges ! murmura-t-elle.

Et vivement elle posa la main gauche sur son cœur comme pour en contenir les mouvements désordonnés.

— Réponds-moi.

Elle hésita assez longuement ; puis enfin, d'une voix faible, à peine perceptible :

— Oui, dit-elle.

Puis tout de suite, et comme pour revenir sur cet aveu qui lui aurait échappé :

— Je l'ai pensé... quelquefois, dit-elle, mais jamais je ne l'ai espéré.

— Et pourquoi?

Elle détourna la tête sans rien dire, mais son geste exprimait si bien la confusion qu'elle n'avait pas besoin de parler.

— Alors tu crois que, parce que tu es noire, on ne peut pas t'aimer?

— Je n'ose croire qu'on peut m'aimer... comme je voudrais l'être.

— Eh bien, tu te trompes, ma petite Pompon.

— Oh! monsieur Georges.

— On peut t'aimer.

Elle s'était tournée vers lui frémissante, éperdue, et elle marchait suspendue à ses lèvres, pendue à ses yeux.

— On peut t'aimer passionnément, on t'aime passionnément.

— Moi!

— Toi qui es charmante; tu ne t'es donc jamais regardée?

— Que trop!

— Alors tu ne t'es jamais vue; tu ne sais donc pas...

Mais il s'arrêta, sentant qu'il ne pouvait répéter à cette enfant ce qu'ils avaient dit d'elle, Jottral et lui, dans leur liberté d'artiste.

— Tu ne sais pas que tu es charmante, et que tu l'es pour ceux qui savent le mieux ce que c'est que la beauté de la femme.

— Mon Dieu ! dit-elle tout bas.

Elle paraissait grisée, transportée.

— C'est vrai ? répéta-t-elle, c'est possible ? moi !...

— Mais ce n'est pas seulement parce que tu es jolie qu'on t'aime ; c'est parce que tu as les qualités de la femme qui sont les plus enviables et les plus précieuses, la bonté, la douceur, la tendresse, le dévouement...

— Moi, moi !...

— ... La droiture d'esprit, l'honnêteté de caractère, qu'on veut t'épouser.

— M'épouser ?... moi !

Cette fois elle s'arrêta, incapable d'avancer, anéantie.

— Je vois à ton émotion que tu comprends enfin ce que je veux te dire, et que tu devines de qui je veux parler.

Elle était restée devant lui, immobile, les yeux baissés : elle n'osa pas les relever, et cependant son visage éclairé par la pâle clarté de la lune resplendissait de joie.

— Eh ! bien, oui, c'est lui qui vient de me demander ta main.

Elle releva les yeux et le regarda, ne comprenant pas évidemment ce qu'il venait de dire.

— Il s'est adressé à moi comme si j'étais ton père, et, sans t'avoir jamais avoué son amour, il m'a dit qu'il t'aimait.

Elle laissa échapper un soupir étouffé, et, baissant les yeux vivement, elle se remit en marche, devançant Casparis de façon à ce qu'il ne pût pas lui voir le visage.

— J'ai répondu, continua Casparis, que je ne pouvais rien lui dire, et qu'avant tout je devais te consulter. Je dois ajouter que Mme Jottral elle-même désire ce mariage.

Pompon continuait à marcher en avant sans se retourner, comme si elle avait peur de se laisser surprendre.

— Je ne veux pas, poursuivit Casparis, peser en quoi que ce soit sur ta résolution, et même je dois te dire avant tout que ce ne sera pas sans chagrin, sans un très vif chagrin, que je me séparerais de toi et que je verrais rompre notre intimité si tu acceptes ce mariage.

— Je ne l'accepte pas, dit-elle d'une voix saccadée et sans se retourner.

— Comment cela ! s'écria Casparis stupéfait.

— Je ne veux pas me marier.

— Mais tout à l'heure tu paraissais si heureuse !

— Heureuse qu'on m'aimât, oui, cela est vrai; heureuse qu'on voulût m'épouser, cela est vrai aussi; n'est-ce pas naturel chez une pauvre fille telle que moi ?... heureuse que vous me disiez que...

Elle hésita :

— ... Que vous me disiez ce que vous m'avez

dit; oh oui, bien heureuse, folle de joie et de bonheur; mais je ne veux pas me marier.

Puis avec une sorte de cri :

— Mon bonheur ç'a été de croire qu'on pouvait m'aimer.

— Mais on t'aime, ma petite Pompon; je t'assure que ce bon Jottral t'aime passionnément.

— Moi je ne l'aime pas, s'écria-t-elle durement.

— Comme tu dis cela ! As-tu quelques griefs contre lui ?

— Moi ? Oh ! non. Bien au contraire; car il me donne une joie qui m'est douce en me prouvant qu'on peut m'aimer ; et ce n'est pas le premier venu.

— C'est un excellent cœur.

— C'est un artiste, comme vous le disiez, un de ceux qui savent le mieux ce que c'est que la beauté d'une femme.

Casparis fut d'autant plus surpris de ce sentiment d'orgueil et de coquetterie, que Pompon était ordinairement aussi timide que modeste : comme cela l'avait enivrée, exaltée, de savoir qu'on pouvait la trouver charmante !

Mais puisqu'il en était ainsi, comment n'était-elle pas touchée autrement que dans son orgueil de l'amour de Jottral ?

— Et pourquoi ne veux-tu pas te marier ? continua-t-il. Y a-t-il quelque chose en Jottral qui te déplaise ?

— Oh non; je l'aime bien d'amitié, comme j'aime aussi sa mère et sa sœur de tout cœur, et cela m'est dur de les peiner, je vous assure; mais je ne veux pas me marier.

— Laisse-moi te dire, sans vouloir peser sur toi, et seulement pour t'éclairer, que Jottral serait un excellent mari, qu'il t'aimerait comme il aime sa mère, et qu'avec lui ta vie serait assurée.

— Voulez-vous donc me marier? cria-t-elle désespérément.

— Je ne veux rien que ton bonheur, ma mignonne.

— Eh bien, mon bonheur, c'est que vous ne me parliez plus de ce mariage.

— Mais enfin, pourquoi le refuses-tu? as-tu des raisons?

— Je n'aime pas Jottral.

— Aimes-tu quelqu'un? parle franchement.

— Non, s'écria-t-elle, personne, personne, personne.

Elle dit cela avec une véhémence exaltée, mais comme si elle parlait pour elle-même aussi bien que pour Casparis.

Puis, après un moment de silence, elle reprit avec plus de calme, mais sans le regarder:

— Mon bonheur, c'est de vivre près de vous, comme vous m'avez permis de vivre jusqu'à présent, et comme je vous demande de vivre toujours.

— Mais, ma mignonne, je n'ai pas eu l'idée de ce mariage, et ce n'est pas de moi qu'est venue la pensée que nous pouvions nous séparer; jusqu'à aujourd'hui, je t'avoue même que je n'avais jamais imaginé que tu pouvais te marier; j'étais heureux de t'avoir près de moi et ne me disais pas que cela pouvait changer un jour ou l'autre; mais évidemment, ce qui convenait pour l'enfant ne convient pas, ne conviendra pas toujours pour la jeune fille.

— Oh! je vous en prie, s'écria-t-elle, laissez-moi être enfant, toujours, je vous en prie, toujours!

Et elle se mit à pleurer nerveusement.

IX

L E lundi, Jottral quitta Montrouge une heure plus tôt que de coutume, et il arriva avenue de Villiers plus d'une heure et demie avant le moment où il entrait à l'atelier, tant il avait marché vite, poussé par l'anxiété.

Qu'avait-elle répondu ?

Et il avait tâché de résoudre logiquement cette question d'après ce que Pompon avait été avec lui depuis qu'il l'aimait.

Incontestablement elle s'était toujours montrée affectueuse, prévenante, de belle humeur, gaie, rieuse, joueuse : mais l'affection, les prévenances, les complaisances, la gaieté, la belle humeur, ce n'est pas de l'amour, et cela n'engage pas le cœur.

Avec sa mère et sa sœur, elle s'était aussi montrée bonne et tendre, attentive à leur plaire, ingénieuse à leur faire plaisir toutes les fois que l'occasion s'en présentait, dévouée même en plusieurs circonstances; mais de ces sentiments d'amitié qu'elle leur témoignait, il aurait été excessif de conclure que c'était par amour pour lui.

Des preuves d'affection, il en avait de nombreuses, toutes aussi réelles, aussi solides les unes que les autres; mais des preuves d'amour il n'en avait aucune, au moins évidente et indiscutable.

C'était seulement sur des présomptions qu'il pouvait baser ses espérances : un regard, un sourire, un serrement de main en jouant, un mot tendre avaient été des indices qu'il avait interprétés au gré de ses désirs, et avaient inspiré sa demande; mais enfin ce n'étaient que des indices plus ou moins vagues.

Elle pouvait l'aimer, cela était certain; mais elle pouvait ne pas l'aimer et ne voir en lui qu'un ami, qu'un camarade, cela était possible aussi.

Se serait-elle laissé toucher par la demande en mariage?

Cela était une autre question et non moins difficile, non moins compliquée.

Avant tout, il aurait fallu savoir comment Casparis l'avait présentée, cette demande, et s'il l'avait appuyée; à cet égard l'inquiétude était permise, car tout d'abord il avait paru l'accueillir froidement, et ensuite il s'était renfermé dans une réserve assez étrange s'il n'avait pas contre ce mariage une répulsion qu'il ne voulait pas avouer, et même s'avouer à lui-même.

En admettant que Casparis eût dit tout ce qu'il pouvait dire en faveur de ce mariage, il restait à examiner comment Pompon avait accueilli cette demande et si elle avait été sensible aux intérêts matériels qui pouvaient en résulter pour elle : la vie assurée, la tranquillité, la sécurité, un intérieur honnête, un avenir de paix avec les douces joies de la famille.

Était-il dans son caractère de penser à ces choses? était-il de son âge de s'en préoccuper? Elle était insouciante, désintéressée, et jamais il n'avait remarqué en elle le moindre souci du lendemain; elle avait traversé tant d'épreuves terribles sans jamais y succomber qu'on s'expliquait sa superbe confiance; demain serait ce qu'avait été hier ; le passé lui répondait de l'avenir.

C'était là, il devait le reconnaître, et il ne se faisait pas d'illusion à ce sujet, de bien défavorables conditions.

Mais, d'autre part, il se demandait en même

temps pourquoi elle ne l'aimerait pas comme lui-même l'aimait, et cela relevait son espérance. Ils avaient vécu l'un près de l'autre depuis plusieurs années, elle le connaissait, elle savait ce qu'il valait, et, sans s'infatuer d'un fol orgueil, il trouvait qu'il pouvait toucher le cœur d'une jeune fille.

Arrivé à la porte de Casparis, et ayant constaté

qu'il était d'une heure et demie en avance, il n'avait pas voulu entrer; sûrement Casparis n'était pas encore levé; que ferait-il en l'attendant? Il ne pourrait pas travailler; il se dévorerait dans l'impatience; mieux valait marcher, aller droit devant lui et user sa fièvre dans le mouvement.

Il avait donc rebroussé chemin, et, pendant une heure, il avait erré sur les boulevards des fortifications, interrogeant sa montre à chaque instant, et l'approchant de son oreille pour voir si elle n'était pas arrêtée.

Enfin, au bout d'une heure, n'y tenant plus, il s'était décidé à entrer : peut-être Casparis se serait levé plus tôt que de coutume.

Et de fait, Casparis était déjà au travail, seul dans l'atelier, c'est-à-dire avec les bêtes et sans Pompon.

En voyant entrer Jottral, il se leva vivement et vint à lui.

Mais il n'eut pas besoin de se servir de la phrase arrangée qu'il tenait prête pour annoncer à Jottral la réponse de Pompon :

— Elle n'accepte pas ! s'écria Jottral.

Casparis ouvrit les bras et baissa la tête sans parler.

Que dire ?

Jottral était resté immobile, cloué sur place.

Après un temps assez long il se dirigea vers l'armoire où il accrochait ses habits, et comme tous les jours il défit son paletot et endossa sa blouse machinalement, sans savoir bien certainement ce qu'il faisait, la tête perdue, le cœur gonflé.

Puis lentement, à pas comptés, il vint à son marbre et prit un ébauchoir, mais ses mains tremblantes le laissèrent échapper.

Alors, brusquement, il vint à Casparis, qui s'était remis au travail, et les lèvres frémissantes, la voix rauque :

— Pourquoi? demanda-t-il.

— Elle ne veut pas se marier.

— Ce n'est pas une raison.

— C'est la sienne.

— Elle aime quelqu'un?

— Elle n'aime personne.

— Ce n'est pas possible.

— Elle me l'a affirmé.

Jottral se prit la tête à deux mains et il resta un moment ainsi, mais bientôt il laissa tomber ses mains, et, montrant à Casparis son visage convulsé :

— J'ai voulu faire le brave, dit-il, le fort; mais c'est la faiblesse et la lâcheté qui sont dans mon cœur; je l'aime trop; que je sache tout !

— Et que puis-je ? mon pauvre ami.

— Ce qu'elle vous a dit, tout ce qu'elle vous a dit, sans rien me cacher, sans me ménager; mieux vaut encore la vérité, si douloureuse qu'elle soit, que le doute; au moins je saurai tout, n'est-ce pas, tout ?

— N'imaginez rien de blessant pour vous, rien d'antipathique; elle ne veut pas se marier, voilà tout, et ce tout est assez terrible pour que vous n'alliez pas au delà.

Et alors il lui répéta presque mot à mot ce qui s'était dit dans leur long retour.

Une fois seulement Jottral l'interrompit, ce fut quand il expliqua que Pompon avait paru heureuse ou tout au moins fière d'être aimée :

— Mais alors ! s'écria Jottral.

— Sans doute il y a là une contradiction; pour moi, je me l'explique par le dernier mot de Pompon : « Laissez-moi être enfant »; c'est qu'en effet c'est et ce n'est qu'une enfant. Vous avez cru que c'était une jeune fille, ce n'est qu'une petite fille.

Jottral secoua la tête.

— Et c'est là, continua Casparis, ce qui doit être une consolation pour vous, et même un motif d'espérance. Pompon ne veut pas se marier en ce moment, mais néanmoins elle est flattée que vous l'aimiez ; il n'est donc pas impossible que, dans un certain temps, ses sentiments changent, et qu'elle désire alors ce qu'elle refuse aujourd'hui.

— Le croyez-vous? s'écria Jottral.

— Je ne peux pas dire que je le crois, mais enfin c'est possible ; ne le sentez-vous pas comme moi?

— Je ne sens que le coup qui m'a écrasé; sans doute, je me disais qu'elle pouvait ne pas accepter; mais je ne croyais pas ma raison, je n'écoutais que mon amour. J'ai eu trop d'orgueil, j'ai cru que je n'avais qu'à parler mariage et que je serais écouté. Mais elle a son orgueil aussi ; et c'est justice. C'est égal, je tombe de haut et durement.

Casparis lui tendit la main :

— Mon pauvre Jottral.

Devant cette marque de sympathie Jottral s'attendrit :

— Vous avez raison, dit-il, j'attendrai ; j'espérerai; je me ferai peut-être aimer, j'ai l'avenir devant moi; mais ma pauvre mère, qui se croit perdue et qui voulait tant me voir marié avant de mourir, ç'eût été pour elle une si douce sécurité. Enfin !

Et il fit quelques pas du côté de l'*Ève endormie*.

— Voulez-vous ne pas travailler aujourd'hui ? dit Casparis.

— Au contraire, je voudrais pouvoir travailler jour et nuit; j'ai eu plus d'un chagrin dans ma vie, et j'ai alors invoqué tous les saints du paradis; mais il n'y en a qu'un qui m'a exaucé, c'est saint Travail.

Et cette fois prenant son ébauchoir d'une main ferme il se mit à l'œuvre.

Contrairement à ce qui se passait tous les jours, Pompon ne vint pas dans l'atelier pendant la matinée; on ne l'entendit pas non plus étudier son violon dans le salon ; et Jottral se demanda si elle était malade ou si elle cherchait à ne pas le voir.

Après le déjeuner Casparis sortit, et il n'était pas parti depuis dix minutes, quand Pompon entra dans l'atelier, son violon à la main.

Jottral la pressentit plutôt qu'il ne l'entendit venir, et vivement il se retourna.

Alors elle s'arrêta et elle fixa sur lui ses yeux tout pleins d'une tendresse désolée.

Pendant quelques instants ils restèrent ainsi, puis doucement, sans le quitter des yeux, elle marcha vers lui, le bras tendu et la main ouverte :

— Il ne faut pas m'en vouloir, dit-elle d'une voix qui brisa le cœur de Jottral.

Il détourna la tête pour ne pas faiblir devant elle.

— Si malgré tout, continua-t-elle, vous voulez bien de moi pour votre camarade comme autrefois, pour votre amie, je vous assure que vous n'en aurez pas de plus fidèle, de plus dévouée.

Elle lui posa la main sur l'épaule, ce qui le fit tressaillir de la tête aux pieds :

— Voulez-vous? dit-elle.

— Oh! Pompon, s'écria-t-il dans un élan passionné.

Elle recula d'un pas.

Alors, rappelé à la raison, il recula aussi, et de loin lui tendant la main :

— Comme autrefois, dit-il, oui, comme autrefois.

Elle sourit tendrement et, lui donnant sa main :

— Non, dit-elle, plus qu'autrefois.

Il la regarda longuement les yeux dans les yeux, et il crut sentir qu'il y avait en elle plus d'assurance qu'il ne lui en avait jamais vu, comme un sentiment de confiance et de supériorité.

— Vous est-il agréable que je vous joue quelque chose pendant que vous travaillez? demanda-t-elle.

— Merci, dit-il, vous êtes bien la bonne petite fille que...

Il allait dire : « que j'aime », mais il retint ce mot.

— Vous me ferez plaisir, dit-il.

Alors elle se mit à jouer, prenant les morceaux qu'elle savait qu'il aimait le mieux, et les jouant comme elle ne les avait jamais joués, même pour Falco.

Quand Jottral s'arrêtait de travailler pour la regarder, elle s'arrêtait elle-même bientôt, et doucement elle lui disait :

— Si je vous empêche de travailler, je vais m'en aller.

— Non, ne vous en allez pas.

Et lorsqu'elle fut trop fatiguée pour continuer de jouer avec la même ardeur, elle ne s'en alla pas.

Mais, s'installant dans l'atelier sur son divan, elle se mit à faire des projets pour leur prochain dimanche, de façon à bien marquer qu'elle entendait que rien ne fût changé dans leur vie, et qu'elle voulait être pour Jottral, pour madame Jottral et pour Adèle, ce qu'elle avait été jusqu'à ce jour.

Le temps s'écoula ainsi sans que Casparis rentrât.

Quand la nuit fut venue, Jottral se prépara à partir; mais s'il s'était contenu jusque-là, il ne fut pas maître, au moment de la quitter, de retenir un cri de douleur :

— N'apprenez jamais, dit-il, ce que c'est que d'aimer sans être aimée.

Si la nuit n'avait pas été déjà sombre, il aurait vu deux larmes rouler sur les joues noires de Pompon.

X

Un des chagrins de Pompon était que Casparis n'eût jamais rien fait d'après elle : pas la moindre étude, pas même un petit croquis. Et cependant Souris et Patapon avaient leurs statuettes. Il avait même fait à Souris l'honneur du marbre : en belle place, dans le salon, sur un socle recouvert en velours rouge, la levrette dressait sa fine silhouette, posée sur trois pattes légèrement, la quatrième levée et à demi repliée, le nez en l'air ; et ceux qui passaient devant elle admiraient son attitude aristocratique si pleine d'élégance et de distinction.

Pour Patapon, elle avait été coulée en bronze, et, à l'autre bout du salon, elle faisait pendant à sa camarade et se montrait dans toute sa beauté : la tête droite, de façon à bien présenter sa large face de chat, la plus parfaite de la création avec celle de l'homme, le corps mollement allongé dans une pose qui développait ses belles proportions symétriques, ainsi que sa grâce onduleuse et sa souplesse.

Il les avait jugées dignes de l'art, et elle avait été oubliée, plus qu'oubliée, dédaignée.

Quelle humiliation !

Il lui avait préféré ces deux bêtes, qui, si charmantes qu'elles fussent, n'étaient en réalité que des bêtes.

Etait-elle donc moins que ces bêtes, pour lui ?

Que n'avait-elle pas fait cependant pour l'amener à la prendre pour modèle !

Jamais elle ne le lui avait demandé franchement, car il n'était pas dans sa nature de rien demander, même ce qu'elle désirait le plus, surtout ce qu'elle désirait le plus; mais elle avait employé tout ce qu'il y avait en elle d'adresse, de finesse, de détours, de diplomatie féline, pour lui suggérer l'idée qui ne se présentait pas en lui spontanément.

Combien de fois n'avait-elle pas lutté de souplesse avec la levrette et la chatte, dans l'espérance qu'un mouvement gracieux séduirait Casparis comme l'avaient séduit ceux de Souris et de Patapon !

Avec quelle anxiété l'avait-elle alors examiné à la dérobée ! ou bien, quand elle ne pouvait pas le voir, avec quelle émotion avait-elle attendu le mot qu'elle espérait et qui ne venait jamais. Pas un compliment, pas même une observation, rien ; c'était à croire qu'il ne la regardait pas ; et cependant elle voyait bien qu'il la regardait.

Un jour, cependant, elle avait cru qu'elle allait réussir. C'était pendant le printemps précédent. Ils étaient tous les quatre en promenade dans la forêt de Carnelle, et ils avaient déjeuné au bord d'une petite mare ombragée de grands arbres et bordée de taillis dont les tiges émergeaient d'un fouillis de roseaux et d'herbes aquatiques. L'endroit était si joli, si frais, si vert avec ses eaux sombres et son encadrement de feuillage tendre, qu'après déjeuner ils étaient restés là, assis sur l'herbe, causant et regardant les jeux de la lumière et des ombres sur le gazon et sur les eaux. A un certain moment, elle s'était levée, et, s'écartant un peu, elle s'était amusée à cueillir des fleurs, des scilles, des muguets, des renoncules d'eau, et dix autres encore dont elle ignorait les noms, malgré les leçons de botanique que Falco lui donnait dans leurs excursions. Sa récolte faite, elle était revenue à la mare, mais sur le bord opposé à celui où se trouvaient Casparis et

Blanchon, enfouis dans une savante discussion d'esthétique qui avait fait fuir Falco, dont la tête et le

cœur tournaient quand on abordait ces questions. Là elle s'était assise tout près de l'eau, et étalant ses fleurs autour d'elle, elle avait commencé à les arranger en bouquet, ne s'interrompant que pour se regarder de temps en temps dans la mare, qui reproduisait son image aussi exactement que l'eût fait un grand miroir, avec tout ce qui l'enveloppait, les herbes, les fleurs et le dôme de feuillage suspendu au-dessus d'elle. De temps en temps, quand elle prêtait l'oreille, elle entendait de l'autre côté de la mare des mots qui n'avaient guère d'intérêt pour elle : « grandeur idéale, ordre idéal de l'espèce, émotion, sensation esthétique », qui la laissaient complètement indifférente, même lorsqu'ils étaient prononcés par Casparis, et lui permettaient de suivre sa rêverie ou d'écouter la chanson d'un oiseau caché dans les taillis. Tout à coup un bruit de pas ayant fait craquer derrière elle les branches sèches tombées dans l'herbe, elle se retourna pour voir qui venait la surprendre : c'était Falco. Mais au même instant retentit la voix de Blanchon : « — Ne bouge pas, ma petite Pompon; Falco, reste où tu es. — Eh bien, qu'est-ce qui te prend ? demanda Casparis. — Il me prend que je tiens le plus gracieux tableau qu'on puisse voir : cette petite au bord de l'eau avec ses fleurs autour d'elle, et se retournant pour regarder qui vient la surprendre; est-elle jolie de mouvement, cette gamine-là ! quelle grâce, quel naturel ! » Et tirant un petit album de sa poche, il s'était mis à esquisser à grands traits la scène qu'il venait de décrire. Elle n'avait eu garde de bouger, car son cœur était rempli de joie. « Est-elle jolie de mouvement, cette gamine-là! » Quelle douce parole pour elle! et qui la prononçait? c'était un homme de talent; non le premier venu, mais un peintre dont elle entendait chaque jour affirmer le mérite. Aussitôt que le croquis avait été terminé, elle avait couru de l'autre côté de la mare pour le voir. — Alors, c'est moi que vous allez faire poser, monsieur Blanchon? avait-elle dit joyeusement; tant que vous voudrez. — Toi ! Y penses-tu ? — Ah! — C'est-à-dire que, si tu le veux, je te ferai poser pour le mouvement, que personne ne réussirait aussi bien que toi; mais comment veux-tu que je te fasse poser pour la tête? Est-ce qu'il est possible de mettre une petite fille noire au bord d'une mare, dans la forêt de Carnelle, entre Presles et Saint-Martin-du-Tertre? Je ne veux pas faire un tableau qui soit un rébus, pour qu'en le regardant on se demande ce que j'ai voulu peindre. Au bord de cette mare, dans cette forêt, je ne peux mettre que des personnages qui soient en harmonie avec cette nature, c'est-à-dire une paysanne assise sur le gazon et surprise par son amoureux, un paysan, au moment où elle tresse une couronne de fleurs. Et vous verrez, mes enfants, que tout sera en harmonie, les personnages et la nature : il y a longtemps que je voulais essayer un tableau en plein air, de grandeur naturelle; je le tiens, et c'est toi, ma petite Pompon, qui me l'as inspiré.

Malgré ce qu'il y avait eu de désappointant pour

elle à n'être pas le modèle vrai de ce tableau, elle avait trouvé là cependant un sujet d'espérance.

Puisqu'elle avait inspiré un tableau à Blanchon, pourquoi n'inspirerait-elle pas une statue à Casparis?

Puisqu'elle avait été jolie de mouvement pour l'un, pourquoi ne le serait-elle pas pour l'autre?

La statue n'avait pas besoin d'être en harmonie avec le paysage qui l'entourait, puisqu'il n'y avait pas de paysage.

Elle s'était confirmée d'autant plus fermement dans cette espérance que Blanchon avait voulu faire une étude peinte d'après elle, et que, pendant plusieurs jours, il était venu travailler dans l'atelier de Casparis, où il l'avait fait poser habillée en paysanne, la complimentant à chaque instant sur la grâce aussi bien que sur la fixité de son attitude.

— Pose-t-elle bien, cette gamine! Regarde donc, Casparis, un modèle de profession ne ferait pas mieux.

Et de fait, elle posait admirablement, car elle eût mieux aimé s'évanouir que de bouger ou d'avouer qu'elle était fatiguée.

Ce n'était pas pour Blanchon qu'elle posait, c'était pour Casparis.

Cependant l'étude peinte achevée, celui-ci n'avait pas eu l'idée de lui demander de faire pour lui ce qu'elle venait de faire pour Blanchon.

Et le tableau terminé, alors que de l'avis de tous, il

avait été proclamé que c'était une œuvre remarquable, la meilleure que Blanchon eût exécutée jusqu'à ce jour, Casparis n'avait pas eu davantage l'idée que ce modèle qui avait si heureusement inspiré son ami ne pouvait l'inspirer lui-même.

C'était à désespérer.

Il ne la verrait donc jamais !

Et bien souvent dans sa chambre, la porte fermée au verrou, elle s'était étudiée des pieds à la tête devant sa grande glace, cherchant en quoi elle pouvait lui déplaire.

Il lui semblait cependant...

Mais alors elle n'osait pas aller jusqu'au bout de sa pensée, car ç'eût été presque l'accuser ; sans doute il avait raison, et elle sûrement elle avait tort.

Ce n'était pas parce qu'il ne la voyait pas qu'il ne voulait pas d'elle ; c'était au contraire parce qu'il la voyait et la jugeait.

Et elle se disait que la statuaire a d'autres exigences que la peinture, et que ce qui est bon pour celle-ci n'est pas suffisant pour celle-là.

Et pourtant, Jottral lui avait plus de vingt fois demandé à faire son portrait, en buste ou en médaillon.

— Vous verrez comme ce sera charmant ; je sens que vous me porterez bonheur.

Et Jottral, dans ce buste ou dans ce médaillon, ferait œuvre de statuaire.

Mais Jottral n'était pas Casparis.

Elle se mourait d'envie d'être le modèle de Casparis, elle ne voulait pas être celui de Jottral.

Que lui importait un buste de Jottral?

Tandis que c'était passionnément, follement qu'elle désirait en avoir un de Casparis : « Offert à ma petite Pompon, Georges Casparis »; quelle joie, quel triomphe!

Ce qui la rendrait heureuse, ce ne serait pas seulement d'avoir son portrait fait par Casparis, ce serait encore, ce serait surtout de poser devant lui, pour lui, de se sentir enveloppée de son regard.

Bien qu'elle n'espérât plus guère que ce bonheur lui fût jamais donné, elle continuait cependant de chercher toutes les occasions qui pouvaient inspirer à Casparis l'idée de faire quelque chose d'après elle, car il n'était pas dans sa nature de s'abandonner et de renoncer à poursuivre, n'importe à quel prix, ce qu'elle voulait.

Un jour qu'elle était seule avec Casparis dans l'atelier, elle avait pris ainsi une pose qu'elle avait, le matin même, travaillée et qui lui avait paru heureuse.

Quelle émotion secoua son cœur quand elle entendit Casparis lui dire :

— Pourrais-tu rester ainsi quelques instants?

C'était la parole qu'elle avait si longtemps attendue, le moment qu'elle avait si ardemment désiré : enfin !

Mais tel fut son trouble, que, au lieu de faire ce que Casparis lui demandait, elle se tourna vers lui frémissante :

— Tu ne veux pas ? dit-il.

— Oh ! si ; je vous en prie.

Et, comprimant le tremblement qui l'agitait de la tête aux pieds, elle reprit la pose, mais pas tout à fait cependant celle qui avait plu à Casparis.

— Le temps de faire un simple croquis, dit-il.

— Oh ! tant que vous voudrez.

Et elle ne broncha pas pendant les quelques instants que Casparis avait demandés, mais qui en réalité se prolongèrent.

— Encore un moment, disait-il.

— Je ne suis pas fatiguée.

Enfin il arrêta son crayon.

— C'est fait, dit-il.

Et longuement il regarda son croquis sans parler.

Elle attendait sans parler aussi, se demandant avec angoisse s'il allait s'en tenir à ce simple croquis.

— Sais-tu qu'avec cela on pourrait faire une jolie étude ? dit-il tout à coup, comme s'il se parlait à lui-même.

Il y arrivait donc ?

— Seulement...

Mais il s'arrêta, retenu par un sentiment de réserve qui lui fermait les lèvres : comment dire à cette enfant : « Seulement, il faut que tu poses comme un modèle. »

Bien que les artistes aient à l'égard du nu et de la chasteté des idées autres que le vulgaire, et qu'il ne fût en ce moment qu'un artiste, rien qu'un artiste en présence d'un modèle dont la beauté l'avait ému, il ne pouvait pas oublier que ce modèle était sa petite Pompon, et alors hésitant, embarrassé, il ne savait comment exprimer ce qu'il avait à dire et se demandait même s'il pouvait en parler.

Alors, comme il restait ainsi, elle vint à lui lentement, gracieusement, avec des ondulations félines, les yeux baissés, les lèvres entr'ouvertes :

— Je serais si heureuse, murmura-t-elle.

Et comme il la regardait, elle ajouta franchement, la tête haute :

— Et si fière!

XI

Pour le sculpteur, il est un travail qui doit précéder le sien, celui du serrurier chargé de construire l'armature de fer et de bois qui soutiendra la terre et l'empêchera de s'effondrer ; c'est sur cette armature, qui est la charpente osseuse de la statue, que le sculpteur applique successivement les couches de terre à modeler qui en sont la chair.

— Je vais envoyer chercher le serrurier, dit Casparis. Quand il aura fait son armature et que j'aurai préparé ma terre, nous nous mettrons tout de suite au travail.

Pompon, que la joie avait transfigurée, laissa paraitre un mouvement d'embarras et de confusion.

Casparis la regarda avec surprise, se demandant ce qu'elle avait, ce qui la troublait.

Mais si elle l'obligeait souvent à réfléchir et à chercher ce qui se passait en elle, il n'en était pas de même pour elle, et ce n'était que rarement qu'elle ne devinait pas ce qui le préoccupait et faisait travailler sa pensée.

Il n'eut donc pas besoin de l'interroger, elle alla au-devant de la question qu'il hésitait à lui poser :

— Jottral, dit-elle, les yeux baissés.

Comment n'avait-il pas pensé à cela ? Évidemment cette petite ne pouvait pas se montrer nue devant l'homme qui l'aimait; et même elle ne pouvait se montrer à personne; quand donc comprendrait-il que les idées des statuaires sur le nu ne sont pas celles de tout le monde et que rares sont les gens, qui, comme Goethe, trouvent tout naturel de demander à leurs amis de se déshabiller en pleine campagne, pour voir comment l'homme nu se profile sur un fond de verdure?

— Je vais envoyer Jottral au château du prince de Coye, où j'ai une gaine à préparer, dit-il; quand il reviendra, nous aurons fini. Je recommanderai aussi à Nicolas de ne laisser entrer personne.

Jamais Pompon n'avait passé une nuit aussi agitée que celle qui précéda le jour où elle devait poser.

C'était par l'attitude et le mouvement qu'il avait été séduit.

Mais comment allait-il la trouver lorsqu'elle paraîtrait sans vêtement devant lui, le maître si difficile sur la beauté féminine, lui, l'élève des Grecs ?

Était-elle digne de se présenter à cette épreuve qu'elle avait si ardemment désirée, mais qui, maintenant que quelques heures seulement l'en séparaient, l'effrayait si terriblement, qu'elle l'eût reculée si cela avait été possible ? Par l'éducation qu'elle avait reçue, par le milieu dans lequel elle vivait, par les entretiens auxquels elle assistait et où s'agitaient presque continuellement des questions artistiques, elle savait ce que c'était que la beauté. Était-elle belle ? Gracieuse, oui; elle le savait; on le lui avait dit souvent. Mais belle ? Elle n'en savait rien, bien qu'elle eût étudié toutes les statues de femmes qu'elle avait vues, et qu'elle eût fait ces études pour se comparer à elles. Elle s'en écartait par tant de côtés ! Jamais on ne lui avait dit qu'elle était belle; pas même Jottral, qui la trouvait charmante.

Gracieuse, charmante, cela suffirait-il pour Casparis, qu'elle avait si souvent entendu se fâcher contre le joli?

Mais quand même elle serait belle, le serait-elle de la beauté qu'aimait Casparis ?

Ce fut en tremblant qu'elle descendit de sa chambre pour se rendre à l'atelier; mais, en arrivant dans le salon, elle fut forcée de s'arrêter; les jambes lui manquaient, l'émotion la serrait à la gorge, et quelque effort qu'elle fît pour maîtriser sa pensée, il lui semblait qu'elle s'agitait dans un rêve.

Elle voulut se regarder dans la glace, mais aussitôt elle détourna les yeux, se trouvant horrible.

Ce n'était pas cela qui pouvait lui donner du courage; aussi resta-t-elle assez longtemps hésitante, se demandant si, au lieu d'entrer dans l'atelier, elle ne ferait pas mieux de remonter à sa chambre et de s'y cacher.

Mais elle se raidit contre cette faiblesse et vivement elle ouvrit la porte.

Du haut de l'escalier elle vit Casparis, les manches retroussées et déjà au travail.

— Arrive, arrive, dit-il sans se douter de l'angoisse qui la paralysait à demi, tu te fais attendre.

C'était l'artiste impatient d'avoir son modèle qui parlait et qui était déjà sous l'influence fébrile du travail.

Cependant elle retrouva bientôt Casparis dans un mot :

— J'ai fait charger le calorifère, dit-il et j'ai même bourré le poêle; le thermomètre marque 25°, j'espère que tu n'auras pas froid.

Elle était montée sur l'estrade.

— La pose du croquis, n'est-ce pas? dit Casparis.

Elle ne répondit pas, car elle avait peur que le tremblement de sa voix la trahît.

Lentement elle commença à délacer son corsage, puis elle fit tomber sa robe. Casparis ne la regardait pas. Cela l'encouragea. En un tour de main, elle se trouva déshabillée.

Alors Casparis leva les yeux sur elle, et, reculant de quelques pas, il l'étudia longuement.

Dans un mouvement d'une grâce ingénue, nonchalante et douce, les jambes droites, elle s'était jetée en arrière; cambrée, le bras gauche arrondi et levé, elle soutenait sa nuque de ses doigts effilés, tandis que l'autre bras se tendait avec un détirement las. L'œil glissait lentement entre les paupières brunes un peu baissées. A peine souriantes, mais voluptueuses et tendres, ses lèvres restaient entr'ouvertes.

Après l'avoir examinée pendant quelques instants, Casparis changea de place et tourna autour d'elle.

Bien que son œil de statuaire fût habitué depuis longtemps à lire sous les vêtements, il ne connaissait pas Pompon : habillée, il l'avait vue fine, souple et onduleuse, mais sous la robe, il n'avait pas deviné la pureté des contours qui se révélaient à lui.

Sans muscles, sans os apparents, tout en chair, ce corps atteignait la perfection.

Une ligne d'un dessin délicat et moelleux partait de l'épaule charnue, et en suivant la taille fine et allongée, en se contournant légèrement à l'articulation de la hanche qui était à peine saillante en descendant le long de la cuisse élégamment arrondie, elle venait finir au talon ; les seins étaient mignons, le dos était étroit, le ventre tout petit et la tête, aux cheveux crépus coiffés haut, se renversait dans une main d'enfant,

Il avait tourné plusieurs fois autour de l'estrade sans parler, la regardant, l'examinant, et la gorge serrée, respirant à peine, elle attendait un mot, — son arrêt.

Qu'allait-il dire ?

Tout à coup il monta vivement sur l'estrade et, lui prenant le bras droit il l'abaissa un peu.

A ce contact, elle frissonna, son cœur s'arrêta de battre, elle crut qu'elle allait défaillir.

Mais Casparis ne parut pas s'apercevoir de ce qui se passait en elle, il lui avait posé les deux mains à plat sur les épaules et il les avait doucement poussées en avant.

— Comme cela nous éviterons le rapprochement des omoplates, dit-il.

Et, descendant vivement comme il était monté, il recula de quelques pas pour l'examiner.

Mais presque aussitôt il remonta, et cette fois ce fut pour diminuer la cambrure de la taille.

— Bon, dit-il.

Cependant ce n'était pas encore parfait, car il descendit et monta plusieurs fois, la maniant, la pétrissant comme il eût fait d'un mannequin articulé ou d'un bloc de terre.

Et elle attendait toujours, pleine d'espérance, quand il descendait de l'estrade, de crainte, quand il remontait; elle ne pouvait donc pas réaliser ce qu'il cherchait.

Enfin, il descendit une dernière fois, et ayant encore tourné lentement autour d'elle, il s'arrêta pour la regarder.

Ne parlerait-il pas ?

Les minutes s'écoulèrent; il l'examinait toujours; tout à coup elle vit un éclair passer dans ses yeux et il ouvrit les lèvres.

Instinctivement elle ferma les yeux

— Cette fois nous y sommes bien; si je ne fais pas quelque chose avec toi, c'est que décidément je n'ai aucun talent.

— Alors c'est bien, demanda-t-elle faiblement.

— Admirable, ma petite Pompon.

Quel coup au cœur ! quelle joie triomphante ! Admirable !

Elle était, il la trouvait admirable !

— Maintenant, au travail, dit-il.

Et, sans un mot de plus, il se mit à pétrir la terre avec fougue, à pleines mains, fiévreusement.

La sueur ne tarda pas à mouiller son front et à couler de ses joues sur ses mains, mais il ne s'arrêta pas.

Sans parler, il allait toujours.

Cependant il vint un moment où il pensa à elle.

— Quand tu seras trop lasse, dit-il, tu me préviendras.

Elle était lasse, et depuis longtemps déjà, mais elle ne l'avoua pas ; tant qu'elle ne tomberait pas épuisée, elle voulait se tenir debout.

— Tu peux aller encore ? disait-il de temps en temps.

— Oui.

— Eh bien, allons.

Mais à la fin il vit en elle des marques si évidentes de fatigue, qu'il eut un mouvement de pitié.

— Reposons-nous et habille-toi.

Mais lui ne se reposa point, et tandis qu'elle secouait ses membres endoloris, il continua de modeler sa statue.

Comme ce qu'il faisait en ce moment n'exigeait plus la même intensité d'application, il se mit à chanter.

Jamais elle ne l'avait vu si plein d'ardeur.

— Ça ira, disait-il, tu verras, tu verras.

Et il donnait un coup de pouce nerveux à la terre.

— Tu sais, ni ceci, ni cela ; Pompon tout court, rien que Pompon ; ce sera Pompon, et ce sera quelque chose, ah ! ah !

Et il riait fortement.

Pour elle, elle ne riait pas, mais elle s'envolait dans les nues portée par la joie.

Elle lui demanda bientôt s'il ne voulait pas qu'elle reprît la pose.

— Non, dit-il, cela n'est pas nécessaire en ce moment ; joue-moi quelque chose plutôt si tu veux.

— Si je veux !

Elle courut chercher son violon et se prépara à jouer, pendant qu'il continuait à travailler.

— Que désirez-vous que je joue ? demanda-t-elle.

— Du Mozart, dit-il, ce que tu voudras ; mais quelque chose de simple, de naïf, de tendre, de gai, d'aérien, qui soit en harmonie avec ce que je cherche : cela m'inspirera peut-être. Va.

Il fallut que Nicolas, à l'heure du déjeuner, vînt leur rappeler trois fois que les côtelettes refroidissaient.

— Nous y allons.

Mais en réalité ils n'y allaient pas.

Enfin, la troisième fois il annonça que Justine allait monter, et cette menace les décida.

— Alors, dépêchons-nous, dit Casparis ; après déjeuner, nous ferons une autre séance de pose.

Mais Pompon était trop heureuse pour manger ; la joie l'avait grisée : admirable, elle ne pensait qu'à cela ; déjà elle se voyait en marbre, et pendant tout le temps de la pose elle avait eu ce marbre devant les yeux.

Elle serait donc blanche : — statue il est vrai, mais enfin blanche et admirable.

Un mot de Casparis la jeta tout à coup à terre, et si rudement, qu'elle en fut étourdie.

— Te vois-tu en bronze, ma petite Pompon ? dit-il gaiement.

— En bronze ? murmura-t-elle.

— Parbleu ! tu ne t'imagines point, n'est-ce pas, que tu serais possible en marbre ?

Elle n'osa pas répondre.

Il lui fallut assez longtemps pour se remettre ; mais lorsqu'ils rentrèrent dans l'atelier, la douleur de cette blessure était à peu près calmée.

En bronze elle serait admirable aussi bien qu'en marbre.

Et puis, après tout, qu'importait le marbre ou le bronze ? c'était pour Casparis qu'elle voulait être admirable, — et elle l'était : il le lui avait dit.

XII

CE n'était pas seulement parce que la statue de Pompon lui plaisait que Casparis s'y donnait tout entier et y travaillait du matin au soir sans repos, les portes closes pour tout le monde : c'était encore parce qu'il avait hâte de l'achever pour faire revenir Jottral.

Son marbre de l'*Ève endormie* n'était pas en effet terminé, et il fallait encore un assez grand nombre de journées de travail de praticien avant qu'il pût s'y mettre lui-même; c'était là son œuvre capitale, celle sur laquelle il comptait le plus, qu'il avait le plus longuement méditée, le plus amoureusement étudiée, et dans laquelle il se flattait d'avoir mis, pour la conception aussi bien que pour l'exécution, ce qu'il y avait en lui de talent ; c'était le résumé de son éducation en même temps que l'expression de ses idées et de ses croyances artistiques ; s'il obtenait jamais la médaille d'honneur, la seule récompense avec la croix qui pût lui être maintenant décernée,

puisqu'il avait déjà les autres, ce serait son *Ève* qui la lui donnerait ; s'il entrait un jour à l'Institut, ce serait son *Ève* qui lui en ouvrirait les portes et qui voterait pour lui.

Il fallait donc qu'elle fût prête pour l'Exposition ; il voulait même qu'elle le fût avant le mois d'avril afin de s'assurer contre tout accident.

Enfin, la statue de Pompon se trouva assez avancée pour qu'il pût écrire à Jottral de revenir, ce qui restait à faire consistant seulement en finesses et en souplesses dans la tête, les bras et les mains, n'exigeait plus la pose nue d'ensemble.

Jottral ne se fit pas rappeler deux fois ; aussitôt cette lettre reçue, il revint à Paris; séparé de sa mère, éloigné de Pompon, le temps lui avait été long.

Quand il entra dans l'atelier, Casparis n'était pas encore descendu de sa chambre ; la première chose qui frappa ses yeux fut la statue de Pompon qui se dressait sur sa selle ; mais comme elle était enveloppée de linges mouillés, il ne put pas reconnaître Pompon ; il vit que c'était une statue que Casparis avait modelée depuis son départ, voilà tout ; développer les linges pour la regarder ne lui vint même pas à l'idée ; cette curiosité indiscrète n'était pas dans son caractère.

— Cela va me faire du travail, se dit-il en se frottant les mains par un geste de satisfaction.

Et il ne regarda pas plus longtemps cette statue nouvelle, pressé qu'il était de se remettre à l'*Ève*.

Il allait commencer son travail quand Casparis entra dans l'atelier ; alors vivement il alla à lui pour lui serrer la main, heureux de le revoir après cette séparation.

— Il paraît que vous avez travaillé, dit-il en montrant la statue de Pompon.

— J'ai employé le temps de votre absence.

— C'est fini ?

— A peu près, je vais vous montrer ça; vous me direz ce que vous en pensez; vous serez le premier à la voir.

Et tout en parlant il s'occupait à défaire les linges mouillés.

Enfin le dernier tomba et la statue apparut dans sa nudité comme si on venait de la déshabiller.

— Pompon ! s'écria Jottral.

Il resta pendant quelques instants bouleversé, sa face était pâle et ses mains tremblaient.

Casparis n'avait pas pensé à l'effet que devait faire sur lui la vue de cette statue reproduisant dans sa nudité la femme qu'il aimait; mais il était trop tard maintenant pour ne pas la lui montrer; et puis d'ailleurs il fallait bien qu'il la vît un jour ou l'autre.

Sans parler, avec une attention profonde, Jottral restait immobile, les bras ballants, le corps penché en avant, ne faisant qu'un faible mouvement d'yeux, toujours le même, de haut en bas et de bas en haut, pour descendre de la tête aux pieds de la statue et pour monter des pieds à la tête.

Tout à coup il se retourna vers Casparis et lui tendant les deux mains avec un élan irrésistible, les larmes dans les yeux, la voix tremblante, il s'écria :

— Mon Dieu, que c'est beau !

Ce cri d'admiration toucha profondément Casparis : quelle honnête nature que celle de ce garçon;

quel brave cœur, droit et loyal; quel tempérament d'artiste; devant cette statue qui pouvait exciter en lui des sentiments si contradictoires, il n'avait écouté que son émotion d'artiste, et il l'avait manifestée franchement.

— Que c'est beau! répéta-t-il.

Puis, avec un retour sur lui-même :

— Ce n'est pas à moi qu'il appartient de juger un maître tel que vous, dit-il, mais quand une œuvre provoque l'émotion que je viens de ressentir là, — il se frappa le cœur, — sûrement elle est belle.

Et, lentement, en détail, en tournant autour de la statue, il l'examina avec une contemplation religieuse.

— Vous voyez, s'écria-t-il, que j'avais bien jugé Pompon; quel torse admirable! Comme c'est elle!

En effet, c'était Pompon dans sa langueur; c'était Pompon avec son doux regard, sa fraîche jeunesse et sa chair palpitante; un peu plus grande que nature, mais parfaite de proportion et rendue avec une originalité puissante qui avait su unir le grand art à la fantaisie; c'était son corps d'une exquise mollesse, sa tête fière d'une sauvagerie malicieuse, son masque de diablotin audacieux et provocant; la pose qu'elle avait prise avait été rendue dans sa simplicité sans effets de style, sans grimace classique, comme sans parti pris académique; la main savante du modeleur avait répondu à la conception élevée du statuaire et, dans l'œuvre entière, il n'y avait ni une hésitation, ni un doute, ni un souvenir; c'était vraiment un élan, un éclair, une inspiration de génie, quelque chose de spontané et de personnel.

Tant que Casparis avait travaillé à sa statue, il n'avait voulu la montrer à personne, pas même à Blanchon et à Falco, car c'était chez lui un principe auquel il se tenait fermement de ne pas accepter d'observations sur une œuvre en train, pas plus des compliments que des critiques; après, tout ce qu'on voulait; pendant, rien.

Mais l'ayant montrée à Jottral, il n'avait plus de raisons pour ne pas la montrer aussi à ses amis; d'ailleurs, au point où elle en était, il n'avait plus à craindre de se laisser influencer.

Comme c'était un jeudi, il fit disposer un certain nombre de lampes avec des réflecteurs autour de la statue, et quand les amis arrivèrent il les conduisit dans l'atelier :

— Je vous ai dit que je travaillais d'après Pompon, venez voir ce que j'ai fait.

Chez tous deux, ce fut le même cri d'admiration qu'avait déjà poussé Jottral.

Mais ce ne fut pas assez pour Blanchon d'avoir dit à Casparis tout ce que l'enthousiasme de l'artiste et la joie orgueilleuse de l'ami lui suggéraient; comme Pompon était près de lui, pour mieux se délecter de ses paroles, il la prit dans ses bras et la serrant sur sa poitrine en l'embrassant :

— Oh! gamine, s'écria-t-il, je t'aimais bien; mais maintenant je t'aime plus encore; sois fière de toi, mon enfant, tu as inspiré un chef-d'œuvre.

Puis revenant à Casparis :

— A quand la fonte? dit-il.

— Nous avons le temps.

— Mais non, nous n'avons pas le temps; si nous tardons, nous ne serons pas prêts pour le salon.

— Le salon! Mais je n'ai pas l'intention d'envoyer ce bronze au salon.

— Mon Dieu! que les gens de génie sont bêtes! s'écria Blanchon. Tu n'as donc pas senti que tu créais ton chef-d'œuvre? Rien ne te l'a dit? Est-ce drôle que la paternité artistique soit aussi aveugle que la paternité physique! C'est sur ton *Ève* que tu comptes; ton *Ève* à laquelle tu as longuement travaillé, dans laquelle tu t'es mis tout entier; eh bien ce sera peut-être ta *Pompon* que tu as improvisée qui te donnera la gloire. Il faut donc qu'elle aille au salon. D'ailleurs, *Ève* et *Pompon*, cela sera curieux à comparer.

— Et le buste de M⁽ᵐᵉ⁾ Arbelet, dit Falco.

— Oh! toi, s'écria Blanchon, tu dois avoir encore plus de génie que Casparis, car tu es encore plus bête que lui. Je te demande un peu ce que M⁽ᵐᵉ⁾ Arbelet vient faire entre *Ève* et *Pompon*. Mais ce n'est pas le moment de traiter cette question, je la reprendrai plus tard avec Casparis, quand nous serons seuls en tête-à-tête.

Et de fait, il la reprit le soir même, aussitôt que Falco fut parti pour aller chez Mme Arbelet, et que Pompon fut montée à sa chambre.

— Combien de temps encore te faut-il pour achever ta figure ? dit-il.

— Quelques jours

— Alors, en pressant la fonte et la ciselure, tu peux être prêt.

— Mais je t'assure que je n'oserai jamais exposer Pompon. Tu sais que j'ai dans ton opinion une entière confiance, et que par conséquent je suis disposé à admettre sinon tout ce que tu dis, au moins une partie de ce que tu dis. D'autre part, je sens que j'ai fait quelque chose. Cependant, ce quelque chose, je n'ose le soumettre au public.

— Parce que ?

— Comment veux-tu que le public s'intéresse à une négresse ? C'est une sorte de défi à son goût, à son éducation, à ses habitudes. — Où voit-on ça des négresses ? dirait-on. — Est-ce que ça existe ?

— Tout ce qui est humain n'est-il pas du domaine de l'art ?

— Est-ce vraiment humain ? Il me semble que ce serait jouer imprudemment ma réputation naissante que de vouloir imposer cette petite à des Parisiens blagueurs.

— Peut-être est-ce un coup hardi; mais n'es-tu pas homme à risquer une originalité? Si par impossible tu tombais, ne serait-ce pas un honneur plutôt qu'une honte? Mais tu ne tomberas pas, c'est moi qui te le dis. Au reste, consulte d'autres juges que moi. Fais venir, je ne dis pas tes camarades, tes rivaux (tu leur causerais trop de peine), mais des gens au jugement indépendant et sûr : je m'en rapporte à eux.

L'avis de ces gens au jugement indépendant et sûr fut ce que Blanchon avait prévu : ce serait un crime de ne pas exposer cette statue.

Il fallut donc que Casparis se rendît; d'ailleurs il voyait maintenant dans sa statue toutes sortes de choses qu'il n'avait pas aperçues tout d'abord, et le sentiment qu'il avait fait une belle œuvre commençait à s'éveiller en lui.

Quelle joie pour Pompon, qui n'avait jamais osé espérer qu'elle l'emporterait sur une belle dame comme Mme Arbelet.

Elle avait encore éprouvé un moment d'émotion cependant, mais d'un autre genre, quand les mouleurs étaient venus pour mouler sa statue, et qu'elle les avait vus commencer leur travail par lui couper les bras.

Il lui avait semblé que c'était une sorte d'opération chirurgicale qu'on lui faisait subir à elle-même, barbare et douloureuse.

Elle avait déjà vu mouler cependant; mais alors cela n'avait eu qu'un intérêt de curiosité pour elle, tandis que maintenant il y avait de sa vie qui était passé dans cette statue et qui l'animait, le meilleur de sa vie.

Les statues en bronze ne se présentent pas au public telles qu'elles sortent du moule du fondeur; entre ces deux phases extrêmes, la fonte et l'exposition, se place un travail lent et délicat, celui de la ciselure.

Enfin cette ciselure, activement menée et soigneusement surveillée par Casparis, fut terminée en temps utile, et le même jour l'*Ève endormie* et *Pompon* arrivèrent au Palais de l'Industrie.

Dans le monde des artistes on avait beaucoup parlé de l'envoi de Casparis, qui ne se présentait pas dans des conditions ordinaires : « Une négresse, quelle idée ! » et les bavardages allant leur train sur cette négresse dont chacun racontait l'histoire à sa manière; cette statue de Pompon était presque célèbre avant d'être connue.

— Une fière œuvre.

— Une ordure.

L'Exposition s'était ouverte, et le succès avait été plus grand encore que Blanchon ne l'avait pressenti; ce n'était pas l'*Ève*, l'œuvre savante et réfléchie; c'était *Pompon*, l'œuvre simple, jeune, inspirée, sincère, qui avait donné la gloire à Casparis.

Ç'avait été un grand jour pour Pompon, « pour la

pauvre petite bête trouvée dans la neige », que celui où marchant au bras de Casparis et ayant Blanchon à sa gauche, elle était venue au salon rouvrant ses

portes pour la première fois après que les médailles avaient été accordées par le jury de récompense.

Au lieu d'entrer dans la grande nef, où le bronze avait été exposé tout d'abord, Casparis l'avait fait monter au premier étage, et là, au milieu d'un petit salon tendu de vieilles tapisseries, sur un piédestal, toute seule elle avait vu sa statue; sur un cartouche on lisait : *Médaille d'honneur*.

Comme elle s'appuyait tremblante contre Casparis, celui-ci se pencha vers elle et à mi-voix :

— Voilà ce que je te dois, ma petite Pompon.

Bien qu'il eût parlé bas, Blanchon l'avait entendu ; à son tour il se pencha vers elle.

— Comme je te dois le succès de mon tableau ; tu nous as inspirés :

Mais elle ne put pas leur répondre, car les yeux de toutes les personnes qui se trouvaient dans la salle s'étaient ramassés sur elle et des voix disaient :

— C'est elle !

FIN DE LA DEUXIÈME PARTIE

TROISIÈME PARTIE

I

LA grande ambition de Mme Arbelet était d'avoir un salon, et, à force de persévérance, de volonté, d'habileté, d'activité, de prodigalité, elle y avait à peu près réussi.

Cette ambition lui tenait d'autant plus au cœur que ses deux meilleures amies en avaient un ; pourquoi n'en aurait-elle pas un aussi ? elle les valait bien.

L'une, la duchesse de Villagarcia, bien que portant un nom étranger, était une Parisienne pur sang qu'un veuvage heureux avait faite Espagnole, et qu'un mariage plus heureux encore avait rendue à Paris. Fille d'un peintre de talent et en grande réputation dans le monde des amateurs, elle avait fait beaucoup parler d'elle de seize à vingt-deux ans, et comme son père, qui était veuf, lui laissait prendre toutes les libertés qu'elle voulait, elle avait acquis, autant par son originalité que par ses aventures, une notoriété tapageuse qui, par cela même qu'elle écartait de cette jeune fille à marier les Parisiens avisés, attirait les étrangers intrépides ou naïfs. Parmi ces étrangers, s'était trouvé un jeune Espagnol riche d'un grand nom et d'une belle fortune, le duc de Villagarcia, qui justement possédait au plus haut point ces deux qualités : l'intrépidité et la naïveté. Le jugeant bien et voyant que celui-là était de ceux qui épousent quand même, elle avait joué serré avec lui, et en quelques mois elle l'avait amené au mariage pieds et poings liés. Au bout de six ans elle était veuve, sans enfants, et légataire universelle de son mari. Alors, déménageant complètement son château de l'Estramadure et ne lui laissant que ses murailles, qu'elle se promettait bien de ne revoir jamais, elle avait rapporté à Paris toute une collection merveilleuse de meubles anciens, de tapisseries, de tapis, d'étoffes, de cuirs, de bronzes, de faïences, d'armes, accumulée pendant des siècles par les Villagarcia, et elle en avait meublé un petit hôtel rococo de la rue François Ier, dont elle avait fait un véritable musée. Le nid bâti, elle l'avait garni. Ses anciens adorateurs, qu'elle n'avait jamais pris que dans un certain milieu brillant et bruyant, étaient restés presque tous ses amis. Invités par elle, ils s'étaient trouvés fiers d'avoir été aimés autrefois par une femme qui maintenant leur faisait honneur et relevait leurs souvenirs de jeunesse, et ils avaient formé un assez gros noyau d'hommes en vue, autour duquel, en usant adroitement de son nom, de sa fortune, de ce qui lui restait de beauté et de ce qu'elle avait acquis d'habileté, elle avait su assez vite en grouper d'autres.

La seconde de ses amies était la marquise de Thury. Alliée aux familles les plus honorables de la vieille noblesse, Mme de Thury s'était fait une célébrité par le scandale des procès en séparation de corps qu'elle avait soutenus contre son mari. Condamnée par le monde dans lequel elle avait été élevée et où elle avait vécu jusqu'à ce moment, elle n'avait pas courbé la tête. Tout au contraire, elle l'avait relevée pour le défier. Et comme, malgré tout, les jugements qui la flétrissaient n'avaient pu lui enlever ni sa naissance, ni son nom; comme elle était riche, comme elle était belle, comme elle était intelligente, comme elle était aussi habile dans l'art de plaire que peu difficile dans ses relations, elle n'avait eu qu'à descendre de quelques degrés au-dessous de son ancien monde, pour en trouver un nouveau, heureux de répondre aux avances qu'elle lui faisait.

A son grand regret, Mme Arbelet n'était ni duchesse ni marquise ; mais, sous d'autres rapports, elle se croyait l'égale de ses bonnes amies, et, sous un plus grand nombre, elle sentait bien, sans aucune vanité et simplement parce que cela était vrai, qu'elle leur était supérieure.

Ce serait une curieuse histoire à écrire que celle de la fondation d'un salon, et qui montrerait ce qu'il faut d'efforts, de complaisances, de négociations, de prévenances, de calculs, de diplomatie pour arriver à réunir toutes les semaines, à une heure donnée, un certain nombre de personnes appartenant aux diverses catégories de ce qu'on est convenu d'appeler tout Paris.

Mais ce n'est pas ici le lieu ; il suffit de dire que ces efforts, ces complaisances, ces négociations, ces calculs, cette diplomatie, Mme Arbelet avait su les mettre en œuvre assez habilement pour se voir tous les jeudis entourée de fidèles qui formaient réellement un salon, c'est-à-dire une réunion de gens qui tous occupaient un rang dans la politique, les arts, la science, la finance, l'industrie, et non pas seulement une collection de bourgeois venus là pour bien dîner, ou pour écouter de la musique plus ou moins mauvaise en digérant.

Avec une abnégation assez rare chez une femme jeune encore et qui a des prétentions à plaire, elle n'avait point exclu les femmes de ces réunions ; tout au contraire, elle les avait attirées, recherchant les plus jolies et celles qui, par un mérite quelconque, la beauté, l'esprit ou le talent, pouvaient l'aider dans sa tâche et lui amener certaines personnalités que, seule, elle eût été impuissante à appeler ou à retenir.

Bien entendu, les divers éléments qui composaient ces réunions n'étaient pas d'égale valeur, et, dans le nombre, il s'en trouvait qui n'eussent certes pas été reçus dans un milieu moins brillamment, mais plus soigneusement choisi : quelques hommes avaient eu des affaires fâcheuses, quelques femmes des aventures dont le monde avait trop parlé; mais ces hommes avaient un nom, ces femmes étaient belles ou célèbres : c'étaient des étoiles, et cela suffisait pour que Mme Arbelet tînt à les avoir; d'eux elle ne prenait que leur éclat; le reste, elle le leur laissait; c'était leur affaire, non la sienne, faisant ainsi les parts de chacun ingénieusement.

Bien que M. Arbelet ne fût que pour peu de chose dans ce succès, il se l'attribuait comme s'il en avait été l'unique auteur ; et c'était vraiment un amusant spectacle que de le voir se gonfler de la gloire des invités de sa femme. Leur célébrité lui appartenait, et par cela seul qu'ils venaient chez lui, il la partageait avec eux.

Du moment qu'on avait franchi sa porte, on devenait son bien : on n'était plus un homme de talent; on était son homme de talent. Il avait ainsi adopté une formule qui faisait la joie de ceux qui savent voir le comique des choses : « — Venez donc, cher ami, que je vous présente à mon grand savant. » Et après son grand savant, il vous présentait à son grand poète, à son grand général, à son grand ancien ministre, à son grand futur ministre.

Il n'était pas seulement amusant à entendre alors, il l'était aussi à regarder : toute sa petite personne maigriotte se transfigurait; s'il vous présentait à son général, il prenait une attitude martiale, et sa voix flûtée avait de superbes ronflements; si c'était à son poète, l'inspiration enflammait ses yeux et relevait sa tête ; si c'était à son ministre, il prenait une pose d'orateur.

Et cependant sans sa femme il n'eût eu (bien que ce fût un homme intelligent) ni son savant, ni son poète, ni son général, car il eût été incapable de les faire venir chez lui, et, ce qui est autrement difficile, de les faire revenir.

Si son grand poète était aussi assidu aux réunions du jeudi, c'est qu'à table on faisait une allusion délicate à son dernier poème et qu'on lui adressait des louanges qui chatouillaient son orgueil.

Et ce n'était pas le mari qui trouvait ces allusions et ces louanges, c'était la femme.

C'était la femme qui rappelait adroitement le souvenir du combat dans lequel le grand général avait acquis sa gloire; — la femme, qui parlait au grand ministre d'hier de ce qu'il avait fait de remarquable pendant son administration; et au grand ministre de demain, du beau rôle qu'il avait à jouer; la femme, qui avait lu le dernier roman du grand romancier, de façon à pouvoir l'admirer en connaissance de cause; la femme, qui connaissait à fond la biographie du grand savant, et amenait habilement une occasion d'énumérer aussi exactement qu'un catalogue les travaux auxquels il devait sa répuation.

Aussi était-ce pour la femme qu'on venait, et non pour le mari.

Aussi était-ce la femme et non le mari qui se faisait rendre compte de tout dans les lettres, dans les arts, dans la science, dans la politique, de façon à veiller à ce qu'aucune gloire nouvelle ne se levât sur Paris, sans l'attirer aussitôt chez elle.

Quand elle avait commandé son buste à Casparis, elle l'avait bien entendu invité, et celui-ci n'avait pu faire autrement que d'accepter.

Mais à ce moment Casparis n'était qu'un sculpteur comme il y en avait dix à Paris, et dont la réputation n'avait pas assez de célébrité pour faire de lui une étoile.

Il était venu avenue de Messine, cela suffisait : on l'avait eu.

Et puis ce sculpteur ayant été assez maladroit pour ne pas exposer ce buste au salon, M. et Mme Arbelet, qui tenaient autant l'un que l'autre à cette exposition, avaient été exaspérés contre lui, et il n'avait plus été invité.

Mais l'acclamation publique d'abord, et, peu de temps après, le jury, avaient parlé si haut que l'exaspération de M. et Mme Arbelet n'avait pas résisté à ce vent de popularité, et que Casparis était devenu « mon grand statuaire ».

Non seulement il avait été de nouveau invité, mais en même temps on avait invité Pompon.

Tous les journaux ne parlaient-ils pas d'elle, et n'était-elle pas, au moins pour quelques jours, une célébrité ?

« Nous comptons sur vous pour jeudi ; on entendra le violon de Pompon, cette jeune négresse extraordinaire qui a posé pour l'admirable statue de Georges Casparis. »

Ceux qui avaient été invités au dîner, et Falco s'était trouvé de ce nombre, ce qui ne lui était pas arrivé depuis longtemps, avaient eu le plaisir de voir manger cette jeune négresse — ce qu'elle avait fait comme une personne naturelle — proprement et même gaiement.

Et ceux qui n'étaient venus que pour la soirée l'avaient entendue jouer un air varié de Falco, ce qu'elle avait fait comme une artiste de talent, d'un talent original et saisissant.

II

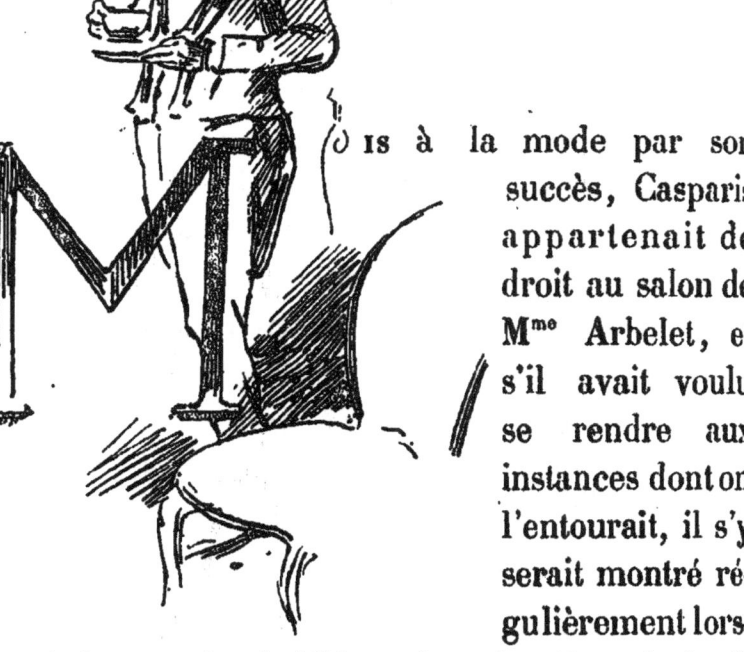

Mis à la mode par son succès, Casparis appartenait de droit au salon de Mme Arbelet, et s'il avait voulu se rendre aux instances dont on l'entourait, il s'y serait montré régulièrement lorsque, à la rentrée de l'hiver, les réceptions du jeudi avaient été reprises.

Les gens du monde qui n'ont qu'à dépenser le plus agréablement possible leur fortune s'imaginent qu'ils font un grand honneur aux artistes et leur sont agréables en les invitant à partager leurs plaisirs : pour quelques artistes qui ont le besoin de se donner en représentation, cela peut être vrai; mais en réalité, pour le plus grand nombre, ces invitations sont, — refusées, une cause d'ennui ; — acceptées, une cause de ruine.

Ce n'était pas au moment même où Casparis arrivait à la renommée qu'il allait se laisser absorber par des plaisirs mondains qui, pour lui, n'avaient aucun charme. Pourquoi donnerait-il son temps à ces gens ? Il n'avait pas besoin de la camaraderie des salons pour faire son chemin. Et, lui eût-elle été utile, qu'il n'en eût pas voulu. Que lui importait le grand savant ou le grand industriel de M. Arbelet? Ce qu'il rapportait de ces soirées, c'étaient uniquement de mauvaises dispositions pour le travail du lendemain, un esprit distrait, une volonté hésitante, une main paresseuse.

Cependant il n'avait pas pu se dispenser entièrement d'aller de temps à autre avenue de Messine, car M. Arbelet, qui tenait à son grand statuaire, lui avait dépêché Falco.

— Pourquoi ne veux-tu pas venir ?

— Parce que cela ne m'amuse pas. Quel plaisir veux-tu que j'aie à voir réunis des gens, intelligents chez eux, mais ridicules en public, et qui n'ont qu'un souci, celui d'attendre que leur personnalité soit mise au premier plan ? Je n'ai eu qu'un moment d'agrément l'autre soir, ç'a été quand M. Arbelet a reproché à son grand romancier de ne pas aller plus souvent dans le monde, et que celui-ci lui a répondu : — « Qu'y ferais-je ? Si je vais chez des indifférents que je ne connais pas, je n'y vois rien d'intéressant, n'ayant pas le temps de les étudier. Au contraire, si je vais chez des amis que je connais bien, comme chez vous, par exemple, j'y vois toutes sortes de choses ; mais justement parce que je suis chez des amis, je deviens muet. Est-ce que je peux raconter les drames qui se passent dans votre maison, moi, votre ami ? » J'avoue que les nez qui se sont alors plongés dans les assiettes m'ont fait rire. Mais ce sont là des instants trop rares qu'il faut acheter trop cher.

Cependant, pour ne pas peiner Falco, qu'on rendait évidemment responsable de ses absences, il avait consenti à aller avenue de Messine plus souvent qu'il ne l'aurait voulu.

— Pourquoi vous voit-on si peu ? lui avait demandé Mme Arbelet.

— J'ai à travailler.

— Vous travaillez donc la nuit ?

— Non ; la nuit, je dors ; mais quand je n'ai pas dormi la nuit, je ne travaille pas le jour ; la vie, pour nous autres artistes, n'est pas une série de fêtes ; il s'en faut de tout, et c'est pour nous, bien plus que pour les ordres religieux, que les vœux monastiques sont nécessaires.

— Même la chasteté ?

— Surtout la chasteté.

— C'est dommage.

Mme Arbelet était trop Parisienne pour ne pas attendre l'effet d'un mot de ce genre, lorsque le hasard l'amenait sur ses lèvres; elle attendit donc un moment pour voir ce que Casparis répondrait ; puis, comme il ne disait rien, elle continua :

— Sans ce vœu, qui n'est pas éternel, je l'espère, j'aurais été heureuse de vous faire connaître quelque belle jeune fille qui vous aurait aimé et que vous auriez épousée. Car j'en tiens tout un assortiment, de jeunes filles, plus charmantes les unes que les autres ; c'est même la spécialité de mon salon : confiance, célérité, discrétion.

Elle se mit à rire ; mais presque aussitôt reprenant le ton sérieux :

— Car enfin, vous vous marierez un jour, n'est-ce pas ?

— Je n'ai jamais pensé à cela.

— Il faut y penser, et le plus vite possible ; n'attendez pas, croyez-moi, car à mesure qu'on avance dans la vie, on s'aperçoit qu'il n'y a que sur un étroit intérieur, qu'il n'y a que sur les siens qu'on peut compter ; ah ! si j'avais des enfants !

Casparis aimait peu Mme Arbelet. D'abord parce qu'elle était la maîtresse de son ami, et que nous sommes généralement assez mal disposés pour les femmes qui aiment nos amis. Et puis parce qu'il y avait en elle un manque de naturel, un besoin de se montrer ce qu'elle n'était pas réellement, qui le choquaient. Ce mot, dont l'accent était sincère, le toucha et le rendit plus attentif à ce qu'elle lui disait.

— Laissez-vous faire, continua-t-elle, et le plus vite sera le mieux.

— Encore, pour se marier, faut-il aimer quelqu'un.

— Mais, j'ai justement quelqu'un.

— Oh! mais, s'il en est ainsi, vous me faites peur, madame, car je croyais que notre entretien était simplement théorique; dès lors qu'il est pratique, je vous demande de ne pas le pousser plus loin.

— Avant même de connaitre celle dont je veux vous parler?

— Justement; car, dans ces conditions, ma retraite ne peut avoir rien de blessant, puisque précisément je me retire devant quelqu'un que je ne connais pas et dont je ne sais même pas le nom, si elle est brune ou blonde.

— Blonde.

— Jolie ou insignifiante?

— Idéalement belle.

— Riche ou besogneuse?

— Huit cent mille francs de dot; et après la mort de la mère, il n'y a plus de père, une assez belle fortune.

— Mais, madame, je ne veux rien entendre.

— Et moi je veux non seulement que vous entendiez, mais encore que vous voyiez; c'est pour cela que je vous prie de venir dîner jeudi prochain avec votre ami Falco; nous aurons Mme Jaras et sa fille; ce sera après que vous aurez vu Simone, ce sera après que vous l'aurez entendue, que nous continuerons cet entretien. Jusque-là, je ne vous écoute pas.

— Mais, madame...

— Vous voulez me dire qu'en théorie vous pensez ceci ou cela, que présentement vous n'êtes pas disposé à telle chose. Tout cela ne signifie rien. Quand même vous auriez juré de ne vous marier jamais, je n'attacherais aucune importance à ce serment. Est-ce que précisément le propre de l'amour n'est pas de nous faire oublier nos serments et de nous faire manquer à nos principes? Il n'y aurait qu'une chose qui me toucherait.

— Laquelle?

— Si vous me disiez que vous avez fait ce serment à une femme que vous aimez. Me le dites-vous?

— Non.

— Eh bien! alors, ne me dites rien, puisque vous ne pouvez me parler que de ce que vous pensez aujourd'hui, et non de ce que vous éprouverez jeudi prochain.

De quoi se mêlait Mme Arbelet?

S'il voulait se marier, ce ne serait pas à elle assurément qu'il s'adresserait pour la prier de lui choisir une femme, et ce ne serait pas de sa main qu'il en accepterait une. Il y avait même dans cette intervention quelque chose qui le choquait.

Et puis il ne voulait pas se marier, ou plutôt il n'avait jamais pensé au mariage.

Après la mort de sa mère, il avait éprouvé un vide effroyable, un ennui profond, un désenchantement de tout, qui avaient pu un moment lui inspirer l'idée de ne pas rester plongé dans la solitude morne qui l'engourdissait.

Mais maintenant elle n'existait plus, cette solitude.

Que lui donnerait le mariage?

Une vie d'intérieur?

Mais il l'avait, cette vie : Pompon n'était-elle pas toujours près de lui, à table, dans son atelier, dans leurs promenades à la campagne, associée à son travail comme à ses plaisirs?

Une femme à aimer?

Une femme qui l'aimerait?

Il était exigeant en fait d'amour, et sa manière de le comprendre et de le rêver le rendrait peut-être trop difficile pour la réalité.

Que deviendrait-il si, au lieu de l'union de deux cœurs, de l'accord de deux volontés qui n'en feraient plus qu'une, de l'estime et de la confiance réciproques, du dévouement l'un pour l'autre complet et de tous les instants, de la joie de se rendre mutuellement heureux, de l'amour enfin tel qu'il le voulait, il ne rencontrait qu'une association banale dans la vie commune, ou même l'antipathie et la lutte !

Il était heureux ; pourquoi risquerait-il le bonheur certain qui lui était assuré contre l'inconnu ?

Ce fut donc sans beaucoup penser à la belle Simone Jaras qu'il attendit le jeudi.

Cependant lorsque Falco arriva d'Andilly pour donner sa leçon à Pompon, il lui vint à l'idée de l'interroger sur celle qu'il allait voir dans quelques heures.

— Mme Arbelet m'a parlé d'une jeune fille idéalement belle avec qui nous devons dîner, dit-il au moment même où la leçon allait commencer : Mlle Jaras ; tu la connais ?

— Parfaitement, charmante.

— Et sa mère, qu'est-ce ?

— Tu n'as jamais entendu ou lu le nom de Mme Jaras ?

— Je crois que oui ; mais, si j'ai des souvenirs à ce propos, ils sont bien confus : Jaras, Jaras...

— Mme Jaras a été une chanteuse de grand talent qui a quitté le théâtre, il y a une dizaine d'années, dans tout l'éclat de sa réputation ; elle a eu des succès considérables à Londres et surtout à Saint-Pétersbourg; tu as dû à ce moment lire son nom à chaque instant.

— Parfaitement; maintenant je me rappelle; mais j'étais si loin de penser à une chanteuse que je ne trouvais pas.

Une chanteuse! c'était la fille d'une comédienne qu'on voulait lui donner pour femme. Vraiment, Mme Arbelet était bien bonne.

III

Si Falco ne manquait pas une seule des soirées de Mme Arbelet, c'était rarement qu'il était invité aux dîners. A quoi bon l'attirer par la gourmandise, puisqu'on savait qu'il viendrait quand même? La place qu'on lui donnerait à la table, toujours trop étroite, serait mieux occupée par quelqu'un qui n'aurait pas les mêmes raisons de fidélité que lui.

Mais, lorsqu'il était par hasard invité à l'un de

ces dîners hebdomadaires, c'était son habitude d'arriver le premier : on se mettait à table à sept heures et demie; à sept heures précises il se présentait à la porte de l'hôtel de l'avenue de Messine, qui n'était pas encore grande ouverte; ainsi il parvenait à s'assurer quelques instants de tête-à-tête avec Mme Arbelet, quelques minutes qui pour lui valaient des heures.

C'étaient ses grands jours, ceux-là, ceux qui lui payaient ses longues semaines de solitude, et lui faisaient accepter sans se plaindre, en attendant, les furtifs serrements de main, les regards rapides, les quelques mots échangés çà et là des jeudis ordinaires.

Bien qu'en compagnie de Casparis il n'eût pas à espérer ces quelques instants de tête-à-tête, il voulut cependant arriver de bonne heure : au moins il la verrait.

Mais, si Mme Arbelet était toujours prête lorsque Falco arrivait seul, elle se fit attendre quand elle sut que Falco se présentait accompagné de Casparis. Ce n'était pas pour Casparis qu'elle allait négliger quelque chose dans sa toilette.

On les avait introduits dans le grand salon, brillamment éclairé, mais où ne se trouvait encore personne.

— Veux-tu savoir avec qui nous allons dîner ce soir? demanda Falco.

— Tu connais à l'avance la liste des convives ?
— Je la lis.

Casparis regarda naïvement autour de lui, comme s'il devait apercevoir cette liste.

Falco se mit à sourire :

— Toi d'abord, dit-il.

— Il me semble que c'est indiqué.

— Ce n'est pas parce que tu es là que je le dis, ce serait trop bête ; c'est parce qu'il y a dans ce salon quelque chose qui me l'annoncerait, alors même que nous n'arriverions pas ensemble.

— Et ce quelque chose, c'est ?

— Ces deux lampes à réflecteur qui éclairent le buste de Mme Arbelet exactement comme dans une exposition.

En effet, le buste en marbre que Casparis avait fait de Mme Arbelet, placé sur un socle vis-à-vis la cheminée du salon, se trouvait éclairé par ces lampes, comme si les invités qui allaient venir étaient appelés pour le juger.

— C'est une politesse pour toi, continua Falco, et qui dit que tu es l'étoile de la soirée.

— Mais je ne trouve pas cela de bon goût le moins du monde.

— Maintenant, regarde sur la console ; qu'y vois-tu ?

— Un livre.

— Le titre ?

— *Des corps gras neutres.*

— Le nom de l'auteur ?

— François Jullien, de l'Académie des sciences.

— Cela veut dire que nous allons voir arriver M. François Jullien, le grand chimiste, qui, en

trouvant sur cette console son dernier livre, ne pourra pas ne pas être flatté. Regarde encore.

— Pierre Favas : *Œuvres oratoires.*

— Remarque que le volume est coupé aussi, et même qu'il y a des pages cornées ; nous aurons donc aussi le grand orateur Pierre Favas, qui, à un moment donné, s'approchera bien de cette console, car tous les auteurs ont un œil extraordinaire pour reconnaître de loin leurs volumes. Maintenant, va au piano.

Casparis fit ce que Falco demandait, et, sur un

magnifique piano à queue décoré de peintures dans

le genre **Watteau**, il prit un cahier de musique et lut :

— *Poème symphonique,* par Frédéric Jahr.

— Cela veut dire que le grand pianiste Frédéric Jahr nous jouera ce soir son *Poème symphonique.*

— Et toi ? demanda Casparis.

— Oh ! moi, je ne compte pas aujourd'hui, c'est-à-dire que ce n'est pas mon jour.

— N'as-tu pas cent fois plus de talent que M. Frédéric Jahr !

— Là n'est pas la question ; que j'en aie plus, que j'en aie moins, peu importe ; Jahr est à la mode, on parle de lui, la soirée doit lui appartenir ; quand je serai à la mode, si j'y suis jamais, ce qui du train dont vont les choses pourrait bien ne pas arriver, elle m'appartiendra à mon tour. Pour le moment, je ne suis qu'un original qui vit dans les bois ; si ma symphonie *la Forêt* réussit, cette originalité de vivre dans les bois me sera comptée comme un mérite, tandis que présentement elle ne m'est comptée que comme un ridicule.

N'est-ce pas tout naturel ?

Ce n'était pas là une parole sincère, car, au fond du cœur, il était cruellement ulcéré de voir que, dans cette maison, chez celle qu'il aimait passionnément, avec une constance qui ne s'était jamais démentie une minute, cette soirée n'était pas pour lui. Tout ce qui faisait du tapage dans Paris passait par ce salon pour s'y faire applaudir et consacrer ; et lui, qui eût dû y régner en maître, trouvait à peine, de temps en temps, le moyen d'y occuper une petite place. Si c'était une profonde blessure pour son orgueil d'artiste, combien en était-ce une plus profonde encore pour son amour ! Quelle joie de se voir apprécié, estimé à sa valeur par celle qu'on aime ! Quel applaudissement vaut celui qu'elle donne d'un mot enthousiaste ou d'un sourire tendre ! Mais cette joie n'était pas pour lui. C'était aux indifférents, aux passants, qu'elle prodiguait ses applaudissements quand ces indifférents étaient à la mode. Heureux encore quand elle n'exaspérait pas sa blessure par quelque parole de regret : — Ne nous ferez-vous donc jamais quelque chose de ce genre-là ? — ou de comparaison : — Voilà un homme qui a du talent. — Ce genre-là ! il lui eût été si doux qu'elle mît le sien au-dessus de tous les autres ! Il n'avait pas la prétention d'être le seul musicien de son temps ; mais enfin il lui eût été si doux aussi qu'elle fît passer son talent avant celui des autres, sinon parce qu'il leur était supérieur, au moins parce qu'il était le sien, ce qui pour elle eût dû être une raison déterminante. Est-ce qu'elle n'était pas pour lui au-dessus de toutes les femmes ?

En entrant dans le salon, Mme Arbelet interrompit leur entretien.

— Voilà un empressement de bon augure, dit-elle à Casparis en lui tendant la main.

Mais Casparis ne voulut pas qu'elle donnât cette interprétation à leur arrivée :

— J'ai accompagné Falco, dit-il tout simplement.

— Je crois que vous continuez à vouloir vous enfermer dans la défensive, répondit-elle en riant ; c'est parfait; ma victoire n'en sera que plus complète tout à l'heure.

— Quelle défensive ? quelle victoire ? demanda Falco, qui ne savait rien des projets de Mme Arbelet.

Mais l'arrivée du chimiste François Jullien et de M. Arbelet fit que cette question resta sans réponse.

Mme Arbelet avait maintenant en effet bien autre chose à faire qu'à contenter la curiosité de Falco et à s'occuper de lui : elle avait à présenter l'auteur de *Pompon*, M. Georges Casparis, le grand statuaire, à l'auteur des *Corps gras neutres*, M. François Jullien, l'illustre chimiste; à parler des *Corps gras neutres* à Casparis, de manière à chatouiller l'amour-propre du chimiste; et à parler de *Pompon* à M. François Jullien, de façon à flatter l'orgueil du statuaire. Et ce n'était point une petite chose que de passer légèrement des *Corps gras* à *Pompon*, et de *Pompon* aux *Corps gras*, et de ne pas s'embrouiller dans le bronze et la glycérine.

Puis arrivèrent à leur tour Pierre Favas et Frédéric Jahr; et alors aux *Corps gras* et à *Pompon*, il fallait qu'elle mêlât les *Œuvres oratoires* du grand orateur et le *Poème symphonique* du grand pianiste.

Comment eût-elle pu trouver un mot ou même un regard pour Falco ?

Car elle était seule dans ce grand salon pour répondre à ses invités, qui formaient cercle autour de son divan, M. Arbelet se tenant dans le petit salon d'entrée pour recevoir les nouveaux arrivants et les amener à sa femme.

Peu à peu Casparis s'était éloigné de ce cercle, et, tandis que Falco, restait le plus près possible de Mme Arbelet, non pour qu'elle lui parlât ou lui sourît, mais pour être près d'elle, pour recevoir en plein l'éclat de son regard, pour entendre la musique de sa voix; il avait été se mettre tout seul dans un coin pour se mêler à l'entretien des auteurs des *Corps gras* et du *Poème symphonique*.

Comme il restait là, un bruissement d'étoffes se fit entendre, et il vit paraître au bras de M. Arbelet une femme de quarante à quarante-cinq ans, en toilette de gala, extrêmement décolletée, avec des diamants magnifiques dans la coiffure, sur les épaules, au corsage et aux bras, suivie d'une jeune fille en blanc et toute simple, aux grands yeux sombres veloutés.

Sans doute c'était Mme Jaras et sa fille Simonne.

Il ne se trompait pas, car, presque aussitôt, Mme Arbelet lui fit un signe pour l'appeler près d'elle.

— Arrivez donc, dit-elle, que je vous présente à Mme Jaras et à ma belle Simonne.

Et la présentation se fit en règle, mais un peu longuement, car Mme Arbelet insista sur les œuvres de son statuaire : *Ève endormie*, l'admirable *Pompon* et son buste.

Mais Mme Jaras et sa fille ne connaissaient ni l'*Ève endormie*, ni *Pompon*, car, au moment de l'exposition, elles étaient en Bretagne dans les terres de la marquise de Gouessant, la fille aînée de Mme Jaras.

Le mot « les terres » fut dit sans trop de prétention, mais cependant avec intention; et il en fut de même pour le titre, « marquise de Gouessant ».

Elles étaient désolées d'avoir manqué cette exposition si remarquable, Simonne surtout, qui aimait passionnément la sculpture, pour elle le premier des arts.

— Mais ce qui vous a été impossible au moment de l'exposition, dit Mme Arbelet, serait facile maintenant. Cette statue est dans votre atelier, n'est-ce pas, monsieur Casparis?

— Oui, madame.

— Eh bien, invitez-nous à aller l'admirer un de ces jours.

Casparis ne pouvait que s'exécuter, ce qu'il fit.

— Ce n'est pas que M. Casparis en soit réduit à garder ses œuvres, continua Mme Arbelet, loin de là; mais, comme cette statue est jusqu'à un certain point un portrait, il n'a pas voulu la vendre; il a même refusé les réductions qui lui ont été demandées; en même temps que vous verrez la statue, vous verrez aussi le modèle qui l'a inspirée, et c'est très curieux, je vous assure.

De nouveaux arrivants interrompirent cet entretien et Casparis s'éloigna encore pour regagner son coin.

De là il put examiner, à loisir et franchement, Mlle Jaras; c'était bien la jeune fille idéalement belle que Mme Arbelet avait annoncée : blonde de cheveux, blanche de carnation, le visage rose et frais, elle réunissait en elle un mélange de finesse, de grâce et d'élégance qui formait un ensemble d'une harmonie charmante. Mais ce qui plus que cela, mieux que cela encore touchait Casparis, c'était la pureté de dessin de ses traits, de son front arrondi mais un peu bas, de son nez mince et droit, de sa bouche aux lèvres en arc, de son menton frappé au milieu d'une mignonne fossette, et du contour entier de son visage, le plus suave qu'un artiste pût rêver, avec des épaules, un corsage, des bras, des mains dignes de la statuaire.

Mais un brouhaha vint interrompre son étude : le dîner était servi.

Mme Arbelet s'était levée, et du bout des doigts elle avait fait un signe à Casparis en lui désignant en même temps Mlle Jaras, à qui il devait offrir son bras.

Dans la salle à manger, Casparis eut la preuve

qu'on le traitait en artiste à la mode, car Mme Arbelet le plaça entre elle et Mlle Jaras.

Comme il s'asseyait, il regarda où se trouvait Falco, et il l'aperçut cherchant sa place tout au bout de la table.

Jamais le pauvre garçon n'avait eu cet honneur et le bonheur d'être placé à la droite ou à la gauche de celle qu'il aimait; pour que cela se réalisât un jour, il faudrait que *la Forêt* obtînt un prodigieux succès... et encore !

IV

Si Casparis avait à peine interrogé Falco sur le compte de Mme Jaras et de sa fille en venant chez Mme Arbelet, il n'en fut pas de même le soir en rentrant avenue de Villiers.

— Comment ne m'avais-tu jamais parlé de cette belle fille? demanda-t-il.

— Quelle belle fille! répondit Falco qui ne pensait pas plus à Simonne qu'à toute autre jeune fille, occupé qu'il était en ce moment à se demander pourquoi, en se séparant, Mme Arbelet ne lui avait pas serré plus tendrement la main; qu'avait-il fait? en quoi lui avait-il déplu? Il avait cependant bruyamment applaudi et chaudement loué le *Poème symphonique*. Il ne l'avait pas non plus trop regardée, ni d'une manière significative, ce qu'elle lui reprochait si souvent en se fâchant.

— Mlle Jaras.

— Et pourquoi t'en aurais-je parlé ?

— Parce que c'est vraiment une admirable créature.

— Elle t'intéresse donc ?

— Je la trouve splendide, et si j'avais su qu'une beauté aussi parfaite pouvait se voir chez Mme Arbelet, je t'aurais accompagné plus souvent; crois-tu que nous les trouvons à la douzaine, les belles filles ?

Malgré la pluie qui était tombée dans la soirée, ils revenaient à pied, en suivant la rue de Courcelles déserte, marchant côte à côte; mais, tandis que Casparis allait droit devant lui en homme qui ne s'inquiète pas de se crotter, Falco ne s'avançait qu'avec précaution, choisissant les pavés sur lesquels il posait le pied de façon à ne pas mouiller ses bottines, qui devaient lui durer le plus longtemps possible.

A ce mot cependant il se rapprocha de Casparis et, lui prenant le bras :

— A propos, dit-il, explique-moi donc de quelle défensive et de quelle victoire Mme Arbelet t'a parlé tantôt.

— Alors Mme Arbelet ne t'a rien dit de ses projets? demanda Casparis.

— Quels projets ?

— Qu'elle voulait me faire épouser Mlle Jaras.

— Tu veux te marier ?

— Pas du tout.

— Eh bien alors?

— Eh bien alors c'est justement pour cela qu'elle m'a demandé si j'étais toujours sur la défensive.

— Je comprends.

— Et qu'elle a ajouté qu'elle attendait l'arrivée de Mlle Jaras pour lui donner la victoire.

— Et puis-je te demander ce qu'a produit sur toi cette arrivée ?

— Un sentiment très vif d'admiration.

— Seulement d'admiration ?

— Crois-tu pas que je vais devenir amoureux d'une fille que je ne connais pas, ni elle, ni sa famille ? et puis franchement je t'avoue que les gens de théâtre ne m'inspirent pas beaucoup de sympathie : il y a trop de fausseté dans ce monde-là, trop d'artifice, trop de convenu, pas assez de naturel, pas assez d'honnêteté féminine. Non seulement je n'ai jamais eu une femme de théâtre pour maîtresse, mais encore je n'en ai jamais désiré une, pas même quand j'étais tout jeune, à l'âge où elles font rêver tant de collégiens.

— Mlle Jaras n'est pas une femme de théâtre.

— Je ne dis pas qu'elle a joué la comédie, mais elle a dans ses manières, dans ses attitudes, dans ses façons de parler, surtout dans ses façons d'écouter, dans son rire de tête et dans ses regards circulaires quelque chose qui sent le théâtre horriblement.

— Tu as vu tout cela parce que je t'ai dit que sa mère avait été chanteuse.

— Peut-être.

— La vérité est cependant que si Mme Jaras a été une femme de théâtre, elle ne l'est plus depuis longtemps, et même je crois qu'on peut dire qu'elle est présentement le contraire d'une femme de théâtre. C'est même assez curieux. La mère de Mme Jaras était institutrice à la cour de Naples et chargée d'élever je ne sais quels enfants du roi ; tu vois que ce n'était pas une bohème ; c'était au contraire, parait-il, une femme d'une haute intelligence et très distinguée. Mme Jaras, celle dont nous parlons, la mère de Simonne, fut élevée avec les enfants royaux, et naturellement mieux élevée qu'eux, puisqu'elle leur servait de modèle. A ce moment le théâtre de San Carlo était un des meilleurs de l'Europe ; tous les grands artistes italiens y chantaient. Ce fut à leur école et d'après les leçons de quelques-uns d'entre eux que celle qui devait devenir Mme Jaras se forma ; non pour être chanteuse elle-même un jour, mais parce qu'elle était douée pour la musique et qu'elle possédait une voix superbe. Tu as vu ce soir que la femme avait dû être belle ? Tu comprends qu'elle a trouvé facilement un mari : M. Jaras, un Français établi en Italie, grand industriel, banquier, etc. Il semblait que tout était réuni pour que ce mariage fût heureux. Au bout de deux ans, M. Jaras était ruiné, mais ruiné si complètement qu'il ne leur restait pas un sou. La mère de Mme Jaras était morte, et elle avait un enfant, une fille ; ce n'est pas Simonne ; que faire pour vivre ? car on en était là. Mme Jaras avait du talent, et ce qui vaut mieux souvent, une réputation. Elle entra au théâtre, pendant que son mari acceptait une place de commis dans une maison de banque de Rome.

— Mais c'est un roman !

— A peu près. Tu sais, ou tu ne sais pas, combien est nombreuse la maison royale des Deux-Siciles ; Mme Jaras avait donc d'anciennes camarades d'enfance devenues princesses, grandes-duchesses, infantes, reines même. Elles daignèrent s'intéresser à leur ancienne amie, et Mme Jaras, qui savait se tenir à son rang, eut des engagements un peu partout en Europe, au Brésil ; mais où elle réussit surtout, ce fut à Londres et à Saint-Pétersbourg.

— Où il n'y a pas de membres de la famille des Bourbons de Naples, cependant.

— Sans doute, mais où le public se prosterne respectueusement devant tout ce qui touche à l'aristocratie : Mme Jaras, une amie d'enfance de la grande duchesse de n'importe quoi, de la reine de n'importe où, aurait pu n'avoir aucun talent, et justement elle en avait.

— Sérieusement ?

— Elle en a encore; si un jour elle veut bien chanter chez Mme Arbelet, tu verras quel style elle a. Tous les ans elle allait donc faire une saison en Russie et une à Londres. Ici se place un incident important, au moins pour Simonne. On dit que Mme Jaras avait fait la conquête du grand-duc Ivan, et que Simonne serait du sang des princes de la maison de Holstein-Gottorp. Est-ce vrai? Est-ce faux ? Tu comprends que je n'en sais rien. Le certain, c'est que Mme Jaras voyait peu son mari, resté à Rome, et qu'elle avait noué des relations dans le grand monde russe. Simonne est-elle la fille de Jaras, du grand-duc Ivan, ou de quelque comédien, ami de cœur de la chanteuse célèbre ? C'est ce que je ne me charge pas d'expliquer : tu dois comprendre cela, n'est-ce pas ?

— Il y a un fait, qui est qu'en l'examinant on croit trouver en elle le mélange de deux races éloignées : ces yeux sombres et cette carnation blonde, ce charme étrange qui frappe l'attention, comme cela arrive souvent pour les métis.

— Tout ce que tu voudras; je raconte ce que j'ai entendu, je n'explique rien. Cependant, ce qui est caractéristique, c'est que des relations amicales ont continué entre Mme Jaras et le grand-duc qui vient tous les ans à Paris et qui comble Simonne de cadeaux. A trente-cinq ans, dans tout l'éclat de son talent, elle abandonna le théâtre ; sa fortune était faite, une belle fortune. Simonne avait alors dix ans; tu vois donc que ce n'était pas une femme de théâtre comme tu le disais, et que, si elle a vécu de la vie de théâtre, ç'a été dans la première jeunesse, à un âge où cela était sans conséquence.

— Et pourquoi Mme Jaras abandonna-t-elle le théâtre si jeune ?

— Elle dit que ce fut pour se consacrer à l'éducation de ses filles : son aînée, qui avait quatorze ans et la petite Simonne qui en avait dix ; car j'oubliais de te dire que son mari était mort; mais il a toujours tenu si peu de place dans la vie de sa femme que cela a peu d'importance. Elle vint alors habiter Paris, où, tout en s'occupant de l'éducation de ses filles, elle se faufila dans toutes sortes de sociétés de bienfaisance, en même temps qu'elle se mit à écrire et à publier de petits traités de morale mystique où le spiritisme se mêlait à un catholicisme de fantaisie. Ce point est à noter, car c'est par là qu'elle a su se créer de belles relations. J'insiste là-dessus, pour que tu comprennes comment tu la vois chez Mme Arbelet, où l'ancienne chanteuse Mme Jaras n'aurait pas été reçue familièrement.

Casparis se mit à rire.

— Drôle, dit-il.

— Enfin, c'est ainsi ; ce sont même ces relations qui ont fait le mariage de la fille aînée.

— Elle vaut la cadette ?

— Pas du tout ; il n'y a pas entre elles la moindre ressemblance ; l'aînée est une personne simple, discrète, modeste, et qui n'a rien de la beauté éclatante de sa sœur : c'est cette simplicité et cette modestie qui lui ont permis de se contenter pour mari d'un petit gentilhomme breton de haute noblesse, mais de bien petite fortune : le marquis de Gouessant ; elle a voulu le titre, lui a voulu la dot, et ils forment le ménage le plus heureux du monde, au moins on le dit, car ils vivent presque toujours en Bretagne, où ils restent enfermés pour se mieux aimer, et être entièrement l'un à l'autre.

— Mais c'est charmant cela, et cette sœur aînée m'est tout à fait sympathique.

— Ce bonheur qu'elle avait sous les yeux n'a cependant pas séduit la cadette, qui, comme tu le vois, est arrivée à vingt-deux ou vingt-trois ans sans se marier.

— Pourquoi ?

— Parce qu'elle a compté trop superbement sur sa beauté : à seize ans, elle a décidé qu'une fille comme elle ne pouvait accepter pour mari qu'un prince, et même qu'un prince régnant ; il n'était pas nécessaire qu'il régnât sur un grand empire ; mais enfin il devait régner, ne serait-ce que sur une principauté minuscule. Elle l'a attendu deux ans ; il ne s'est pas présenté. Alors, à dix-huit, elle est descendue à un duc, mais de noblesse ancienne et très riche. Comme elle en avait dix sur sa liste, qu'elle n'avait jamais vus, bien entendu, mais dont elle était sûre, elle pouvait attendre. A vingt ans, ce duc n'était pas plus venu que le prince régnant. Elle s'était rabattue sur un grand financier ou un grand industriel, un des rois de l'époque, et elle avait dressé

une nouvelle liste, plus sûre, celle-là, que les premières, puisqu'elle avait abaissé ses prétentions. Vingt et un, vingt-deux ans ont sonné et elle n'est pas mariée. Assurément, il s'est présenté des maris et beaucoup, mais aucun ne réunissait les conditions qu'elle exigeait, et elle les a refusés. Maintenant, je crois qu'elle abaisserait encore ses prétentions, ou tout au moins qu'elle les changerait; c'est-à-dire que, si elle trouvait un mari qui exerçât une sorte de royauté dans le monde parisien, car elle tient à Paris, un artiste de grand talent, un homme politique en passe de devenir ministre, elle le prendrait. Ce ne serait pas ce qu'elle a rêvé, mais cela serait mieux que d'être marquise de Gouessant en Bretagne ou ailleurs.

Ils étaient arrivés. Casparis ouvrit sa porte et ils entrèrent, car Falco couchait maintenant avenue de Villiers toutes les fois qu'il allait chez Mme Arbelet et il ne repartait que le matin pour Andilly.

Ordinairement, à cette heure, la maison était endormie, mais ce soir-là ils virent de la lumière dans le salon.

— Pourquoi donc Pompon n'est-elle pas couchée? demanda Casparis.

Et il entra dans le salon, suivi de Falco.

Pompon était assise dans un fauteuil, auprès d'une table sur laquelle étaient posés une lampe et un livre.

— Comment? tu n'es pas encore au lit? dit Casparis.

— Je me suis attardée à lire un livre qui m'amusait, répondit-elle en regardant Casparis avec attention, comme si elle l'interrogeait de son regard profond et voulait fouiller en lui.

Falco avait pris le livre pour en lire le titre :

— Il n'est pas coupé ton livre, dit-il.

Elle parut confuse.

— Ce n'est pas ce livre que j'ai lu, dit-elle : je l'ai pris tout à l'heure, celui-là.

Puis, changeant de sujet et s'adressant à Falco.

— Elle était intéressante aujourd'hui la soirée de Mme Arbelet ? demanda-t-elle.

— Très intéressante.

— Il y avait beaucoup de monde ?

Casparis se mit à rire :

— Sais-tu ce qu'elle veut avec ses détours ? dit-il, et pourquoi elle n'est pas couchée ? C'est savoir qui a fait de la musique ce soir, et pour qui a été le succès. Voyez-vous cette jalousie d'artiste ?

Puis amicalement :

— Un affreux pianiste, mon enfant, qui n'a pas eu un succès pareil au tien, je t'assure ; dors donc tranquille, bonne nuit.

V

C'est chose toute simple pour un artiste que de recevoir des visiteurs dans son atelier, et, pour les artistes qui sont en vue, ces visites se répètent à chaque instant. Il semble qu'on n'ait qu'à se présenter chez eux pour être reçu et même bien reçu. Un compliment, un conseil même, quelquefois une critique, et ils doivent être reconnaissants de l'honneur qu'on leur a fait. Ne s'est-on pas dérangé pour eux! Il est vrai pourtant que ces visites ne sont pas toujours inspirées par l'admiration ou la sympathie. On vient pour être les premiers à parler d'une œuvre qui doit faire du bruit. On vient pour voir comment ces gens-là, qui ont souvent de l'originalité dans le goût, ont arrangé leur intérieur, et s'inspirer de cette originalité en leur prenant une disposition d'ensemble ou de détail qu'on appliquera chez soi ou chez une amie. On y entre pour se faire donner un croquis, une étude qu'on mendie avec des éloges éhontés; cela fait tant de plaisir d'avoir quelque chose sans le payer ! si c'est mauvais on le cache ; si c'est bon on le met

dans sa collection jusqu'au jour où on le vendra le plus cher possible.

Casparis avait l'horreur de ces visites, et fort peu nombreux étaient les gens qui avaient franchi le seuil de sa porte ; cependant il n'avait pas pu, à la demande de Mme Arbelet, répondre par un refus.

Mais précisément pour cela, il n'en était que plus ennuyé, comme il arrive toujours lorsque nous sommes obligés de subir une chose qui nous déplaît.

Que venaient faire chez lui Mme Jaras et Simonne, qu'il connaissait à peine ?

S'il avait été de ces artistes à l'orgueil naïf qui s'imaginent que le monde entier s'occupe d'eux constamment, et n'a souci que de leurs œuvres, la réponse à cette question eût été toute trouvée ; mais il n'en était pas ainsi de Casparis qui, loin de s'exagérer la valeur de sa réputation, la diminuait plutôt : que les artistes connussent son nom et s'intéressassent à ce qu'il faisait pour le critiquer ou l'applaudir, cela il le croyait, mais le public! On était déjà si loin du moment où l'on avait parlé de *Pompon !*

Comme il était au travail le samedi, dans son atelier, avec Jottral occupé à polir un marbre à l'émeri, et Pompon qui jouait du violon, la porte du salon s'ouvrit avec fracas.

C'était Mme Arbelet.

— Arrivez donc à notre secours, dit-elle du haut de l'escalier.

Vivement Casparis alla au-devant d'elle.

— C'est votre valet de chambre continua Mme Arbelet, moitié souriante, moitié fâchée, qui fait si bonne garde à votre porte, que Mᵐᵉ Jaras et Simonne n'osent point me suivre,

Pendant qu'elle parlait, Casparis avait monté l'escalier, et il était entré dans le salon où se trouvaient Mᵐᵉ Jaras et Simonne ; Mᵐᵉ Jaras debout, dans l'attitude d'une personne qui attend ; Simonne en contemplation devant le marbre de Souris, et si profondément absorbée dans son admiration, qu'elle n'avait pas même tourné la tête, n'ayant pas entendu Casparis sans doute.

Mais au bruit de sa voix, elle se tourna vers lui et le regarda.

Cependant elle ne bougea pas et, restant devant le marbre, elle attendit qu'il vînt à elle.

Alors, après les premiers mots de politesse banale :

— Qu'est-ce que cela ? demanda-t-elle.

— Ma levrette, dit-il.

— Que c'est beau !

— Alors elle est belle, car cela n'a pas d'autre mérite que la vérité ; c'est un simple portrait, celui d'une bête que ma mère aimait.

— Rendre la vérité, n'est-ce pas un mérite, alors surtout qu'on lui donne cette élégance et cette distinction ?

Il s'inclina sans répondre, mais non sans la regarder, attiré qu'il était par l'éclat de ses yeux sombres, en même temps qu'il était touché par l'harmonie de sa toilette de ville, qui faisait admirablement valoir la pureté de ligne de sa beauté : une toque de fourrure sombre posée sur ses cheveux blonds; un paletot ajusté et court, de même fourrure que la toque; une jupe en drap à plis, étroite et courte, laissant voir un pied fin et cambré; pas de bijoux, pas de pierreries, une simple cravate de dentelle au cou,

Elle était retournée à l'examen de la statuette.

— C'est vraiment un portrait ? demanda-t-elle.

— Vous allez voir l'original dans mon atelier, dit-il.

— C'est admirable.

Et, comme elle avait fini, elle se dirigea vers le bronze de Patapon.

— Et cela ! dit-elle, c'est aussi un portrait?

— Celui de ma chatte.

Alors elle appela sa mère :

— Viens donc voir, dit-elle.

Puis s'adressant à Casparis :

— Vraiment, c'est à souhaiter d'être au nombre de vos bêtes.

— Pour moi dit Mme Arbelet, je ne pourrais pas m'intéresser d'un homme qui n'aime pas les bêtes et les fleurs.

Après avoir loué comme il convenait, et avec des paroles qui montraient qu'elle sentait ce qu'elle disait, le bronze de Patapon, Simonne avait promené lentement un regard circulaire dans le salon, allant d'une chose à l'autre avec méthode.

— C'est vous qui avez été votre architecte? demanda-t-elle.

— Non, c'est ma mère qui m'a fait construire cette maison et qui l'a meublée pendant que j'étais encore à Rome; en arrivant j'ai trouvé la maison, mais je n'ai plus trouvé celle qui l'avait organisée.

— Je connais *la Maternité*, dit Simonne d'une voix émue, et je comprends maintenant le sentiment qui l'a inspirée.

C'était l'habitude de Casparis de se tenir en garde contre les éloges et de ne regarder qu'avec une prudente défiance les gens qui lui adressaient des compliments : « Si c'est par politesse, semblait-il dire, ce n'est pas la peine. » Ce n'était que quand il était bien sûr de la sincérité des gens qu'il perdait son sourire ironique.

Ce que Simonne lui avait dit du marbre de Souris et du bronze de Patapon l'avait laissé froid, mais son mot sur *la Maternité* le toucha et acheva ce que les éloges donnés à la maison avaient commencé.

— C'est une fille de cœur! se dit-il.

Et il la regarda avec d'autres yeux qu'il ne l'avait vue jusqu'alors.

Pourquoi le cœur ne serait-il pas digne du visage? Pourquoi l'âme ne vaudrait-elle pas le corps?

Elle continuait, pendant qu'il raisonnait ainsi, à promener partout son regard curieux, dans lequel se lisait une approbation émue.

— Quelle bonne mère vous aviez, semblait-elle dire, et quelle femme intelligente ! quel esprit élevé elle devait être !

Assise sur un fauteuil en tapisserie que Mme Casparis avait fait elle-même d'après un vieux dessin persan, on eût dit, à la façon dont elle était posée, qu'elle avait peur de ne pas traiter cette relique avec assez de respect.

— Et *Pompon?* dit Mme Arbelet.

— Vous êtes pressée? demanda Simonne.

— Pas du tout; mais ne sommes-nous pas ici pour *Pompon?*

— C'est vrai dit Mme Jaras, qui jusque-là n'avait parlé que pour répondre aux excuses que Casparis lui avait adressées à propos de la résistance de Nicolas.

On entra dans l'atelier : Jottral était toujours au travail, et Pompon était assise sur un divan, lisant avec les bêtes près d'elle,

— C'est vous que nous venons voir, mon enfant, lui dit Mme Arbelet en allant à elle.

Pompon s'était levée; elle répondit à Mme Arbelet par quelques mots de politesse balbutiés avec confusion; car si elle n'avait pas souffert quand sa statue avait été exposée au salon, elle éprouvait un sentiment de honte et de colère à ce qu'on vînt la voir dans l'atelier. Ç'avait été une joie folle pour elle que Casparis refusât de vendre ce bronze ; c'en avait été une grande aussi qu'il ne cédât point aux offres qui lui avaient été adressées pour en faire

des réductions qu'on aurait mises dans le commerce. Mais maintenant cela lui était une cruelle douleur qu'il permît qu'on vînt, par curiosité, la regarder. Des artistes, des camarades de Casparis, des amateurs sérieux, des critiques, cela ne la blessait en rien ; ou plutôt, à vrai dire, elle en était fière, prenant dans une certaine mesure sa part des éloges qu'on donnait à la statue. Mais des femmes du monde, des curieuses, cette belle mademoiselle Jaras, cela l'exaspérait et l'humiliait.

Et cependant elle s'était arrangée pour être là, voulant la voir coûte que coûte.

Sans plus faire attention à Pompon que si elle ne la voyait pas, Simonne avait marché droit à la statue, et, s'arrêtant à une certaine distance, elle l'avait examinée en silence.

— N'est-ce pas que c'est beau! s'écria Mme Arbelet.

— Admirable! répondit Mme Jaras.

Et toutes deux se mirent à accabler Casparis de ces adjectifs laudatifs qui, pour un artiste de bonne foi, n'ont aucune signification.

Simonne ne disait rien; silencieuse, attentive, elle paraissait ravie dans une sorte d'extase.

Tout à coup elle se tourna vers Casparis, qu'elle avait à sa droite, et lui tendant la main, par un geste plein d'élan:

— Oh! monsieur, murmura-t-elle faiblement d'une voix vibrante.

Ce fut tout; mais quelles paroles auraient valu l'accent de sa voix, l'enthousiasme, l'élan de son regard!

Ce fut seulement au bout d'un certain temps, en tournant autour de la statue, qu'elle parut apercevoir Pompon pour la première fois. Alors elle l'examina longuement, ne la quittant des yeux que pour regarder la statue, et revenant aussitôt à elle comme si elle cherchait à établir des points de comparaison.

A un autre moment elle s'arrêta assez près de Pompon et, lui faisant face comme si elle voulait être entendue d'elle, mais sans lui adresser la parole directement :

— Ce que j'admire surtout dans la statuaire, dit-elle, c'est qu'elle divinise ce qu'elle touche.

Puis tout de suite, la tête haute, regardant Pompon d'un air de superbe arrogance :

— Comme l'art aux mains d'un homme de génie est supérieur à la nature, dit-elle; je n'avais jamais senti cela si bien qu'aujourd'hui.

Et ses regards allèrent de Pompon à la statue.

Puis faisant quelques pas et changeant de ton, quittant l'enthousiasme pour le sourire :

— C'est maintenant plus que jamais, dit-elle, que je trouve que c'est à souhaiter d'être au nombre de vos bêtes.

Casparis resta un moment interdit; mais presque aussitôt il se remit, et, sans répondre à Simonne, il alla au divan sur lequel Pompon était assise, et, la prenant par la main, il l'amena presque de force à Mme Jaras :

— Permettez-moi de vous présenter ma petite

amie, dit-il, celle qui a donné son nom et la vie à cette statue.

Cela fut fait et dit avec une simplicité si pleine de fermeté que ce fut au tour de Simonne d'être interdite.

Mais elle se remit vite aussi :

— Me voilà désormais bouche close, dit-elle, car je ne vais plus oser adresser au bronze des compliments qui iraient tout droit au modèle... trop droit.

Alors elle se tourna du côté de Jottral, et d'une voix gracieuse, se faisant aimable, elle lui adressa quelques questions sur son travail, auxquelles il répondit à peine.

Comme son atelier était très grand, Casparis avait pu y conserver les modèles en plâtre de ses œuvres principales : *la Maternité*, *l'Ève endormie*.

Simonne s'arrêta longtemps devant l'*Ève*.

— C'est le modèle du marbre que vous avez exposé en même temps que ce bronze, n'est-ce pas ? demanda-t-elle.

— Oui, mademoiselle.

Elle se pencha à son oreille et parlant à voix basse :

— Je crois bien que ce que je vais vous dire est une hérésie, mais c'est égal, je la dis quand même : si j'avais été le jury, l'*Ève* aurait eu la médaille d'honneur.

VI

Quand Mme Arbelet avec Mme Jaras et Simonne sortirent de l'atelier pour remonter dans le salon, accompagnées de Casparis, Pompon resta sur son divan.

Aussitôt que la porte du salon fut refermée, elle s'allongea tout de son long, et se tournant le visage du côté du mur, elle se cacha la tête entre ses deux mains.

Jottral était à l'autre bout de l'atelier, mais placé de façon à la voir et il la suivait des yeux, ayant entendu les paroles de Simonne, et ayant remarqué l'effet qu'elles avaient produit sur Pompon, chancelante comme si elle allait défaillir.

Vivement il vint à elle, et comme il approchait il entendit un sanglot étouffé ; mais il n'avait pas besoin de ce sanglot pour comprendre ce qui se passait, il le voyait aux soubresauts qui la secouaient de la tête aux pieds.

Il se pencha vers elle, et d'une voix attendrie, compatissante dont l'accent était une caresse :

— Quelle méchante femme ! dit-il.

Brusquement elle se redressa, et abaissant les

mains sans craindre de laisser voir son visage ruisselant de larmes :

— Comme M. Georges a été beau, s'écria-t-elle, et fier et noble quand il est venu à moi me prendre par la main ! Comme il a bien dit : « Ma petite amie ! »

— Casparis a fait ce qu'il devait ; il a éprouvé ce que j'éprouvais moi-même, car il ne faut pas croire que je n'ai pas été exaspéré; mais il était chez lui; il pouvait parler; c'était à lui de vous faire respecter; moi, je ne le pouvais pas, malgré l'indignation qui me soulevait.

— Je ne lui ai rien fait.

— Jalousie de beauté ; elle a été malheureuse de voir une autre plus belle qu'elle, et elle a perdu la tête ; l'envie l'a affolée ; ne pouvant pas critiquer, elle a voulu injurier; cela est d'un cœur bas et d'une mauvaise nature.

— N'est-ce pas qu'elle est belle ? plus que belle ?

— Je ne sais pas.

— En quoi peut-elle n'être pas belle ?

Comme il ne répondait pas :

— Vous voyez bien, s'écria-t-elle.

Puis, plus doucement :

— Si je ne la trouvais pas belle, est-ce que je ne céderais pas à ce sentiment d'envie dont vous parliez tout à l'heure, et ne ferais-je pas preuve d'un cœur bas et d'une mauvaise nature ? Elle est belle pour moi : elle doit l'être bien plus encore pour un artiste... comme vous.

— Assurément elle est belle d'une beauté qui s'impose.

— Qui s'impose à un artiste, précisément, n'est-ce pas?

— Je ne sais pas ce qu'un bourgeois penserait d'elle; mais il est certain qu'un peintre, qu'un statuaire ne peut pas être insensible à la pureté de lignes de son visage, au modèle de son torse.

Tournée vers lui, le regardant en plein visage, les yeux dans les yeux, elle aspirait ses paroles.

— N'est-ce pas? murmura-t-elle.

— Mais que vaut la beauté physique sans la beauté morale? et si je reconnais en elle l'une de ces beautés, je nie l'autre; ce n'est pas un beau cœur, un bon cœur.

— Est-ce que ce n'est pas pour vous la réalisation du type grec?

— Absolument; surtout pour la tête, qui est un peu petite avec le front plutôt bas qu'élevé; c'est là ce qui fait précisément qu'on peut la critiquer : peut-être eût-elle obtenu le prix si, dans le concours de beauté pour la Vénus, elle avait comparu avec les jeunes Athéniennes devant Praxitèle; je ne crois pas qu'elle l'obtiendrait maintenant que le front antique n'est plus l'idéal de la figure moderne.

— Et si le juge était lui-même un Grec?

— Comme Casparis.

Il prononça ces deux mots à voix basse et sans la regarder, mais il voulut en atténuer l'effet en les noyant dans un flot de paroles :

— Quand nous serons seuls, dit-il, j'irai vous chercher dans la bibliothèque un livre sur l'Égypte, et je vous montrerai une gravure faite d'après une médaille de Cléopâtre, qui est le portrait vivant de Mlle Jaras. Est-ce que vous trouvez que c'est enviable de ressembler à Cléopâtre ?

— Elle a été aimée.

La porte du salon s'ouvrit et Casparis rentra dans l'atelier.

Un moment il s'arrêta pour regarder Pompon et Jottral; puis, comme celui-ci retournait à son travail, lui-même revint prendre place devant sa selle.

Pompon avait quitté son divan, et ayant pris son violon, elle se dirigeait vers l'escalier.

— Où vas-tu ? demanda Casparis ?

— Travailler.

— Pourquoi ne travailles-tu pas ici avec nous ?

— Parce que j'ai un morceau difficile à étudier.

— Étudie donc plutôt quelque chose de brillant et à effet pour des bourgeois.

Elle le regarda pour lui demander ce que signifiaient ces paroles.

— Mme Arbelet m'a demandé que tu viennes avec moi jeudi chez elle.

— Pour dîner ?

— Non, pour la soirée, où tu te feras entendre.

Bien qu'elle ne trahît jamais ses émotions par une parole qui lui échappait, elle n'avait pas la même réserve pour ses gestes, et il y en avait un dont elle n'avait pas pu se déshabituer, qui disait clairement ce qu'elle éprouvait : elle portait la main gauche à son cœur.

— Cela te contrarie? demanda Casparis, qui avait remarqué ce mouvement, chez elle irrésistible.

Mais pour savoir ce qu'elle pensait le bon moyen n'était pas de l'interroger directement.

— Est-ce que Mme et Mlle Jaras seront jeudi chez Mme Arbelet? demanda-t-elle au lieu de répondre.

Il laissa paraître un certain embarras dans lequel il y avait de la confusion et de la contrariété.

— Oui, dit-il sèchement.

Elle ne répondit rien, mais elle le regarda avec des yeux si désolés et qui exprimaient d'une façon si touchante la douleur qu'elle éprouvait, qu'il regretta la dureté de cette parole.

— J'ai promis, dit-il doucement.

— Oh ! j'irai, répliqua-t-elle ; ne croyez pas que j'aie eu la pensée de ne pas vouloir faire une chose que vous désirez.

Et elle mit encore plus de tendre soumission dans ses yeux que dans ses paroles.

— C'est justement parce que Mlle Jaras doit se trouver à cette soirée, dit-il, que je n'ai pas refusé l'invitation de Mme Arbelet.

— Ah !

— Je veux que ton succès lui prouve que tu es une femme de talent.

Si les premières paroles de Casparis avaient été une cruelle blessure pour Pompon, ces dernières lui emplirent le cœur de joie : n'étaient-elles pas la continuation du mouvement par lequel il était venu lui prendre la main?

Elle sortit relevée : oui, elle jouerait ; oui, elle montrerait son talent ; et si elle n'en avait pas ce jour-là, elle n'en aurait certes jamais.

Tandis qu'elle étudiait fiévreusement dans sa chambre, Casparis dans l'atelier essayait de se remettre au travail.

Bien qu'il eût pris depuis longtemps l'habitude d'être maître de sa volonté, il ne put pas se dominer : ses idées se heurtaient dans sa tête, sa main tremblait.

Il s'obstina cependant, mais inutilement ; alors, abandonnant le travail, il sortit pour user son agitation dans une marche rapide.

Il avait besoin de réfléchir librement, d'examiner froidement, si cela était possible, la situation ; de se rendre compte de ce qu'il éprouvait et de ce qu'il pensait, car cette visite de Mlle Jaras avait provoqué en lui des sentiments contradictoires qui le troublaient et l'inquiétaient.

Par ce qu'elle lui avait dit de sa mère, elle l'avait touché au cœur ; évidemment elle était capable de tendresse et d'affection.

De même par ce qu'elle lui avait dit de l'*Ève endormie*, et par toutes ses observations sur la sculpture, elle lui avait plu aussi ; c'était une fille intelligente qui sentait le beau et comprenait l'art.

Au contraire, par ce qu'elle avait dit de Pompon, par son insolence et son arrogance, elle l'avait profondément blessé. Pourquoi cette arrogance avec une bonne petite fille comme Pompon ? Pourquoi cette insolence que rien n'avait provoquée, que rien ne pouvait justifier ? Elle s'était rendue coupable d'une brutalité inqualifiable et qui semblait dénoter un fâcheux caractère. Plus il examinait ce qui s'était passé et ce qui s'était dit à ce moment, moins il le comprenait. Une seule chose expliquerait cet accès de colère, ce serait un sentiment d'envie. Mais était-il vraiment possible qu'une femme, belle comme elle, eût pu être jalouse de la beauté de Pompon ? Cela paraissait invraisemblable.

Et alors, amené à analyser cette beauté de Simonne, il la trouvait admirable.

Jamais femme n'avait réalisé aussi complètement pour lui le type de beauté qu'il avait si souvent caressé dans ses rêveries artistiques.

Allait-il donc devenir amoureux d'elle?

Jamais assurément il ne pourrait en aimer une plus belle.

En la lui proposant pour femme, Mme Arbelet n'avait sans doute pas parlé à la légère ; elle n'avait pas dû s'avancer sans savoir ce qu'elle faisait et probablement même sans être autorisée à le faire. Ce n'était donc pas présomption de sa part de s'imaginer qu'il pourrait devenir le mari de Simonne s'il le voulait.

VII

TANDIS que Casparis pensait à Simonne, Pompon travaillait le morceau qu'elle devait jouer le jeudi chez Mme Arbelet.

Du matin au soir, on entendait son violon, non dans l'atelier où elle n'eût pas trouvé toute la liberté qu'il lui fallait de recommencer dix fois, vingt fois le même passage; non dans le salon, où elle étudiait cependant ordinairement, mais dans sa chambre, porte close au verrou pour n'être pas dérangée par Justine et Nicolas, qui trouvaient que « c'était des bêtises de se faire mourir ainsi au travail », et qui, amicalement, montaient de temps en temps « pour l'empêcher de se tuer ».

Eût-elle dû se tuer réellement qu'elle aurait travaillé quand même, car elle voulait montrer à tous et surtout à cette insolente beauté qu'elle n'était pas une bête.

Mais ce qu'il fallait, c'était qu'elle ne se troublât pas et ne se laissât pas intimider, et c'était pour cela qu'elle travaillait avec cet acharnement désespéré, de façon à se savoir, à se sentir si bien sûre d'elle qu'elle ne fût pas exposée à perdre la tête, quoi qu'il pût arriver.

Elle n'avait pas d'illusions à se faire, c'était bien certainement Mlle Jaras qui avait soufflé l'idée de cette invitation, afin d'avoir l'occasion de lui infliger quelque humiliation publique.

Eh bien, elle la braverait, cette humiliation, et puisque c'était la lutte, elle lutterait.

Quel triomphe pour elle si elle pouvait justifier la confiance de Casparis et prouver qu'elle était une femme de talent !

Quelle défaite pour Mlle Jaras si ce morceau était assez brillamment exécuté pour provoquer les applaudissements de tous, même les siens ! Si dures que soient les dents de la méchanceté, elles ne mordent pas sur le succès : « Faites-en autant, mademoiselle. »

De ce côté, il dépendait donc d'elle de sortir à son avantage du piège qui lui était tendu : elle n'avait qu'à bien jouer.

Malheureusement il y avait un autre côté où elle ne pouvait pas soutenir la lutte et où elle était certaine à l'avance d'être battue, où elle avait été battue, — celui de la beauté.

Elle n'aurait qu'à paraître, cette belle Simonne, la tête haute, le sourire aux lèvres, et sans dire un mot, sans rien faire, sans même se donner la peine de laisser tomber un regard sur ceux qui l'entouraient, elle aurait la gloire de voir tous les yeux ravis la suivre aussitôt !

Quelle différence entre elles deux !

Quand elle paraissait quelque part où elle n'était pas connue, ce n'était pas le ravissement qu'elle lisait dans les yeux qui s'attachaient sur elle, mais l'étonnement et la curiosité. C'était là le double sentiment qu'elle provoquait, heureuse encore quand ce n'était pas un autre plus pénible ou plus mortifiant pour elle. Il fallait un temps plus ou moins long pour qu'on s'habituât à elle, et pour qu'on comprît et reconnût qu'elle avait pu servir de modèle pour la statue qui avait valu la médaille d'honneur à Casparis. Et encore étaient-ils peu nombreux ceux qui daignaient la voir ainsi.

Maintenant, il n'y avait bien certainement qu'une

femme au monde pour Casparis : cette belle Simonne Jaras.

Elle ne se trompait pas là-dessus et lisait à peu près clairement ce qui se passait en lui : ses incertitudes, ses doutes, ses inquiétudes, ses résistances au sentiment qui l'envahissait, mais aussi l'admiration très vive qui l'avait enthousiasmé et contre laquelle il ne se défendait pas.

Au reste, elle avait eu le pressentiment de ce qui devait arriver, et le jour même où, devant elle, Casparis avait interrogé Falco sur le compte de cette jeune fille idéalement belle, avec laquelle Mme Arbelet voulait le faire dîner, elle avait deviné que cette belle jeune fille, on voulait la lui faire épouser.

Bien souvent elle avait examiné en elle-même cette question du mariage de Casparis, et chaque fois qu'on avait prononcé le nom d'une jeune fille devant elle, elle s'était demandé si celle-là ne devait pas être sa femme.

Cependant, en ne l'entendant jamais parler de mariage, surtout en le voyant si heureux entre eux trois : Blanchon, Falco et elle, toute à son art et à l'amitié, elle avait fini par se dire qu'il ne se marierait peut-être jamais et qu'ils vivraient toujours ainsi.

Il y avait des gens qui ne se mariaient pas et qui étaient heureux; est-ce que Blanchon aurait jamais l'idée de se marier? Pourquoi Casparis ne serait-il pas comme Blanchon, dont il partageait les idées et les goûts sur tant de points?

C'était là son espérance, car jamais elle n'avait eu la folie d'aller au delà : ils continueraient de vivre comme ils avaient vécu depuis qu'elle était entrée « pauvre petite bête » dans cette maison.

Rien de plus; mais cela même, c'est-à-dire pour elle le ciel sur la terre, un ciel constamment radieux, sans nuages et sans orages, le bleu.

Peu à peu, elle s'était habituée à croire à la réalité de ce rêve et à se dire presque sans appréhension qu'il pouvait durer éternellement.

Mais du moment où le nom de Simonne Jaras avait retenti à son oreille, cette sécurité dans laquelle elle se complaisait avait été remplacée par l'angoisse.

C'était là l'ennemie, il n'y avait pas à s'y tromper; celle contre laquelle il fallait lutter.

Quand elle jouerait son morceau de façon à obtenir un triomphe, cela empêcherait-il le triomphe de la beauté de Simonne?

Alors, si cette pensée lui étreignait le cœur, elle s'arrêtait de jouer, paralysée par l'anxiété; mais, après un moment de faiblesse donné à son émotion, elle reprenait fiévreusement, désespérément, bien décidée à ne pas s'abandonner et à aller jusqu'au bout.

Quand elle n'arriverait qu'à lui faire plaisir, à lui, et à ce qu'il fût fier d'elle un moment, une minute, cette minute où les applaudissements lui remueraient le cœur, ne serait-ce rien cela?

Elle avait écrit à Falco pour le prier de venir de bonne heure le jeudi, afin de pouvoir répéter plusieurs fois avec lui et se bien pénétrer de ses conseils avant la soirée.

Falco s'était rendu à sa demande, et dès trois heures, il était arrivé avenue de Villiers, ce qui leur donnait près de quatre heures de travail avant le dîner.

Comme Falco devait l'accompagner au piano et que le piano était dans le salon, c'était naturellement dans cette pièce que la répétition devait avoir lieu, et non dans la chambre de Pompon.

— Quel morceau as-tu choisi? demanda Falco en descendant de sa chambre, où il avait été se débarrasser de son costume de route mouillé et crotté.

— La *Rapsodie hongroise*.

— Et c'est pour cela que tu me fais venir de bonne heure; tu la joues très bien.

— Je veux la jouer mieux, aussi bien que possible.

Il la regarda, surpris de son accent ému qui n'était guère en situation pour dire une chose aussi simple.

— Oh! je vous en prie, continua-t-elle, soyez sévère, ne me passez rien; faites-moi recommencer tant qu'il faudra.

Il se mit au piano:

— Alors, allons-y.

Cette rapsodie, qui débute d'une façon stridente, ne tarde pas à passer à la mélancolie; puis à cette mélancolie succède une sorte de fureur vertigineuse qui retourne bientôt à une mélancolie plus déchirante, plus navrée, et s'éteint en mourant plaintivement.

Dès les premières mesures, Falco fut surpris de la façon dont elle exécutait ce morceau qu'il lui avait déjà fait jouer plusieurs fois, mais qu'il reconnaissait à peine; et, comme la partie de piano est sans importance, il put l'examiner à son aise.

Elle arriva au bout sans qu'il lui eût fait une seule observation et sans qu'il l'eût arrêtée une seule fois.

Alors elle le regarda avec angoisse :

— Vous ne me dites rien, fit-elle craintivement.

Mais au lieu de lui répondre, il alla à la porte de communication du salon avec l'atelier, et l'ouvrant :

— Casparis, Jottral, criait-il, venez donc ici un peu.

Ils arrivèrent, Jottral, le premier, d'un bond.

— Asseyez-vous, dit-il, et écoutez :

Puis reprenant place devant le piano :

— Recommençons.

Elle était interloquée.

— Vous ne me dites rien ?

— Je te dirai après; va, et attention, n'est-ce-pas?

La recommandation était inutile; ce n'était pas quand Casparis était là, la regardant et l'écoutant, qu'elle allait jouer avec moins d'application que tout d'abord; ce lui était même un plaisir, et un grand de jouer pour lui seul.

Ils recommencèrent, et cette fois encore Falco la laissa aller jusqu'au bout sans l'arrêter; mais lorsque la dernière note expira, il sauta de son tabouret :

— Eh bien! s'écria-t-il, êtes-vous contents? Applaudissez donc cette petite fille qui vient de jouer comme un maître!

Pompon, jusque-là inquiète, eut un éclair de triomphe, et, en rencontrant les yeux émus de Casparis, elle frissonna de la tête aux pieds.

— Ah! si tu joues comme cela ce soir, ma petite Pompon, continua Falco, qui, comme Casparis et Blanchon, la traitait toujours en enfant, je te prédis un beau succès. Quel feu et quel sentiment, quelle justesse et quelle variété d'accents d'archet! et puis quelle fantaisie en même temps et quelle originalité! Je ne veux pas te gâter par les éloges, mais je ne serais pas juste de ne pas te dire que je suis fier de toi.

Et elle, comme elle était fière d'elle-même « la pauvre petite bête », et heureuse! Quoi qu'il se passât dans cette soirée, elle en sortirait femme de talent, et ce serait à Casparis qu'elle devrait cette joie, comme toutes celles qu'elle avait eues en ce monde, d'ailleurs.

— Maintenant, me pardonnerez-vous de n'être pas sortie lundi? dit-elle à Casparis; et vous, monsieur Jottral, me pardonnerez-vous de n'avoir pas été dimanche à Montrouge? Il me fallait travailler pour aujourd'hui, et j'ai travaillé.

— Du matin au soir, dit Casparis à Falco, et la porte de sa chambre fermée au verrou.

— C'était pour vous faire cette surprise.

— Et tu as réussi, ma mignonne, dit Casparis affectueusement; je n'ai pas l'autorité de Falco pour te juger; mais je veux te dire cependant que moi aussi je suis fier de toi.

— Oh! monsieur Georges, murmura-t-elle.

Lui! il était fier d'elle.

Mais Falco ne la laissa pas à son émotion :

— Maintenant, dit-il en s'adressant à Casparis et

à Jottral, laissez-nous travailler ; nous avons quelques passages à revoir, car il nous faut la perfection ; quand ce ne serait que pour moi ; je ne veux pas être trop au-dessous d'elle. Je ne suis pas pianiste.

Comme ils s'en allaient sans que Jottral eût osé dire un mot, Falco déjà assis au piano, leur cria de fermer la porte.

— Si vous vouliez, dit Pompon vivement, nous pourrions la laisser ouverte.

— Si tu veux, cela m'est égal.

Elle courut à la porte que Jottral venait de tirer et qu'il tenait encore ; alors, la rouvrant :

— Ne la fermez pas, dit-elle.

Puis, plus bas :

— Vous ne nous entendrez pas ce soir, vous.

VIII

Si Falco l'avait permis, ils auraient répété la *Rapsodie hongroise* jusqu'à l'heure du dîner, c'est-à-dire jusqu'au moment d'aller chez Mme Arbelet.

Quand Blanchon arriva, Falco quitta le piano.

— Il faut te reposer, dit-il à Pompon, et ne pas te tendre les nerfs.

— Encore une fois, dit-elle, une seule, pour M. Blanchon.

Et ils recommencèrent.

Mais, si elle comptait sur les compliments de Blanchon, elle fut déçue, au moins dans une certaine mesure.

— Très bien, dit-il, mais trop de feu, trop de passion; maintenant, calme-toi et tâche de dormir un peu jusqu'au moment du dîner; on te réveillera.

Dormir! elle pensait bien à dormir vraiment, elle était bien en état de dormir!

Quand elle fut partie pour monter à sa chambre,

Blanchon expliqua la froideur de ses applaudissements dont Falco et Casparis avaient été surpris.

— Elle a joué comme un ange, cette petite, ou comme un démon, dit-il d'un ton bourru.

— Pourquoi ne le lui as-tu pas dit? demanda Falco.

— Parce que j'aurais eu peur de l'encourager.

— Ça, c'est admirable? s'écria Falco en riant.

— Toi, je n'ai pas de reproches à te faire, continua Blanchon avec son calme ordinaire, tu es une victime de la musique, il n'y a rien à te dire, tu ne comprendrais pas. C'est à Casparis seul que je m'adresse. Voyons, franchement, est-ce que tu devrais laisser cette enfant se passionner ainsi pour la musique? Tout en l'écoutant, je la regardais, elle me faisait peur.

Falco haussa les épaules.

— Oui, peur. Croyez-vous qu'on peut se donner ainsi tout entier, impunément? Croyez-vous que le cerveau, le cœur, les nerfs peuvent résister à ces secousses incessamment répétées?

— Veux-tu qu'elle ait ou qu'elle n'ait pas du talent? interrompit Falco.

— Le talent de se tuer? Eh bien, non! je ne voudrais pas qu'elle l'eût. Je vous dis que la musique ainsi comprise est un art malsain. Je vous dis que si j'avais jamais une fille (je ne sais pas du diable d'où elle me viendrait); mais enfin si j'en avais une, elle ne serait pas musicienne. Que voulez-vous que devienne une femme quand vous avez surexcité ainsi en elle l'exaltation et la passion? Je vous dis que cette petite, que j'aime de tout mon cœur, m'effraye, et que je ne veux pas l'encourager par mes applaudissements. Voilà.

— Tu es absurde, dit Falco.

— C'est toi qui l'es, ou plutôt tu es aveugle; tu vois l'effet produit sur le public; mais l'effet produit sur elle, tu ne le vois pas. Et c'est celui-là qui m'inquiète, moi. Tu ne penses qu'au talent. Eh bien! quand le talent ne s'élève pas jusqu'à la sérénité, et n'est que la nature même de l'artiste, au diable! je trouve qu'il coûte trop cher et je n'en veux pas à ce prix. Donne cette sérénité à Pompon, si c'est possible; mais ne surexcite pas en elle la passion; ne l'enivre pas, ne la déprave pas, ou bien malheur à elle!

C'était l'habitude de Blanchon de parler longuement et de ne plus s'arrêter lorsqu'il avait entamé un sujet qu'après l'avoir épuisé; il alla ainsi jusqu'au dîner, et encore n'avait-il pas fini; mais Pompon, en entrant dans la salle à manger, lui ferma la bouche.

— Tu as dormi? demanda-t-il.

— Non.

— Pourquoi?

— Parce que je n'avais pas sommeil.

Il ne répondit rien, mais il regarda Casparis et

Falco en hochant la tête d'un air qui disait clairement : « Avais-je raison ? »

Non seulement elle n'avait pas sommeil, mais encore elle n'avait pas faim : tout ce que Casparis lui servit elle le laissa dans son assiette sans y toucher.

— Tu ne manges pas ? dit Blanchon.
— Je n'ai pas faim.

Et de nouveau Blanchon hocha la tête en regargardant ses amis : « Avait-il assez raison ? »

Comme après le dîner ils avaient tous les trois à s'habiller, ils le laissèrent seul. Mais il ne s'en alla point, et il attendit qu'ils redescendissent.

Ce fut Pompon qui reparut la première, car, ayant commencé sa toilette avant le dîner, elle n'avait eu que sa robe à passer.

— Viens un peu, dit Blanchon lorsqu'elle entra, que je te regarde.

Et il enleva l'abat-jour de la lampe pour éclairer Pompon en plein.

Elle était habillée d'une robe de satin noir de forme collante et à corsage plat qui, depuis les épaules jusqu'aux hanches, dessinait sa longue taille onduleuse, non sur un corset plus ou moins menteur, mais sur la chair même qu'elle moulait et reproduisait fidèlement avec sa perfection de ligne ; la jupe était un peu traînante ; les manches étaient courtes ; pas un seul bijou, pas un ornement dans les cheveux simplement retenus par un peigne d'or mat.

Longuement Blanchon la regarda de son œil de peintre, et se mettant à sourire :

— Allons, dit-il, ce ne sera pas seulement avec ton violon que tu auras du succès ce soir.

— C'est bien? demanda-t-elle?

— Très bien.

— Comme je suis contente! car c'est moi qui ai voulu être en noir... bravement noir sur noir.

— Tu as eu raison.

Falco descendit, pressé de partir, puis assez longtemps après, Casparis.

— Arrive donc, dit Falco.

— Nous avons le temps.

Ce mot fit plaisir à Pompon : il n'avait donc point hâte de la voir.

On partit.

Lorsqu'ils entrèrent dans le salon de Mme Arbelet, Mme Jaras et Simonne n'étaient point encore arrivées; ce fut un soulagement pour Pompon, car il lui fallait toujours un certain temps pour se remettre des regards curieux qui la poursuivaient partout où elle se montrait et des chuchotements qui s'élevaient sur son passage, ceux des hommes aussi bien que ceux des femmes.

Comment n'eût-elle pas été mal à l'aise, pleine d'embarras et de confusion au milieu de ce monde où elle ne connaissait personne, où on ne lui parlait presque pas, mais où on la regardait tant et d'une façon si troublante.

Comme elle était dans le coin, auprès du piano où

Mme Arbelet l'avait conduite, et qu'elle restait là sans qu'on s'occupât plus d'elle que si elle avait été en bronze, elle vit un mouvement se produire à la porte du petit salon, et presque aussitôt, entre une double haie d'habits noirs qui s'effaçaient pour livrer passage, parut Mme Jaras suivie de Simonne, qui distribuait à droite et à gauche ses sourires, mais d'une façon superbe, en souveraine qui daigne répondre de haut à l'enthousiasme de sa cour et sans s'inquiéter de savoir si elle connaît ou ne connaît pas ceux qui s'inclinent devant elle.

Pompon ne l'avait pas encore vue en toilette de soirée : elle fut éblouie ; comme elle était belle dans sa robe de soie mate blanche, dont le corsage et la jupe drapés de tulle étaient fleuris de rose !

Pendant qu'elle l'examinait, les yeux de Simonne rencontrèrent les siens et leurs regards se croisèrent, se choquèrent ; mais presque aussitôt Simonne tourna la tête dédaigneusement.

Cela ne blessa pas Pompon ; que lui importait le dédain de Mlle Jaras, tant qu'il ne se manifestait pas par quelque insolence publique ?

Ce qui l'angoissait, c'était de voir ce que Casparis allait être avec elle ; mais elle ne l'aperçut point ; sans doute, il était dans un autre salon ; et soit qu'il ne sût pas qu'elle était arrivée, soit toute autre raison, il ne s'empressait pas de venir à elle.

A la fin il parut ; mais au moment même où il entrait, Mme Arbelet, accompagnée de Falco, vint demander à Pompon de se faire entendre ; et tandis que Falco s'asseyait devant le piano, elle prit son violon.

Le cercle s'était élargi autour du piano ; alors, regardant devant elle, elle vit Casparis qui s'asseyait auprès de Simonne sur une chaise que celle-ci désignait de la main en souriant gracieusement, presque tendrement.

Elle reçut un coup au cœur : eh quoi! c'était là qu'il se plaçait pour l'entendre !

Mais ce n'était pas le moment de se laisser aller à son émotion, si poignante qu'elle fût.

— Nous y sommes? demanda Falco à voix basse.

— Oui, murmura-t-elle.

Et résolument elle leva son archet.

Précisément parce que tous les yeux étaient ramassés sur elle, elle ne voyait plus personne, Casparis excepté, qui était là devant elle, dont elle sentait les regards et pour qui elle jouait : ah! si elle était applaudie, si elle obtenait un succès !

Ce ne fut pas un succès, ce fut un triomphe.

Quand elle abaissa son violon, elle vit toutes les mains tendues vers elle et l'applaudissant longuement, ne s'arrêtant que pour reprendre.

M. Arbelet s'était jeté sur elle et il lui serrait les mains avec toutes les démonstrations de l'enthousiasme :

— Hein, quel talent! criait-il, quelle nature! quelle âme! quel poignet!

— Admirable !

— Admirable, reprenait-il : dites donc prodigieux, divin, et il répéta ce mot plusieurs fois, car lorsqu'il en avait trouvé un qui lui plaisait, il s'y tenait.

Quelques musiciens s'étaient approchés et ils la complimentaient plus sérieusement.

Mais lui, ne viendrait-il pas lui dire un mot?

Elle ne le voyait plus.

Tout à coup elle sentit qu'on lui avait pris la main et qu'on la serrait; elle n'eut pas besoin de tourner la tête pour voir qui lui tenait ainsi la main; une bouffée de joie l'avait envahie, un frisson délicieux l'avait secouée; c'était lui.

Elle fut assez longtemps sans savoir ce qu'elle répondait aux compliments qu'on lui adressait; et comme elle commençait à se remettre, elle vit Falco s'asseoir de nouveau au piano, et Simonne se placer debout près de lui comme si elle allait chanter.

Elle chantait donc?

M. Arbelet réclamait le silence, qui s'établit aussitôt.

Elle chanta une mélodie de Falco, détachée de sa symphonie *la Forêt* et publiée depuis quelques jours seulement sous le titre de *Premier printemps*.

Pompon n'était pas en état de juger Simonne; et cependant il lui sembla que, si la méthode était bonne, la voix était médiocre.

Mais elle avait dû se tromper dans ce jugement, car les applaudissements éclatèrent bientôt, presque aussi nourris, lui sembla-t-il, que ceux qui avaient salué sa *Rapsodie* : plus fort que pour elle, M. Arbelet criait : « Divin, divin », et le répétait.

Ainsi, elle était battue sur le terrain même qu'elle avait choisi ; le succès qu'elle avait obtenu, elle devait le partager avec Simonne.

Encore ce partage ne se fit-il pas également, car pendant la fin de la soirée, tandis qu'elle restait seule le plus souvent, elle vit ceux qui l'avaient le plus chaudement applaudie s'empresser autour de Simonne.

Lorsqu'ils revinrent tous les trois en voiture, ce fut aussi de Simonne que Casparis et Falco parlèrent tant que dura le trajet.

— Tu ne m'avais pas dit qu'elle chantait, dit Casparis.

— Je n'en savais rien : ç'a été pour moi une révélation ; et quand après la *Rapsodie*, — à propos, tu sais, Pompon, que si je ne t'ai pas fait publiquement mes compliments, ç'a été pour te laisser toute à ton triomphe, — quand après la *Rapsodie*, elle m'a demandé tout à coup si je voulais l'accompagner, j'ai été très surpris. Mais quand je l'ai interrogée sur ce qu'elle voulait chanter et qu'elle m'a répondu : « Votre *Premier printemps* », la surprise a été remplacée par une joie très vive et très douce, je peux bien le dire.

— Je comprends cela.

— Alors je lui ai dit : « Vous connaissez donc mon *Printemps*. » — Vous allez voir, m'a-t-elle répondu. Dame! tu sais, je ne suis pas gâté. Justement à cause de mon intimité dans la maison, je n'aurais pas osé parler de ma mélodie ; mais dès lors que c'était elle qui la proposait, tu peux t'imaginer avec quelle joie j'ai saisi l'occasion.

— Elle en a très bien rendu la poésie et la tendresse.

— D'une façon charmante ; mais il faut dire qu'elle l'avait travaillée avec sa mère, qui est vraiment une grande chanteuse ; c'est sa mère qui l'a formée ; sans doute, ce n'est pas une artiste.

— Tant mieux pour elle.

— Et puis, avec cette beauté, on n'a pas besoin d'avoir un bien grand talent.

— Pour moi, elle m'a fait un très vif plaisir.

— Et à moi donc ; il y a longtemps que je n'avais éprouvé un pareil bonheur, car enfin on a bien applaudi un peu ma musique aussi.

— C'était justement ce qu'elle voulait, m'a-t-elle dit, quand je l'ai complimentée, et elle n'a chanté que pour cela ; elle a du goût.

— Et du cœur.

Ainsi celle qui avait triomphé dans cette soirée

c'était Simonne : la beauté, le goût, le cœur. Que n'avait-elle pas ?

A coup sûr, ce n'était pas l'habileté qui lui manquait ; elle avait su se faire de Falco un ami reconnaissant et dévoué.

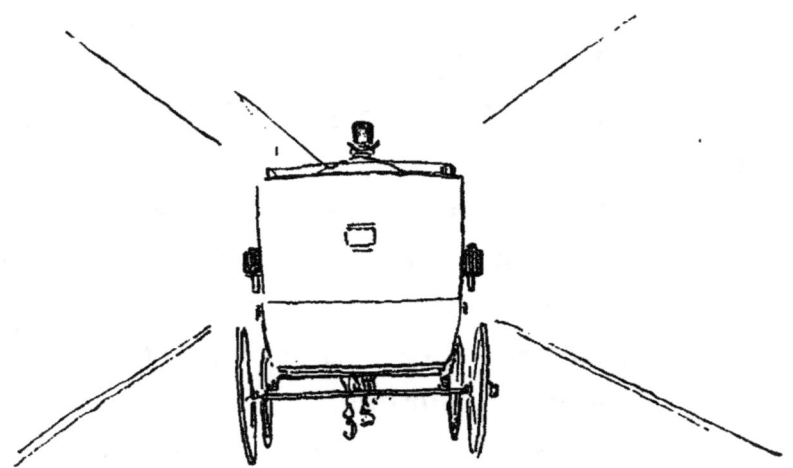

IX

Pompon n'avait pas pu dire un mot pendant le retour de l'avenue de Messine à l'avenue de Villiers; comment l'aurait-elle placé, ce mot? ils ne lui en auraient pas laissé le temps, également empressés qu'ils étaient l'un et l'autre à faire l'éloge de Simonne.

Et puis, aurait-elle pu parler, d'ailleurs, sans trahir son trouble et son émotion?

Mais le lendemain matin, après le déjeuner, se trouvant seule en tête-à-tête avec Casparis, elle ne put pas résister à lui adresser les questions que, pendant toute sa nuit sans sommeil, elle avait agitées fiévreusement, les tournant et les retournant sans cesse.

Aimait-il Simonne?

Pensait-il à la prendre pour sa femme?

Mais ces questions, elle ne les lui avait pas posées sous cette forme; elle n'eût jamais osé le faire; et puis, d'ailleurs, cela n'était ni dans son caractère ni dans ses habitudes, ayant toujours la précaution, lorsqu'elle voulait savoir une chose, d'en demander une autre, aussi éloignée que possible de celle qui la préoccupait, mais pouvant cependant préparer ou faciliter la réponse qu'elle attendait.

— J'ai été bien heureuse, dit-elle, de l'approbation que vous m'avez donnée hier.

— Je ne te l'ai pas donnée comme j'aurais voulu ; mais, au milieu du monde qui t'entourait, je ne pouvais pas te dire l'émotion que tu m'avais causée et le plaisir que tu m'avais fait.

— Alors vous avez été content de moi ?

— Content ! Dis que j'en ai été fier, car j'ai naïvement pris ma part dans ton succès.

C'étaient là de douces paroles pour elle ; mais elles ne devaient pas, si agréables qu'elles fussent, lui faire oublier le but qu'elle poursuivait.

— Je veux vous demander, continua-t-elle, si vous pensez que maintenant je peux jouer en public.

— Comment, en public ! Mais hier tu as joué en public.

— J'entends un vrai public, non d'invités, mais payant.

— Tu veux jouer dans un concert ?

— Ne le faut-il pas ?

— Et pourquoi donc le faut-il ?

— Ne m'avez-vous pas fait travailler pour que je devienne une artiste ?

— Sans doute.

— Pour que j'acquière du talent ?

— Tu l'as acquis.

— Alors, ne dois-je pas maintenant en tirer parti ?

Casparis était habitué à ces manières de Pompon qui, à toutes les questions qu'on lui adressait, répondait toujours par une autre question ; il ne s'étonna donc pas de la façon dont elle conduisait l'entretien, mais, par contre, il s'étonna du désir qu'il croyait constater en elle.

Il se mit à sourire en la regardant affectueusement :

— Je vois ce que c'est, dit-il, tu as été grisée par le succès, et, comme cela t'a paru bon, tu en veux plus encore.

— Est-ce mal? demanda-t-elle après un moment donné à la surprise de se voir si peu comprise.

— Pas du tout; avec un talent comme le tien on a le droit d'être ambitieuse et de ne pas se contenter des applaudissements de ses amis.

Cette fois ce fut un mot du cœur qui lui échappa :

— Ah ! je vous jure pourtant que j'aurais voulu ne jamais obtenir que les vôtres.

Puis, tout de suite, voulant atténuer ces paroles, et surtout l'accent avec lequel elle les avait jetées, irrésistiblement entraînée :

— Mais cela serait-il sage ? demanda-t-elle tristement ; ne faut-il pas penser à l'avenir ?

Il la regarda doucement :

— Tu penses à l'avenir, ma petite Pompon?

Une fois encore elle céda à l'élan de son cœur :

— Oh! oui, dit-elle d'une voix vibrante qui remua Casparis.

Mais tout de suite elle corrigea ce que ce cri pouvait avoir de trop significatif :

— N'est-ce pas tout naturel ? demanda-t-elle.

— Assurément, mon enfant ; seulement, tu es si jeune que ces paroles graves m'étonnent un peu dans ta bouche.

C'était un des chagrins de Pompon que Casparis la traitât toujours en enfant et ne vît en elle qu'une petite fille, presque la petite fille qu'il avait recueillie. Ne s'apercevrait-il donc jamais qu'elle avait grandi ? Tout le monde ne la prenait pas pour une enfant, cependant ! Jottral ne l'aimait-il pas ? N'avait-il pas voulu faire d'elle sa femme ? On ne se marie pas avec les petites filles. Mais Casparis, comme Blanchon d'ailleurs, et comme Falco aussi, était si bien habitué à la voir gamine, que rien ne lui ouvrait les yeux. Ce n'était pourtant pas une gamine que le public et les critiques avaient admirée dans la *Pompon* qui avait obtenu la médaille d'honneur. Et c'était un homme intelligent ; c'était un sculpteur ; il savait voir, et il ne voyait rien cependant.

— Mais je ne suis pas si jeune, dit-elle d'un ton réfléchi.

Il se mit à rire franchement, et chantant sur l'air de la *Vieille :*

> Oh ! la jeune, la jeune, la jeune,
> Qui croyait avoir vingt ans.

— Mais j'ai au moins seize ans, fit-elle dépitée.
— Vraiment !

Mais elle ne répondit pas sur le ton de plaisanterie, car elle n'était guère en disposition de plaisanter; c'était sa vie qui s'agitait en ce moment, son bonheur ou son malheur qu'elle allait décider elle-même peut-être.

Casparis était assis au coin de la cheminée, fumant une cigarette et renversé dans un fauteuil, tandis que vis-à-vis de lui, de l'autre côté, sur une chaise, elle se tenait penchée en avant, ne le quittant pas des yeux, accoudée à la tablette de la cheminée, toute frémissante d'angoisse.

— Si je pense à l'avenir, dit-elle, ce n'est pas que je ne sois pas heureuse du présent, — et bien heureuse je vous le jure, — ni reconnaissante du passé. Soyez sûr que je n'oublierai jamais ce que vous avez fait pour moi.

— Ne parlons pas de cela.

— Je sais bien que vous ne voulez pas me permettre de vous exprimer ma reconnaissance, et que, toutes les fois que j'ai essayé de le faire, vous m'avez fermé la bouche... oh ! amicalement. Mais ce que vous ne m'avez pas permis de dire, vous n'avez pas pu m'empêcher de le penser.

— Ce que j'ai fait, tout autre à ma place l'eût fait comme moi.

— En me ramassant dans la neige; oui cela, peut-être, et encore? Mais enfin je comprends qu'il y a des gens qui n'auraient pas pu accepter la responsabilité d'avoir laissé une enfant mourir de froid et de faim, sans se baisser pour la ramasser. Cependant voulez-vous me permettre de vous dire franchement que ce n'est pas parce que vous m'avez sauvé la vie que j'ai été, que je suis pénétrée pour vous d'une si profonde gratitude; c'est parce que vous me l'avez donnée. Que serais-je sans vous? Morte, d'abord; mais cela ce n'est rien; et je crois bien que quand je me suis couchée le long de cette pierre, j'ai eu l'idée que j'allais mourir là; et cela sans trop d'épouvante; ça serait fini. Mais ne mourant pas là de froid, ou un peu plus tard de faim, que serais-je devenue sans vous? Une fille des rues, une vagabonde, une misérable. C'est quand je pense à ce que j'aurais pu être, et à ce que je suis, grâce à vous, que je dois me retenir pour ne pas me jeter à vos genoux et baiser la trace de vos pas.

— Mon enfant! s'écria Casparis en la regardant tout ému de cet acte de gratitude qui semblait jaillir d'elle irrésistiblement.

Elle se tenait droite sur sa chaise, accoudée à la

cheminée, l'autre bras serré contre elle, comme si elle voulait contenir les mouvements tumultueux

qui l'agitaient et les paroles qui, du cœur, lui montaient aux lèvres.

Elle continua :

— M'arracher à la mort, c'était de la pitié, une

généreuse pitié que tout le monde n'aurait pas eue sans doute. Mais combien était-ce autre chose, et plus grande, et plus haute, et plus rare, et plus noble de faire ce que vous avez fait pour moi, pour moi pauvre petite bête, car c'était vrai, je n'étais à ce moment qu'une pauvre petite bête, bien pauvre, bien misérable. Cependant, vous m'avez associée à votre vie, et de la petite bête vous avez fait un être humain. Vous m'avez ouvert le cœur; vous m'avez donné une intelligence; je suis devenue digne de vous comprendre, vous et vos amis; j'étais moins que rien, un jouet, un objet de curiosité comme un perroquet ou un singe... pas savant, je suis aujourd'hui... ce que je suis.

— Une petite fille, pleine d'intelligence et de cœur.

— Enfin si je suis ce que vous dites, c'est à vous que je le dois, et c'est pour cela que je ne peux pas, quand l'occasion se présente comme en ce moment, ne pas vous parler de ma reconnaissance : ne m'en voudriez-vous pas si vous ne trouviez pas ce sentiment dans mon cœur?

— C'est vrai.

— Laissez-moi donc vous en parler; et puis cela m'est si doux.

Cela, elle le dit franchement, sans détours, sans réticence, avec une émotion sincère qui mit une larme au bord de ses paupières.

Mais tout cela avait été spontané ; ce n'était pas ce qu'elle avait préparé dans la nuit et ce qu'elle voulait dire ; il fallait que maintenant elle y arrivât :

— C'est justement parce que je sais, parce que je sens tout ce que je vous dois, dit-elle, que je pense à l'avenir. Enfant, j'ai pu accepter ce que vous faisiez pour moi si généreusement ; mais maintenant serait-il honnête à moi de continuer ainsi et de ne rien faire pour moi-même ?

— Ne te préoccupe donc pas de cela, ma petite Pompon.

— Au contraire, je dois m'en préoccuper, et il me semble que ce serait de la bassesse de compter toujours sur vous, alors que vous-même me dites que je peux me présenter devant le public.

— Et tu penses à cela sans peur, pauvre petite, intrépidement, avec l'audace de la jeunesse !

— Sans peur, non, mais enfin j'y pense.

Elle était arrivée, après tous ces détours, au but vers lequel elle tendait ; il fallait maintenant qu'elle l'abordât.

— Je dois d'autant plus y penser, dit-elle le cœur serré et respirant à peine, les yeux baissés, car elle n'avait plus la force de le regarder, que vous ne pouvez pas, toujours et à jamais, vous occuper de moi, comme vous l'avez fait jusqu'à présent.

— Et pourquoi donc ? Qui peut te faire croire cela ?

— Oh ! rien, bien sûr ; mais enfin, si votre vie changeait... si je ne pouvais plus rester près de vous.

Elle reculait, entassant les mots pour gagner du temps.

— Vous pouvez... (elle hésita), vous pouvez vous marier !

Elle prononça ces dernières paroles presque inintelligiblement, à voix étouffée, puis le cœur serré dans un étau, elle attendit.

Il la regarda, mais elle n'osa pas relever les yeux.

— Qui t'a dit que je pouvais me marier ? demanda-t-il.

— Oh ! personne.

— Comment cette idée t'est-elle venue alors ?

Casparis oubliait toujours que l'interrogation directe n'amenait pas une réponse chez Pompon.

— C'est possible, n'est-ce pas ? demanda-t-elle frémissante d'angoisse.

— Sans doute.

— Ah !

— Mais cela n'est pas ; tu n'as donc pas à t'inquiéter de ce qui arriverait si je me mariais.

Et il se leva, car l'heure de la reprise du travail avait sonné depuis assez longtemps déjà.

Quelle joie pour Pompon ! quel soulagement ! Cependant elle resta les yeux baissés, de peur de se trahir, s'efforçant de contenir les transports désordonnés qui la soulevaient.

Il ne pensait pas à se marier !

Était-ce possible ?

Assurément, puisqu'il le disait.

Il s'était dirigé vers le salon pour entrer dans son atelier.

Elle le suivit, car, malgré cette parole qui la remplissait d'un transport de joie, et qui devait, semblait-il, la satisfaire pleinement, elle avait encore une question à lui adresser, qu'elle avait préparée dans sa nuit, et qu'une irrésistible curiosité la poussait à poser, quand même.

Jottral n'étant pas encore revenu de déjeuner, elle pouvait parler.

— Quand vous m'avez demandé tout à l'heure, dit-elle, comment j'avais eu l'idée que vous pouviez vous marier, je ne vous ai pas répondu.

— Est-ce que tu réponds jamais ? dit-il en riant.

— C'est en regardant... Mlle Jaras, que cette idée m'est venue.

— Comment cela ? demanda-t-il d'un ton brusque.

— Elle est bien belle; car vous la trouvez belle n'est-ce pas ?

— Très belle.

— D'une beauté qui s'impose ?

— Justement.

Quelle douleur pour elle de parler de cette beauté, mais c'était le seul moyen qu'elle eût d'apprendre ce qu'elle voulait savoir.

— Ce qui est remarquable en elle, c'est la pureté de lignes de ses traits, n'est-ce pas ?

— Dis que cette pureté de lignes est admirable.

— Admirable... c'était là précisément le mot que je voulais dire : c'est comme la blancheur rosée de sa carnation, n'est-elle pas admirable aussi ?

— Tu l'as bien vue telle qu'elle est.

— C'est justement parce que je l'ai vue... telle que vous la voyiez vous-même, que je m'étais imaginé que...

Mais la porte de l'atelier s'ouvrit; c'était Jottral qui rentrait.

Devant lui, elle ne pouvait pas continuer cet interrogatoire si cruel pour elle; mais à quoi bon aller plus loin maintenant ?

Admirable ! il la trouvait admirable.

N'en avait-elle pas trop appris ?

Il est vrai que d'autre part, elle avait appris aussi qu'il ne pensait pas à se marier.

Mais s'il n'y pensait pas aujourd'hui, serait-il encore dans les mêmes idées demain ?

X

Casparis avait répondu avec une entière sincérité, lorsqu'il avait dit à Pompon qu'il ne voulait pas se marier.

Depuis le jour où Simonne était venue visiter son atelier et où il avait agité la question de savoir s'il pouvait l'épouser ou ne pas l'épouser, ses idées étaient restées les mêmes; aujourd'hui comme alors, il se disait qu'il y avait de graves raisons qui devaient l'éloigner de ce mariage; et ce qui l'avait inquiété à propos de la fortune et de la famille de cette belle fille, l'inquiétait toujours.

Le seul changement qui se fût accompli en lui portait sur le sentiment d'admiration qu'elle lui avait inspiré la première fois qu'il l'avait vue : aujourd'hui ce sentiment était devenu beaucoup plus vif, beaucoup plus ardent, beaucoup plus profond.

Mais on n'épouse pas une jeune fille seulement parce qu'elle est belle, si passionné qu'on soit pour le beau; on lui demande d'autres qualités.

Ces qualités sérieuses de la femme, de la mère de famille, les avait-elle ?

La question restait posée ; rien jusqu'à ce jour n'étant venu l'éclairer dans un sens ou dans l'autre.

Cependant, si les choses n'avaient pas changé de côté, il fallait, pour être sincère jusqu'au bout, qu'il s'avouât que ce sentiment d'admiration pour Simonne tournait chez lui à l'obsession.

Elle s'était à ce point imposée à son esprit, qu'elle avait fini par s'infiltrer dans tout son être, et si bien que, quand il cherchait un croquis maintenant, ou même quand il laissait simplement son crayon courir sur le papier, c'était les traits de Simonne qu'il reproduisait inconsciemment, tantôt son front, tantôt ses yeux ou sa bouche, tantôt son image complète, et quoi qu'il essayât, il la reproduisait fidèlement comme si elle avait posé devant lui.

Comme Jottral, il avait remarqué la ressemblance qui existait entre elle et cette médaille de Cléopâtre reproduite dans un ouvrage sur l'Égypte, et cela lui avait suggéré l'idée de faire une *Cléopâtre* se présentant devant César, au moment où, comme le raconte Plutarque, elle vient de sortir du paquet de hardes dans lequel elle s'est fait apporter, et s'offre au vainqueur de Pompée, qu'elle va séduire.

Comme sujet de statue, *Cléopâtre piquée par l'aspic* eût sans doute mieux valu ; mais ce n'était pas une idée triste qui pouvait occuper son esprit, pendant qu'il pensait à Simonne ; ce n'était pas une *Cléopâtre mourante* qu'il voulait, c'était une *Cléopâtre séductrice*.

Quelle douleur pour Pompon lorsque l'ayant, comme elle en avait l'habitude, interrogé sur le travail qu'il préparait, il lui avait répondu :

— Une *Cléopatre*.

Elle était restée pendant quelques minutes suffoquée ; mais, comme toujours, elle avait voulu pousser la curiosité jusqu'au bout.

— Est-ce que vous ne trouvez pas qu'entre la Cléopâtre représentée dans votre ouvrage sur l'Égypte et Mlle Jaras, il y a une certaine ressemblance?

— Dis une ressemblance frappante.

— Alors, c'est Mlle Jaras qui vous a inspiré cette *Cléopâtre ?*

Ce n'était pas son habitude de poser des questions aussi directes, mais elle n'avait pas eu la force de retenir celle-là.

— Précisément, dit-il.

Cependant il ne fit rien pour revoir Simonne, et le jeudi suivant, il n'alla pas chez Mme Arbelet, où il avait pourtant bien des chances de la rencontrer ; il passa la soirée au coin du feu avec Blanchon et Pompon, qu'il n'avait jamais vue aussi joyeuse, aussi pleine d'entrain, heureuse qu'elle était qu'il ne fût pas sorti.

Le temps avait été si court pour eux qu'ils n'étaient pas encore couchés lorsque Falco rentra.

— On s'est inquiété de toi, dit celui-ci à Casparis.

— Pourquoi donc ?

— Parce que tu n'es pas venu avec moi.

— Et qui donc ?

— Mais tout le monde : Mme Arbelet, Mme Jaras, la belle Simonne.

— Et qu'as-tu dit ?

— J'ai dit que tu étais un ours.

— Merci.

— Sais-tu ce que Simonne a répondu ?

— Que c'était vrai ?

— Pas du tout ; que tu avais bien raison, et que les chefs-d'œuvre ne se faisaient pas en courant les salons.

— Ça n'est pas bête.

— Mon Dieu, cela est relatif ; mais je crois bien que si j'étais resté à Andilly, ma *Forêt* n'aurait jamais vu le grand jour, tandis qu'en allant dans un salon, celui de Mme Arbelet, j'ai rencontré là une personne qui me fera peut-être exécuter ma symphonie.

— Et qui donc ?

— Mme Jaras, qui s'est éprise de mon ***Premier printemps*** assez chaudement pour mettre à mon service ses relations et son influence, ce qui pour moi est considérable. Si j'étais resté ce soir au coin du feu avec vous, je n'aurais pas appris cela ; elle a déjà remué terre et ciel à mon insu ; et si elle m'a donné cette bonne nouvelle aujourd'hui, c'est parce qu'elle compte sur le succès; tu vois donc que si les chefs-d'œuvre ne se font pas dans les salons, les salons ne sont pas inutiles à leur éclosion, — même quand ces chefs-d'œuvre n'en sont pas.

Le lendemain, comme Casparis était au travail, Nicolas lui avait apporté une carte.

— Tu ne pouvais pas dire que je n'étais pas visible? s'écria Casparis, sans même regarder cette carte.

— J'ai essayé de le dire la dernière fois que cette

dame est venue, répondit Nicolas, et ça n'a pas réussi.

Il regarda la carte :

« Madame Jaras ».

Vivement il se lava les mains qui étaient pleines de terre à modeler, et il entra dans le salon, où il trouva madame Jaras seule.

— Pardonnez-moi de venir vous déranger au milieu de votre travail, dit-elle, mais j'espérais vous voir hier au soir chez Mme Arbelet et vous adresser une demande que je n'ai voulu confier à personne, pas même à cette chère Mme Arbelet.

— Quelle demande ? pensa Casparis.

Elle continua :

— C'est une mère qui vient à vous, et ce titre, je l'espère, vous rendra indulgent pour la démarche que je tente.

Casparis s'inclina.

— Elle l'expliquera aussi, poursuivit Mme Jaras, car s'il est un orgueil qui soit permis, c'est l'orgueil maternel, n'est-ce pas ? J'avoue que j'ai cet orgueil et que je suis fière de la beauté de ma fille.

Casparis avait été tout d'abord déconcerté, et il s'était demandé sans le deviner le but de cette visite ; ce mot le mit sur la voie.

— Bien que ce ne soit pas d'aujourd'hui que j'admire cette beauté, — vous voyez que je parle en vraie mère, — je n'ai jamais voulu jusqu'à présent cependant faire faire le portrait de ma fille. Et cela pour deux raisons. La première c'est que je craignais que les éloges que ce portrait ne pouvait pas manquer de recueillir inspirassent de la vanité à ma fille. La seconde, c'est que je n'avais pas trouvé un artiste digne, — selon moi, à mon point de vue de mère orgueilleuse, — digne de comprendre et de reproduire cette beauté. Aujourd'hui ces raisons n'existent plus. Ma fille n'est plus une enfant et je n'ai pas à craindre que, par un sentiment d'orgueil exagéré, elle refuse tous les maris qui se présenteront ; quand elle rencontrera un homme qui, par son mérite personnel et par ses qualités, saura lui plaire, elle l'acceptera pour mari, sans attendre un prince, comme quelques envieuses l'en accusent. Et puis, d'autre part, et c'est là un point non moins important, j'ai rencontré enfin l'artiste que j'ai attendu pendant plusieurs années.

Elle fit une pause et regarda Casparis en souriant.

— Faut-il donc que je vous nomme ? dit-elle, et ne m'aiderez-vous pas ?

Casparis resta embarrassé.

— En parlant de portrait tout à l'heure, dit-elle, je me suis mal expliquée. Ce n'est pas réellement un portrait, c'est-à-dire un tableau. J'estime, — et mon orgueil de mère va reparaître encore, — j'estime que la beauté de ma fille est digne de la statuaire ; et ce que je désire... ce que je vous demande, c'est un buste d'elle.

— Mon Dieu, madame, je ne puis être que vivement flatté d'une demande qui m'est adressée dans de telles conditions...

— Ne me dites pas que vous ne faites pas de bustes, interrompit-elle, car je vous répondrais que vous avez fait celui de Mme Arbelet, qui est une merveille, et à ce moment vous n'aviez pas de relations amicales avec elle. Vous voyez que je suis renseignée.

Casparis ne pouvait pas répondre que ce n'était pas pour Mme Arbelet qu'il avait fait ce buste, mais que c'était pour Falco; il resta bouche close, hésitant.

S'il avait été question de toute autre que de Simonne, il aurait répondu nettement qu'il ne pouvait pas accepter ce travail, et il aurait trouvé des raisons telles quelles pour s'en débarrasser.

Mais cette beauté qui venait s'offrir, quand il l'avait cherchée lui-même depuis quelques jours avec une sorte d'obstination inconsciente, le rendait perplexe.

— Je vous dis que je suis renseignée, continua Mme Jaras; je le prouve : la beauté de ma fille ne vous a-t-elle pas inspiré l'idée d'une *Cléopâtre?*

— Eh quoi?

— Mon Dieu ! oui ; votre ami M. Falco a parlé ;

mais il n'y a pas là de quoi lui en vouloir, j'espère; l'indiscrétion, si indiscrétion il y a, n'est pas bien grave. En tout cas, ce n'est pas elle qui m'a suggéré le désir de faire appel à votre talent. C'est votre talent lui-même. Ne vous en prenez donc qu'à vous, et non à votre ami, qui est innocent.

Comme Casparis allait répondre, elle l'arrêta d'un geste amical.

Il est bien entendu qu'il n'y aura pas de conditions à débattre entre nous; les vôtres seront les miennes, celles de Mme Arbelet, si vous le voulez, ou de nouvelles, si vous pensez que l'auteur de *Pompon* et de l'*Ève endormie* est dans une situation autre que ne l'était l'auteur du buste de Mme Arbelet ; ce qui, pour mon compte, me paraîtrait parfaitement juste, je vous le dis tout de suite. Tout ceci expliqué, je n'accepterai donc qu'une raison pour justifier votre refus, si vous n'accédez pas à ma demande : j'ai assez le respect de l'art pour comprendre qu'un artiste ne peut faire que ce qui lui plaît, dites-moi que la beauté que j'appelle la beauté de Simonne ne vous plaît point, et je me retire désolée, mais sans ajouter un mot de plus.

Il y eut un court moment de silence.

— Madame, je suis à votre disposition.

— Ah ! monsieur, vous me comblez de joie. C'est de tout cœur que je vous remercie. Mon trouble vous exprime mieux que je ne le ferais moi-même combien j'avais peur, car **M.** Falco m'avait dit que vous refusiez tous les bustes qu'on vous demandait. Quand commençerons-nous ?

— Quand vous voudrez, madame.

— Eh bien ! la semaine prochaine.

Quand Casparis rentra dans l'atelier, il se mit au travail sans parler à Pompon, qui l'examinait craintivement.

Ce fut seulement après plus d'un quart d'heure qu'il s'adressa à Jottral :

— Nous voici avec un buste en préparation, dit-il ; mardi, je commence celui de Mlle Jaras.

Pompon resta un moment immobile sur le divan ; puis, au bout de quelques minutes, se levant et marchant la tête tournée vers le mur de manière à ce que Casparis, s'il la regardait, ne pût pas voir son visage, elle sortit de l'atelier : elle étouffait.

XI

Les séances pour ce buste furent fréquentes et longues; cependant les sentiments de Casparis à l'égard de Simonne restèrent au début à peu près ce qu'ils étaient.

Mieux il la connut, mieux il l'étudia, plus il admira sa beauté.

Mais pendant longtemps il s'en tint à l'admiration.

Le statuaire était dans l'enthousiasme; l'homme était calme, retenu par des considérations graves qui tout d'abord l'avaient inquiété quand il s'était demandé s'il pouvait épouser cette belle jeune fille : l'âge de Simonne, avec tout ce qui pouvaient en résulter, sa famille, sa fortune.

Cependant, peu à peu, ses sentiments se modifièrent, et il s'aperçut qu'il l'avait tout d'abord jugée plutôt avec des idées préconçues qu'avec une impartiale justice.

Car enfin, pour avoir vingt-trois ans, il ne s'ensuit pas nécessairement qu'on se marie désespérée et qu'on demande à son mari de vous consoler de toutes les déceptions qu'on a éprouvées depuis cinq ou six ans.

Pour être fille d'une chanteuse, il n'en résulte pas fatalement qu'on a reçu l'éducation et qu'on a contracté les idées, les goûts, les manières d'une femme de théâtre.

Pour avoir huit cent mille francs de dot, il n'est pas prouvé que cet argent a été mal acquis.

On peut ne pas s'être mariée parce qu'on n'a pas trouvé le mari qu'on aimait; on peut, quoique fille d'une comédienne, avoir reçu l'éducation d'une honnête femme; enfin, on peut, quand on est chanteuse et qu'on a le talent de Mme Jaras, gagner une belle fortune honorablement.

Voilà ce que disait la raison, au moins sa raison présente, celle qui s'était éveillée en lui après quelques séances de pose.

Mais que disait la réalité?

L'expérience lui montra bientôt qu'il n'avait pas étudié Simonne à tous les points de vue, et que, même pour ceux qui tout d'abord lui avaient déplu en elle, au moins pour quelques uns, il s'était trompé.

Ainsi, ce qui l'avait le plus vivement blessé, ç'avait

été son arrogance et son insolence à l'égard de Pompon; et de là il avait tout naturellement conclu à un cœur sec et à un caractère gâté par l'orgueil.

Eh bien, il s'était trompé dans sa conclusion; il n'avait pas tardé à en avoir la preuve.

De peur qu'une scène semblable à celle qui s'était produite lors de la visite de Simonne se renouvelât, il avait prié Pompon de ne pas venir dans l'atelier lorsque Mlle Jaras poserait. Et Pompon, sans répliquer, avait obéi, au moins pendant deux jours. Mais le troisième elle était entrée pendant la séance, ayant quelque chose de pressant à lui demander. Cela l'avait fâché et encore plus inquiété. Qu'allait faire, qu'allait dire Simonne?

Mais elle n'avait rien fait, elle n'avait rien dit; elle avait regardé Pompon, et elle l'avait regardé lui-même avec une insistance étrange comme si elle voulait lire en elle et en lui.

Ç'avait été le lendemain seulement qu'elle lui avait parlé de Pompon :

— J'ai lu quelque part, dit-elle, que Léonard de Vinci, lorsque posaient les personnes dont il faisait le portrait, tâchait de leur donner une physionomie heureuse en les distrayant, et que pour cela, il les entourait de musiciens, de danseurs. Est-ce que Mlle Pompon ne travaille pas ordinairement dans votre atelier?

— Quelquefois, quand nous sommes seuls.

— Eh bien, est-ce qu'il serait impossible de faire en ce moment comme si vous étiez seul?

Casparis avait hésité.

— Vous ne voulez pas?

— Simonne! s'était écriée Mme Jaras.

Cette menace de gronderie avait décidé Casparis, qui avait été chercher Pompon dans le salon où elle se tenait.

— Mlle Jaras demande à t'entendre, avait-il dit avec un certain embarras; veux-tu venir dans l'atelier jouer quelque chose?

Contrairement à ce qu'il prévoyait, Pompon avait tout de suite accepté, comme si elle était heureuse de cette demande, et elle l'avait suivi avec empressement.

Mais il n'était pas au bout de ses surprises : en voyant entrer Pompon, Simonne était venue au-devant d'elle, affable et souriante :

— Je n'ai pas pu l'autre jour, chez Mme Arbelet, dit-elle, vous exprimer toute mon admiration; voulez-vous me permettre de le faire aujourd'hui; vous me rendriez bien heureuse si vous vouliez nous jouer votre *Rapsodie*.

Qu'est-ce que cela voulait dire?

— Avec plaisir, mademoiselle, répondit Pompon.

Et tout de suite, elle se mit à jouer.

Quand elle eut achevé son morceau, Simonne la

complimenta chaleureusement, et, pour la louer, elle trouva les paroles les mieux senties.

Casparis fut enchanté.

— On ne peut pas mieux réparer ses torts, se dit-il; elle est fantasque, mais elle a du cœur.

Le lendemain, Simonne demanda encore à voir Pompon, et tant que durèrent les séances, celle-ci s'installa dans l'atelier.

Casparis fut aussi content de l'une que de l'autre; et il chercha laquelle était la meilleure, de celle qui savait si bien demander pardon de sa faute, ou de celle qui la pardonnait.

Aussi ces séances, où il voyait Pompon et Simonne réunies, furent-elles un réel plaisir pour lui; jamais il n'avait travaillé si agréablement; et son travail profitait de sa satisfaction; ce buste serait assurément une des meilleures choses qu'il eût faites.

Cependant il y avait une question qui, quelquefois, se présentait à son esprit : « Pourquoi Simonne, qui devait devenir si charmante pour Pompon, avait-elle commencé par être si injuste et si dure ? »

Grand fut son étonnement lorsqu'un jour Mme Arbelet répondit à cette question :

— Avez-vous deviné la cause de l'étrange algarade que Simonne a faite à Pompon, le jour où nous avons visité votre atelier? lui dit-elle. Non, n'est-ce pas? Eh bien, je vais vous l'apprendre; car, enfin, il est bon que vous connaissiez Simonne telle qu'elle est. Elle s'était imaginé, ou bien on lui avait dit, je ne sais pas au juste, que Pompon était votre maîtresse.

— Pompon, ma maîtresse! s'écria Casparis.

— Dame! ça en a bien l'air.

— Mais qui donc a pu croire cela?

— Tout le monde; moi la première, qui jusqu'à ce jour n'en avais jamais douté; enfin, Simonne le croyait; et comme, avec sa fierté, elle trouvait cela abominable, elle avait voulu en marquer à Pompon tout son mépris.

— Si quelqu'un avait mérité ce mépris, il me semble que ç'eût été moi et non elle.

— Vous parlez en homme, mais ce n'est pas ainsi que les femmes sentent et raisonnent. C'est quand Simonne a vu qu'on l'avait trompée et que Pompon n'était pour vous qu'une enfant d'adoption qu'elle s'est faite bonne fille pour cette petite, qu'elle avait blessée injustement. N'est-ce pas charmant?

Non seulement il reconnut que Simonne avait du cœur et que son caractère n'avait point été gâté par l'orgueil comme il l'avait craint tout d'abord, mais encore il découvrit que son éducation par sa famille n'avait pas été celle qu'il avait supposée. Pendant les premières séances, Mme Jaras avait accompagné sa fille chez Casparis, mais un jour celle-ci était arrivée avec sa sœur et son beau-frère le marquis et la marquise de Gouessant.

— Pardonnez-nous d'envahir votre atelier, dit Simonne en riant, mais ma mère a été retenue aujourd'hui, et ma sœur, qui a bien voulu m'accompagner, ne sort pas sans son mari : je vous pré-

sente ce qu'on appelait autrefois des tourtereaux, et ce qu'on n'appelle plus aujourd'hui d'aucun nom, attendu que cette espèce n'existe plus.

Au lieu de se fâcher, le marquis et la marquise se regardèrent en se souriant tendrement.

Et tandis que Simonne prenait sa pose, ils allèrent s'asseoir au bout de l'atelier, sur le divan, côte à côte, tournés l'un vers l'autre, se parlant à voix basse.

Si Casparis n'entendait pas ce qu'ils disaient, il pouvait les voir tout en travaillant, et, de temps en temps, il jetait un coup d'œil de leur côté.

Mme de Gouessant ne ressemblait en rien à sa sœur, bien que blanche et blonde ; cependant, quoiqu'elle n'eût que la beauté du diable, elle était charmante avec un air simple et bon. Quant au marquis c'était un grand gaillard de près de six pieds

de haut, qui eût fait un magnifique cuirassier, rouge de carnation comme un homme qui vit en plein air, et cependant distingué, sinon élégant, de manières et de tenue.

— Je vais vous faire connaître mon beau-frère, dit Simonne à voix basse en s'adressant à Casparis à un moment où il venait à elle pour mettre en place une boucle de cheveux qui se présentait mal.

Et élevant un peu la voix :

— Albert ! dit-elle.

Mais le mari et la femme étaient si bien absorbés dans leur entretien qu'ils n'entendirent ni l'un ni l'autre cet appel,

— Albert ! cria-t-elle.

— Vous m'appelez ? dit le marquis en venant à elle.

— C'est la seconde fois, dit Simonne en riant ; mais quand ma sœur parle, vous n'avez d'oreilles que pour elle.

— C'est vrai, pardonnez-moi.

— Je voulais vous dire que, comme la séance va être longue, vous pouvez allez vous promener si vous avez peur de vous ennuyer ; vous viendrez nous prendre dans deux heures,

— Mais je ne m'ennuie pas du tout, dit le marquis qui s'empressa de retourner auprès de sa femme.

— Vous voyez, dit Simonne, il ne s'ennuie pas. Il est admirable. Ce qui l'ennuierait ce serait d'aller se promener seul. A Gouessant, ils ne se quittent pas. Ma sœur, qui, enfant, était la poltronnerie en personne, chasse maintenant le loup et le sanglier avec intrépidité, accompagnant partout son mari, à cheval quand c'est possible, à pied quand il s'agit de la chasse à tir ; elle porte même dans ces occasions le pantalon et la blouse très gaillardement. Quant au marquis, malgré sa tournure d'hercule, il a appris à faire de la tapisserie, et si vous nous honorez un jour de votre visite, je vous montrerai une chaise qui est son ouvrage. Madame chasse pour accompagner monsieur, et monsieur fait de la tapisserie pour rester auprès de madame.

— Vous le disiez, c'est admirable.

— Leur malheur, c'est de passer deux mois tous les hivers à Paris, où ils ne sont plus aussi librement l'un à l'autre. Si ma mère n'exigeait pas leur visite, je crois qu'ils nous abandonneraient. Ils trouvent toujours des raisons, meilleures les unes que les autres, pour nous voler quelques jours. N'oubliez pas que ce ne sont pas de jeunes mariés; il y a six ans que dure cette lune de miel.

Il n'y avait pas d'exagération dans ces paroles de Simonne, et, comme le marquis et la marquise accompagnèrent souvent celle-ci quand elle venait poser, Casparis put voir que cet amour du mari pour la femme et de la femme pour le mari était réellement admirable : ils s'adoraient et ils ne paraissaient pas avoir d'autre souci ni d'autre joie en ce monde que de se rendre heureux l'un l'autre.

Il le vit dans son atelier pendant les longues heures des séances de pose, il le vit chez Mme Arbelet, il le vit chez Mme Jaras où il fut bientôt invité et où il ne put pas faire autrement que de se rendre.

Si ses premières idées sur l'éducation des filles de comédiennes étaient fondées, comment Mme de Gouessant pouvait-elle être une si excellente femme pour son mari ?

Il s'était donc trompé.

Et, ce qui semblait un point important à noter, c'était que Mme de Gouessant, ce modèle de la femme aimante, avait cependant dû subir l'influence de cette éducation et de ce milieu beaucoup plus que sa sœur, moins âgée qu'elle de quatre ans.

De même il s'était trompé aussi sur Mme Jaras et sur la maison de celle-ci.

Admis dans cette maison, il l'avait vue ordonnée avec un ordre parfait, rigoureux même, et qui, dans quelques détails, trahissait des habitudes d'économie qui allaient peut-être jusqu'à l'avarice.

S'il en était ainsi, quoi d'étonnant à ce que Mme Jaras eût amassé une belle fortune : elle avait gardé ce qu'elle avait gagné, voilà tout, et cela était d'une bonne mère.

Et de fait elle se montrait en tout une maîtresse femme, malgré certains ridicules dont on pouvait sourire et qui étaient chez elle l'affectation d'une nouvelle convertie à de certaines idées et à de certains usages : comme de dire par exemple vigne folle au lieu de vigne vierge.

Mais quoi! Si l'on s'arrêtait devant les ridicules d'une belle-mère, on ne se marierait jamais.

XII

Es séances pour le buste, la beauté de Simonne de plus en plus éclatante, les excuses à Pompon, la vue des amours du marquis et de la marquise de Gouessant, l'intimité, les relations presque quotidiennes, l'ordre de Mme Jaras, sa sévère économie, la régularité de sa vie, la tenue correcte de sa maison du boulevard Malesherbes, tout cela, se réunissant et se groupant, avait grandement influencé les sentiments de Casparis.

Cependant, il était resté toujours hésitant.

L'admiration purement artistique qu'il avait tout d'abord éprouvée pour Simonne avait changé de caractère, et cependant il hésitait.

Simonne était à ses yeux la beauté la plus parfaite qu'il eût jamais vue; il ne pouvait se trouver près d'elle sans ressentir une émotion délicieuse et un trouble profond; il la recherchait partout, à ce point qu'il ne manquait plus une seule des réunions où il avait la chance de la rencontrer, chez Mme Arbelet, chez la duchesse de Villagarcia, chez la marquise de Thury, au Bois, au théâtre; un mot d'elle le charmait; un sourire de ses yeux mystérieux l'enivrait; il se disait, il croyait qu'elle donnerait le bonheur au mari qu'elle choisirait.

Et cependant il hésitait à devenir ce mari.

Les choses menaçaient de continuer ainsi lorsque Mme Arbelet, par son intervention, leur imprima un autre cours.

Un après-midi elle arriva avenue de Villiers, et comme Casparis, surpris de cette visite, cherchait quel en pouvait être le but, elle lui demanda quelques minutes d'entretien particulier.

Ils passèrent dans le salon.

— Vous êtes intrigué de savoir ce qui m'amène, n'est-ce pas? dit-elle?

— Un peu.

— Simonne.

— Ah!

— Mais ce n'est pas de sa part que je viens, ce n'est pas pour elle, c'est dans votre intérêt, si vous voulez bien me permettre d'intervenir ainsi dans vos affaires sans en être priée; ce qui, à vrai dire, m'inquiète un peu, car avec votre tenue réservée, vos manières discrètes, votre sobriété de paroles et vos regards énigmatiques, vous savez que vous intimidez les gens.

— Ah! madame.

— Enfin je me risque : la sympathie l'emporte sur la peur. En un mot, voici ce que je viens vous demander : Renoncez-vous à Simonne?

Casparis fit un saut.

— C'est moi qui, la première, continua Mme Arbelet, vous ai parlé de Simonne; je peux donc continuer l'entretien aujourd'hui. Vous la connaissez maintenant, vous savez ce qu'elle est, ce qu'elle vaut. La voulez-vous pour femme? Ou bien renoncez-vous à elle?

— Mais, madame...

— Écoutez-moi, interrompit Mme Arbelet; quand je vous ai parlé de Simonne, je n'étais pas le porte-voix de Mme Jaras qui, vous désirant pour gendre, me chargeait de vous sonder; aujourd'hui je ne le suis pas davantage. Je vous ai parlé de Simonne, parce que j'ai cru que vous étiez faits l'un pour l'autre; aujourd'hui je reprends l'entretien, parce que je vois que ce mariage que je désire pour vous aussi bien que pour Simonne, et pour Simonne aussi bien que pour vous, ne se fera pas s'il ne se fait pas tout de suite. En un mot, je vous préviens que, si vous ne vous prononcez pas, il est possible que dans six semaines Simonne soit mariée.

— Comment cela?

— Vous vous êtes rencontré chez la duchesse de Villagarcia avec le comte de San-Lucar; eh bien! le comte de San-Lucar, qui, vous avez pu le voir, est un jeune homme charmant, d'un grand nom et d'une belle fortune, est amoureux fou de Simonne et veut l'épouser; la mère est tentée, la fille résiste; voilà la situation, je vous la dénonce, car, avec l'intelligence des hommes supérieurs, vous ne voyez pas plus loin que le bout de votre nez; maintenant que vous voilà averti, décidez, je me retire.

Cependant elle ne se retira pas tout de suite, et même elle insista longuement sur le chagrin qu'elle éprouverait si ce mariage ne se faisait pas; il semblait si bien indiqué, elle n'en avait jamais vu aucun qui réunît des conditions, de l'un ou de l'autre côté, plus favorables.

Et elles les enuméra ces conditions, faisant la part

égale, dans ses compliments, à Casparis aussi bien qu'à Simonne.

Ce qui le touchait directement le laissait indifférent; mais il n'en était pas de même pour ce qui s'adressait à Simonne : par cela même que ces paroles étaient la confirmation de ses propres sentiments, elles prenaient une importance décisive.

Cependant Mme Arbelet partit sans qu'il se fût prononcé, et si, en faisant cette démarche auprès de lui, elle avait espéré qu'il la chargerait de demander Simonne à Mme Jaras, elle dut s'avouer qu'elle n'avait pas réussi.

— Quel drôle de garçon ! se dit-elle en tirant la porte.

Et elle s'en alla sans savoir s'il se déciderait ou s'il ne se déciderait pas à ce mariage, se disant que, s'il ne se décidait pas, c'était qu'il était retenu par une liaison qu'il n'avait pas la force de rompre : sa liaison avec Pompon sans aucun doute ; car, malgré l'explication qu'ils avaient eue à ce sujet, malgré les affirmations de Falco, elle était revenue à sa première idée : Pompon était la maîtresse de Casparis ; pour elle cela était obligé, et ce n'était même pas sans une certaine honte qu'elle se disait qu'elle avait été assez naïve pour en douter un moment. Mais pourquoi ne la quittait-il pas maintenant ? Il y avait donc quelque chose de vrai dans ce qu'on disait de ces passions que les négresses inspirent parfois aux blancs, si tyranniques et si exclusives, que ceux-ci ne peuvent plus aimer d'autres femmes? C'était curieux. Cette petite Pompon, qui aurait cru cela d'elle? Et cependant, en y réfléchissant bien, en se rappelant la perfection de formes de sa statue, en pensant à la passion qui semblait la dévorer, et qui se trahissait aussi bien dans ses regards que dans la façon dont elle sentait et exécutait la musique, tout s'expliquait. Mais comment Falco n'avait-il rien vu? Il est vrai qu'il voyait si peu clair, le pauvre garçon! Et c'était contre lui qu'elle s'était fâchée; on n'était vraiment pas plus naïf; il vivait dans l'intimité de Casparis et de Pompon, et il n'avait rien vu, assurément il était aveugle, sourd, et...

Elle ne se trompait pas moins sur Pompon que sur Casparis : s'il ne lui avait rien dit de précis, ce n'était pas que son parti ne fût pas pris; mais il voulait faire ses affaires lui-même directement, et les eût-il confiées à quelqu'un que ce n'eût certainement pas été à Mme Arbelet.

On était au samedi; le lendemain Simonne devait aller aux courses du bois de Boulogne avec sa sœur et son beau-frère : il la verrait à Longchamp.

Et le dimanche, avant deux heures, il se promenait dans l'enceinte du pesage, où personne encore n'était arrivé.

Il eut une heure à attendre; et, comme il passait et repassait devant l'entrée, il vit enfin Simonne, vers trois heures, descendre de voiture avec le marquis et la marquise de Gouessant.

Il n'alla point au-devant d'eux, mais au bout de quelques pas ils le trouvèrent sur leur passage.

— Vous! s'écria Simonne, c'est une bonne fortune; vous allez m'offrir votre bras, et cela rendra la liberté à ma chère sœur et à mon cher beau-frère, qui, depuis que nous sommes en route, n'ont pas trouvé un mot à me dire, tant ils sont occupés d'eux-mêmes.

Et avant qu'il eût répondu, elle lui tendit elle-même le bras; puis, passant la première, car avec sa sœur comme avec tout le monde et partout, elle prenait la tête, ils allèrent s'asseoir sur des chaises devant les tribunes.

— Et comment êtes-vous aux courses aujourd'hui? demanda Simonne; vous ne m'aviez pas parlé de cela jeudi quand je vous ai dit moi-même que j'y viendrais.

Casparis ne pouvait pas répondre franchement devant M. et Mme de Gouessant, qui les écoutaient; pour dire ce qu'il avait à dire, il lui fallait un moment de tête-à-tête avec Simonne, et il espérait bien le trouver; s'il ne se présentait pas par hasard, il l'amènerait quand même.

Comme ils se promenaient dans l'intervalle de deux courses, ils se trouvèrent séparés de M. et de

Mme de Gouessant, arrêtés par des amis de Bretagne; alors Casparis entraîna Simonne assez vite.

— Est-ce que vous voulez m'enlever? dit-elle en riant.

— Justement, répondit-il sur le même ton.

Et il l'amena autour de la pelouse sur laquelle on selle les chevaux qui vont courir.

Mais il ne riait plus, et Simonne sentait que le bras sur lequel elle s'appuyait était frémissant.

— Pardonnez-moi de vous avoir amenée ici, dit-il à mi-voix, mais j'ai à vous parler, et je n'ai pas eu la liberté de choisir le lieu et le moment.

— Vous me faites peur, dit-elle en continuant à plaisanter.

— Rien n'est plus sérieux, car c'est de ma vie, de mon bonheur qu'il s'agit; je vous demande donc de me répondre sérieusement, sincèrement.

Elle marchait les yeux baissés :

— Sincèrement, je vous le promets, dit-elle sans le regarder.

— Bien que je connaisse jusqu'à un certain point vos idées sur le mariage, il y a une chose que je ne sais pas et que je dois avant tout vous demander : accepteriez-vous pour mari un artiste?

— Quel artiste?

— Un sculpteur.

Elle hésita un moment avant de répondre et regarda autour d'elle pour voir si on ne pouvait pas les entendre.

— S'il avait du talent, dit-elle, un beau nom, une grande réputation, s'il était un homme de cœur, s'il m'aimait... oui.

— Eh bien ! je suis cet artiste, j'ai du cœur et je vous aime.

— Mais !...

— L'endroit est étrangement choisi pour vous parler ainsi, mais je n'ai pas été maitre d'en choisir un autre; laissez-moi donc profiter des quelques instants de tête-à-tête que nous avons pour vous dire, pour vous répéter que je vous aime, et que, si je ne vous ai pas fait cet aveu depuis longtemps, c'est que je voulais avoir éprouvé la solidité, la profondeur de cet amour, et être sûr que je n'étais pas subjugué seulement par votre admirable beauté; cette épreuve, je l'ai faite; cet examen de cœur, je l'ai répété chaque soir depuis que je vous aime; et quand je vous dis que je vous aime, je ne parle pas seulement pour le présent, mais pour l'avenir, pour toujours, pour la vie entière.

Il parlait à voix basse et rapidement, mais sans qu'elle perdit un mot de ce qu'il disait cependant; ils s'étaient arrêtés depuis quelques instants déjà, et ils étaient seuls dans un coin de l'enceinte sans que personne vînt de leur côté.

— Et ma mère, dit-elle, lui avez-vous parlé?

— Non... pas encore, j'ai cru...

Elle le regarda en face :

— Vous avez bien fait, dit-elle ; vous avez deviné que je n'accepterais jamais un mari qui traiterait la question d'affaire avant celle du sentiment. Je ne suis plus une petite fille, j'entends décider ma vie moi-même.

Doucement, elle lui pressa le bras :

— Maintenant, vous pouvez voir ma mère.

— Chère Simonne !

Mais elle l'interrompit :

— Voici ma sœur, dit-elle, ne nous trahissons pas.

Puis, lui pressant encore le bras plus fortement.

— Venez ce soir même, dit-elle, je ne pourrais pas attendre jusqu'à demain.

XIII

ETENU à dîner chez Mme Jaras, Casparis ne rentra chez lui que dans la soirée.

Et dans le trajet du boulevard Malesherbes à l'avenue de Villiers, ce fut à Pompon qu'il pensa plus qu'à Simonne.

Comment allait-elle accepter la nouvelle de ce mariage ?

Quel changement pour elle, au moins dans sa vie, ses habitudes, sa liberté !

Assurément elle le prévoyait et elle le redoutait, ce changement ! les questions qu'elle lui avait adressées dans ces derniers temps en étaient la preuve.

Bien certainement cela serait pénible pour elle, il le sentait, il le voyait ; mais enfin il ne pouvait pas l'empêcher.

Pour éviter un chagrin à Pompon, devait-il ne pas se marier ?

Ainsi posée, la question était résolue à l'avance, et Pompon elle-même, s'il la lui adressait, ne la résoudrait pas autrement.

Pour avoir recueilli et élevé Pompon, il ne lui avait pas donné sa vie entière.

Elle aimerait un jour, sans doute ; elle se marierait et ferait précisément ce qu'il faisait lui-même.

Lorsqu'il arriva chez lui, Pompon n'était point encore revenue de Montrouge, où elle avait été, comme tous les dimanches, passer la journée chez Mme Jottral.

Il l'attendit, car il voulait que cette explication, précisément parce qu'elle lui était pénible, eût lieu le soir même ; différée, elle ne serait que plus pénible encore.

Au bout de quelques instants, Pompon arriva, accompagnée de Nicolas, qui avait été la chercher.

Quand il l'entendit dans le vestibule, il ouvrit la porte du salon et l'appela ; elle vint à lui vivement et gaiement, toute joyeuse de le trouver là.

— Les courses ont été intéressantes ? demanda-t-elle.

Si elle n'aimait pas répondre, par contre elle aimait questionner, et en cette circonstance, si elle parlait des courses auxquelles elle ne s'intéressait guère, c'était pour arriver à Mlle Jaras, que Casparis, elle en était sûre, avait rencontrée à Longchamp, où il n'avait même peut-être été que pour la voir.

— Très intéressantes, dit-il, mais nous avons à parler ; assieds-toi, je te prie.

Au lieu de s'asseoir, elle resta debout devant lui, le regardant, l'examinant, le dévorant, toute frémissante.

Nous avons à parler !

Qu'allait-il dire ?

Le moment était donc venu ?

Parler de qui ? si ce n'est de Mlle Jaras.

Que dire, si ce n'est qu'il allait se marier avec elle ?

Hélas !

Elle s'assit, car ses jambes tremblantes ne la soutenaient plus : un voile flottait devant ses yeux troublés ; son cœur ne battait plus ; elle serait tombée.

Et elle ne voulait pas tomber, elle ne voulait pas se trahir.

Ce coup ne la surprenait pas, cependant ; bien souvent, dans ses nuits sans sommeil, elle avait pensé, ou même, dans son sommeil agité par la fièvre, elle avait entendu qu'il lui disait : « Je me marie. »

Mais ce qu'elle avait pensé, ce qu'elle avait entendu ainsi, ce n'était pas l'horrible réalité qui la frappait maintenant et la jetait à terre pantelante

C'était vrai, c'était vrai.

— Ma petite Pompon, dit-il d'une voix affectueuse en la regardant tendrement, car il voyait combien profondément elle était troublée, et il voulait autant que possible affaiblir la douleur qu'il allait lui causer; ma petite Pompon, je t'ai répondu il y a quelque temps, lorsque tu m'as questionné à ce sujet, que je ne pensais pas à me marier, et que, par conséquent, tu n'avais pas à t'inquiéter de ce qui arriverait si je me mariais ? Tu sais que je ne trompe jamais personne.

Elle inclina la tête par un signe affirmatif, incapable qu'elle était de faire sortir un son intelligible de sa gorge contractée.

Il continua.

— Au moment où je te répondais ainsi, ce que je te disais était donc vrai ; mais aujourd'hui les circonstances ont changé.

Il fit une pause, hésitant à prononcer le mot fatal, le reculant, comme si les temps qu'il prenait devaient la préparer, et ainsi la faire moins souffrir.

— Les circonstances ont changé, répéta-t-il.

Et il la regarda pour voir si elle ne l'aiderait pas.

Mais elle se tenait devant lui, les deux mains crispées autour des bras du fauteuil sur lequel elle était assise, la tête inclinée en avant, les yeux baissés, les lèvres entr'ouvertes et découvrant à demi les dents, immobile comme si elle avait été en bronze, vivante seulement par sa poitrine qu'agitaient des mouvements tumultueux.

Il devait donc continuer; ce qu'il fit :

— Mon mariage étant décidé...

— Ah !

Cette exclamation fut un cri et aussi une plainte; elle laissa aller sa tête en avant comme si elle allait s'abattre ; mais presque aussitôt elle se releva et de nouveau se tint droit, sans parler.

— Mon mariage étant décidé, dit-il vivement; car il avait hâte d'en finir, j'ai voulu que tu en sois la première avertie ; n'es-tu pas ma meilleure amie !

Elle inclina faiblement la tête, comme pour le remercier; n'était-ce pas, en effet, par un remerciement qu'elle devait répondre à cet empressement et à ce témoignage de confiance, à cette marque d'amitié.

Et puis ce n'est pas seulement pour cela que je t'en parle, mon enfant, c'est encore pour te dire que, malgré les changements nécessaires que cela va amener dans nos habitudes, il est bien entendu que nous ne nous quitterons pas.

— Ah ! murmura-t-elle faiblement.

— Mais sans doute.

— Entendu... avec Mlle Jaras ?

Il n'avait pas dit que c'était Mlle Jaras qu'il épousait, mais pour Pompon était-il nécessaire de le dire ?

— Non, répondit-il; mais il est inutile que cela soit

entendu avec elle, il suffit que cela le soit entre nous, ma petite Pompon. Je connais assez Simonne pour répondre d'elle ; elle sera heureuse de m'accorder ce que je désire. Tu as vu combien elle avait eu à cœur de te faire oublier son mauvais accueil lors de sa première visite ici. Sois certaine qu'elle aura à cœur aussi d'être pour toi ce que je suis moi-même ; cela ne sera-t-il pas tout naturel, puisque nous ne faisons qu'un, et que nous serons unis dans une même pensée ? Encore un coup je te réponds d'elle. Et si tu veux qu'elle te répète demain ce que je te dis aujourd'hui, elle te le répétera. Rien n'est plus facile : tu garderas le second étage et tu auras l'appartement de ma mère ; il ne peut pas être mieux occupé que par toi. Est-ce que je veux que nous nous séparions ?

Il avait parlé vivement, d'un ton affectueux et caressant ; la longueur de ce petit discours aurait permis à Pompon de se remettre un peu si, à chaque instant, un mot n'était venu déchirer à nouveau sa blessure et l'exaspérer : pourquoi insistait-il ainsi sur son union avec Simonne, sur leur intimité d'idées et de sentiments ?

Comme elle restait la tête inclinée, les yeux baissés, incapable de trouver un mot à répondre, il continua :

— Eh bien, mon enfant, tu ne dis rien ; pourquoi ne me réponds-tu pas ?

Elle fit un effort désespéré :

— Il le faut, murmura-t-elle.

— Que faut-il ?

— Que nous nous séparions.

— Et pourquoi donc le faut-il, quand moi je te dis que je ne le veux pas ?

— C'est impossible.

— Et pourquoi donc ?

— Vous ne pensez qu'au chagrin de cette séparation, et c'est cela qui vous fait dire qu'elle est impossible, comme c'est votre générosité, votre bonté, votre affection, qui vous font m'offrir l'appartement de... votre mère. Ah ! si vous saviez comme cela me touche et dans mon désespoir me donne de fierté, de bonheur et de force !

Malgré cette force dont elle parlait, elle éclata en sanglots, et, pour la première fois, elle laissa couler ses larmes librement, sans les cacher.

— Calme-toi, mon enfant, dit Casparis, remué jusqu'au fond du cœur ; ne te laisse pas aller à cette émotion ; sois sage, sois ferme, ma petite Pompon.

— C'est de bonheur que je pleure, c'est de voir combien vous m'aimez, — elle se reprit, — combien vous avez d'amitié pour moi.

— Oui, tu as raison de dire que je t'aime de tout mon cœur, mignonne, et c'est pour cela que tu ne dois pas te chagriner, et c'est pour cela que je ne veux pas cette séparation.

— Il la faut pourtant, je le sens bien, moi, et vous

le sentiriez aussi si vous n'étiez pas retenu par la peur de me peiner ; vous le sentiriez, vous le diriez comme tout le monde.

— Comment, comme tout le monde ?

— Comme M. Blanchon, comme Nicolas, comme Justine.

— Blanchon ! Nicolas ! Justine ! et qu'ont-ils à faire entre nous ? s'écria-t-il.

— Oh ! ne vous fâchez pas, je vais vous expliquer... Vous sentez, n'est-ce pas, que cette nouvelle que vous venez de m'apprendre ne m'a pas surprise ? Il y a longtemps déjà que je l'attendais. Vous voyant auprès de Mlle Jaras, j'avais compris que... vous l'aimiez. Et, l'aimant, vous deviez l'épouser ; elle est si belle. D'autres aussi avaient vu ce que je voyais ; et tout le monde parlait de votre mariage, quand vous-même disiez que vous ne pensiez pas à vous marier. Alors j'ai pensé à ce que je devais faire à ce moment. Je vous en ai même parlé ; vous m'avez répondu que je ne devais pas m'inquiéter. Cependant je me suis inquiétée quand même. J'ai consulté M. Blanchon de peur de me tromper dans ce que je sentais, et il m'a dit que, vous marié, ma place n'était plus ici ; qu'il ne devait y avoir personne entre le mari et la femme, et que lors même qu'on voudrait me garder, je devrais m'en aller, afin d'éviter que plus tard je sois exposée à ce qu'on me renvoie.

— Te renvoyer, toi! Blanchon ne sait ce qu'il dit.

— Ce qu'il a dit, je le pensais, je le sentais; il n'a fait que me confirmer dans ma résolution qui, dès ce moment, a été arrêtée; c'est même pour cela que, dans ces derniers temps, vous m'avez vue triste quel-

quefois; je pensais à mon départ, et je me disais : Quand? Alors mon cœur se serrait, les larmes me gagnaient et...

Les larmes la gagnèrent encore, l'étouffèrent et lui coupèrent la voix.

— Mais c'est folie! s'écria Casparis; pour partir il faut aller quelque part; où veux-tu aller? Crois-tu que je t'ai arrachée de la rue pour t'y rejeter, pauvre enfant? Quand je ne t'aimerais pas comme je t'aime, je ne le ferais pas; ce serait un crime. J'ai des devoirs à remplir envers toi.

— Mais j'ai où aller!

— Où donc? chez qui?

— Chez Nicolas et Justine.

— Nicolas? Justine?

— Comme moi ils se sont inquiétés de votre mariage. Ils sont vieux; ils ne pourraient pas s'habituer à une nouvelle maîtresse ni la bien servir. Ils ont de quoi vivre. Alors ils ont décidé que quand vous vous marieriez, ils se retireraient à Batignolles, tout près d'ici, et que j'habiterais avec eux. Moi aussi, par votre générosité, j'ai de quoi vivre, en attendant que je gagne de l'argent avec le talent que vous m'avez donné.

Casparis resta assez longtemps silencieux, ému et troublé.

Elle avait raison cette enfant; il avait raison Blanchon : il ne fallait personne entre la femme et le mari; cela était vrai; mais, pour être vrai, cela n'en était pas moins cruel.

Pauvre Pompon!

Il n'avait pas assez pensé à elle.

Que ferait-il pour adoucir cette séparation? Il trouverait. Il ne fallait pas qu'elle fût malheureuse, cette chère petite, abandonnée, isolée. Il s'entendrait avec Simonne pour cela : elle lui suggérerait quelque bonne idée féminine, pleine de cœur, digne d'elle.

Pendant qu'il refléchissait ainsi, Pompon s'était levée, car elle était à bout de forces ; elle avait besoin d'être seule pour s'abandonner et pleurer à son aise, dans sa chambre, porte close.

Cependant, avant de sortir, elle se retourna vers Gasparis, et d'une voix tremblante :

— Quand ? demanda-t-elle.

— Dans un mois.

XIV

Le lendemain matin, Casparis descendit de bonne heure dans son atelier, et aussitôt il appela Nicolas et Justine, qui arrivèrent l'air embarrassé et chagrin.

— Pompon m'a dit hier qu'au cas où je me marierais, votre intention n'était pas de rester avec moi.

Ils se regardèrent l'un et l'autre, se demandant lequel des deux prendrait la parole : — A toi, disait Justine. — A toi, disait Nicolas. Quoique Nicolas revendiquât toujours hautement la gloire d'être homme, il trouvait que, dans les circonstances difficiles, c'était le devoir de la femme de passer la première.

Justine se décida :

— C'est impossible, dit-elle.

Le premier coup porté, Nicolas n'hésita pas à l'appuyer :

— Impossible, répéta-t-il.

— Nous sommes vieux, dit Justine.

— Nous sommes vieux, répéta Nicolas fortement.

— Et à notre âge, continua Justine, nous ne pourrions pas prendre de nouvelles habitudes. Tant que

tu aurais été garçon, nous serions restés avec toi, monsieur Georges.

— Nous serions morts à ton service, dit Nicolas.

— Parce que toi, c'est toi, poursuivit Justine ; mais, avec une jeune femme habituée au service des domestiques d'aujourd'hui, ça ne pourrait pas aller ;

nous ne sommes plus assez vifs; nous n'avons pas les reins assez souples; enfin, nous ne saurions pas; ça irait mal, tu serais obligé de t'en mêler, monsieur Georges; tu prendrais parti pour ta femme, comme de juste; tu nous ferais des observations; et, vois-tu, des observations de toi ça serait trop dur; quand tu te mets en colère contre nous et que tu nous dis : « Fichez-moi le camp, vous m'ennuyez! » ça, c'est bon, on en rit; mais des observations sérieuses, fâchées, non, il n'en faut pas, il ne faut pas que tu te fâches contre nous.

— Ce n'est pas à dire, reprit Nicolas, que ça ne nous fait pas deuil de te quitter; tu le penses bien, n'est-ce pas? Certainement tu pouvais te marier, mais tu pouvais aussi ne pas te marier. Au moins nous nous disions ça quelquefois entre nous : alors nous mourions à ton service, monsieur Georges.

Nicolas avait une faiblesse, c'était de ne pas pouvoir parler de la mort, de la sienne surtout, sans s'attendrir; une larme mouilla donc sa joue, mais il ne s'arrêta pas cependant :

— Puisque tu te maries, c'est impossible, et le mieux pour tout le monde, pour toi, pour nous, pour la petite, est que nous nous séparions d'amitié; car il faut qu'elle aille quelque part, cette enfant. Nous l'aimons comme si elle était notre fille; elle vient chez nous; c'est tout naturel. Et pas malheureuse qu'elle y sera; n'est-ce pas, Justine?

— Pour sûr.

— Mon épouse et moi nous avons chacun mille francs de rente à la *Caisse de la vieillesse*; avec ce que la petite a elle-même, c'est assez pour vivre. Elle ne sera pas comme chez toi, ça c'est certain; mais elle ne sera toujours pas trop mal. Comme nous nous attendions à apprendre d'un moment à l'autre ce mariage dont tout le monde parlait, nous avions pris nos précautions, et j'ai en vue, rue Bridaine, un logement qui fera joliment notre affaire : il y a un petit jardin devant avec un lilas, ça sera gai ; on entend le chemin de fer.

C'était avec émotion que Casparis les écoutait, les braves gens; mais c'était en même temps avec un certain sentiment d'humiliation : ils avaient pensé à lui ; ils avaient pensé à Pompon; et lui, avait-il pensé à eux? avait-il pensé à elle? Quand l'amour s'empare de notre cœur, en chasse-t-il donc tous les autres sentiments?

— Mon intention était de vous garder, dit-il tristement; mais, en vous écoutant, je comprends que vous avez raison aujourd'hui, comme Pompon avait raison hier soir; il vaut mieux en effet que vous repreniez votre liberté et que vous jouissiez d'un repos que vous avez bien gagné. Mais, si cela vous fait deuil de me quitter, vous devez bien penser que ce n'est pas sans chagrin que je vous vois partir. Je ne veux donc pas que nous nous séparions tout à fait.

— Il le faut, monsieur Georges.

— Vous viendrez tous les mois, le premier, toucher vos gages, que je vous continuerai.

— Ça, c'est trop.

— Ce n'est pas assez pour les services que vous avez rendus à ma mère, que vous m'avez rendus à moi-même et que vous allez rendre à Pompon.

— Pour elle c'est de bonne amitié, parce que nous l'aimons c't' enfant.

— Moi aussi je l'aime, et je ne veux pas laisser à votre charge ce qui doit être à la mienne; mais j'arrangerai cela avec elle.

A ce moment Jottral entra dans l'atelier pour son travail; mais, à l'air grave de Nicolas et de Justine, ainsi qu'à la tristesse de Casparis, il comprit qu'il venait de se passer quelque chose d'extraordinaire; cependant, sans rien dire, il quitta son veston et endossa sa blouse; il n'était point dans ses habitudes de poser des questions indiscrètes.

— Mon bon Jottral, dit Casparis, j'ai une nouvelle à vous annoncer; je vous fais part de mon mariage avec Mlle Jaras.

Un éclair de joie éclata sur le visage de Jottral, et vivement il tendit les deux mains à Casparis, en lui adressant de chaudes paroles de félicitation.

— Vous me rendez d'autant plus heureux, répondit Casparis, que vous me voyez tout ému et tout triste; car ce mariage amène de grands changements dans ma vie et dans ma maison : Nicolas et Justine étaient en train de me dire qu'ils me quittaient lorsque vous êtes entré; c'est chez eux que Pompon va se retirer.

— Ah !

Mais ce mot lui avait échappé malgré lui; ne pouvant pas le retenir, il eut la force de garder pour lui ce qu'il avait été sur le point de dire.

— Pour nous, continua Casparis, j'espère que cela ne changera rien à nos relations, je travaillerai marié comme je travaillais garçon.

— Oh! assurément.

Cependant ce matin-là il ne put pas travailler; il était trop agité, trop ému. Il voulut cependant persister. Mais ce fut en vain. Alors il pensa à aller voir Blanchon, retenu chez lui par une blessure au pied, ce qui était cause qu'ils n'avaient pas fait leur promenade habituelle du lundi à la campagne. Ne devait-il pas cette nouvelle à son meilleur ami, à celui qui serait un de ses témoins?

Mais ce ne fut pas une nouvelle pour Blanchon.

— Je t'attendais, dit-il.

— Comment, aujourd'hui ?

— Aujourd'hui, demain, dans huit jours; enfin je t'attendais, car il était évident que ton mariage n'était plus qu'une affaire de jours; mes compliments.

Comme c'était un peu court et un peu maigre pour des compliments, Blanchon voulut ajouter quelque chose.

— Tu connais mes idées sur le mariage, dit-il, je ne peux pas en changer aujourd'hui, par cela seul que tu te maries. J'espère de tout cœur que ce que je verrai chez toi les modifiera : Mlle Jaras est charmante, tu es un brave cœur, vous ne pouvez être que parfaitement heureux. Et Pompon ?

Casparis raconta ce qui s'était passé la veille entre Pompon et lui, et le matin avec Nicolas et Justine

— Pauvre Pompon! dit Blanchon tristement.

— Ne lui as-tu pas donné toi-même ce conseil ?

— Assurément; mais cela ne m'empêche pas de la plaindre; et de tout cœur.

— Si elle s'était mariée, dit Casparis, je l'aurais dotée; je vais faire comme si elle se mariait et lui acheter une rente de mille francs; avec ce qu'elle a déjà, cela lui donnera quinze ou dix-huit cents francs par an; elle sera à l'abri de la misère. Je vais aussi m'occuper de lui meubler son appartement; je veux lui organiser un nid où elle n'ait pas à souffrir moralement et où elle retrouve le bien-être auquel elle était habituée, de façon à ce qu'elle se plaise chez elle.

— Tu es un bon garçon, dit Blanchon en lui serrant la main.

Puis, tout de suite, changeant d'idée, pour ne pas s'appesantir sur celle-là :

— Où dînes-tu ce soir? demanda-t-il.

— Chez moi.

— Eh bien, j'irai dîner avec vous; en allant en voiture, je me traînerai; ça distraira Pompon, qui doit avoir bien du chagrin.

— Eh bien! et moi, crois-tu que je n'en ai pas?

— Je tâcherai d'égayer votre tête-à-tête.

Et Casparis s'en revint chez lui : sa visite à Blanchon avait augmenté son émotion au lieu de la soulager; il avait besoin de voir Pompon pour se convaincre de ses propres yeux qu'elle n'était pas si malheureuse que Blanchon semblait lui dire.

Elle était descendue tard de sa chambre, non qu'elle se fût endormie, mais parce qu'elle avait passé beaucoup de temps à tâcher de faire disparaître les traces de ses larmes qui lui avaient gonflé la figure, et qu'elle ne voulait pas laisser voir à Casparis.

Lorsqu'elle était entrée à l'atelier pour lui dire bonjour, comme tous les matins, elle n'avait trouvé que Jottral.

— M. Georges n'est pas ici?

— Il est sorti.

Elle avait fait quelques pas pour se retirer, mais Jottral était venu à elle :

— Je voudrais vous parler, dit-il d'une voix légèrement tremblante.

Elle le regarda, et trouva en lui toutes les marques d'une vive émotion.

— J'ai vu M. Georges ce matin, continua-t-il; il m'a annoncé son mariage et m'a dit que votre intention était d'aller habiter avec Nicolas et Justine.

Elle inclina la tête sans répondre, n'osant pas dire à Jottral que c'était là un sujet cruel pour elle, et qu'il y aurait pitié vraiment à le lui épargner.

— Pourquoi vous êtes-vous décidée en faveur de Nicolas et de Justine? dit-il en poursuivant plus hardiment. Comment n'avez-vous pas pensé à moi?

— A vous! Comment aurais-je pensé à vous?

— Que vous m'ayez répondu comme vous l'avez fait, quand vous espériez la continuation de votre existence dans cette maison où vous étiez si heureuse, entourée de ceux que vous aimiez, cela je l'ai compris; mais puisque voilà cette existence bouleversée, comment ne vous êtes-vous point rappelé que je vous aime?

— Je vous prie! s'écria-t-elle.

— Faut-il donc vous dire, continua-t-il sans se laisser imposer silence, que je vous aime *comme je vous aimais*, plus que je ne vous aimais, puisque je vous connais mieux et que chaque jour vous m'êtes devenue plus chère? Faut-il donc vous dire que ce que je voulais, je le veux encore, je le voudrai toujours? Comment n'avez-vous pas pensé cela?

C'était ce qu'il avait pensé, lui ; et quand Casparis lui avait annoncé son mariage, il n'avait vu qu'une chose : Pompon libre ; de là la joie qu'il avait montrée ; car, pour lui, le refus que Pompon avait opposé à sa demande ne s'expliquait que par certaines espérances dont elle s'était bercée et que le mariage de Casparis anéantissait : puisque Casparis se mariait, pourquoi ne se marierait-elle pas elle-même? Sans doute la constatation de ces espérances chez elle, avait été une blessure pour l'amour de Jottral, mais elle l'avait exaspéré et non éteint ; il connaissait trop bien Pompon, il voyait trop bien ce qui se passait dans cette maison où il vivait lui-même pour avoir jamais admis la pensée qu'elle était la maîtresse de Casparis.

Pompon était restée assez longtemps sans répondre ; enfin, elle s'était décidée :

— Si vous saviez dit-elle, combien cela m'est cruel de vous peiner ; mais il faut que je vous répète ce que je vous ai dit : « Ce n'est pas ma faute » ; ce que je n'ai pas pu alors, je ne le peux pas davantage aujourd'hui ; mon cœur n'a pas changé ; votre amie si vous voulez, tant que vous voudrez ; votre femme, jamais !

— Oh ! Pompon.

— Mais regardez-moi donc, s'écria-t-elle désespérément, est-ce que je suis une fille qu'on épouse !

Et sans l'écouter, sans se laisser retenir, elle se sauva en courant.

Lorsque Casparis rentra, il la trouva presque calme ; cependant, bien qu'elle s'assit en face de lui au déjeuner, elle ne put pas manger.

Voulant la consoler, il lui répéta ce qu'il avait dit à Blanchon de ses projets pour la rente et l'ameublement ; mais, si elle fut touchée et émue de ses paroles, elle n'en fut pas consolée, loin de là.

Après déjeuner, il s'habilla soigneusement, et il s'en alla chez Mme Jaras faire sa cour à Simonne.

Lorsqu'elle le vit entrer, elle vint à lui vivement, souriante :

— Ma mère vient de recevoir une dépêche qui me rend bien heureuse, dit-elle ; elle a envoyé une dépêche hier au grand-duc Ivan pour lui annoncer notre mariage ; et le grand-duc répond qu'il viendra exprès à Paris : j'espère que cela sera chic.

XV

'ÉGLISE un peu sombre était tendue de draperies bleues à franges d'argent; des fleurs fraîches, disposées avec goût, entouraient l'autel; un éclairage brillant faisait le chœur lumineux; à droite et à gauche, tout près de la balustrade du sanctuaire, étaient placés des prie-Dieu recouverts de velours rouge; un tapis aux nuances vives montait de la rue jusqu'à l'autel.

Il y avait déjà foule dans la nef, les invités à la messe et aussi des curieux venus simplement pour voir un mariage dont on parlait dans les journaux; et, pour ceux qui se donnent la peine de regarder, il était facile de les distinguer les uns des autres : aux invités les redingotes longues, les plumes, les étoffes claires, les robes habillées; aux curieux le veston court, la toque et la voilette, le paletot négligé; les invités se saluaient, se parlaient; les curieux regardaient, ne se connaissant point entre eux.

Près de la grande porte se tenait un groupe de quatre ou cinq jeunes gens à l'air affairé, à la tenue peu soignée qui, bien que n'ayant pas du tout la tournure d'invités, s'entretenaient ensemble.

— Qui voyez-vous dans l'assistance qui mérite d'être nommé?

— Cherche.

— Ce vieux beau là-bas, à tête de comédien, avec des grâces de ténor pané et vanné?

— Mansini.

— Pas possible; oh! mes enfants ce que c'est que la gloire; un homme qui a tourné tant de têtes de femmes en chantant « *La dona e mobile* », avec la bouche en cœur et les bras arrondis, qui a des fils et des filles dans deux ou trois familles royales ou impériales, et voilà où il en est; quelle dégringolade!

— Dame! ça use, les familles royales.

— S'il n'y avait eu que les familles royales.

— On dit qu'il a été au mieux avec M*me* Jaras.

— Ils ont chanté ensemble pendant plusieurs années.

— Où est le grand-duc Ivan ?

— Il viendra avec la famille.

— Dame ! puisqu'il en est.

— Et ce petit, là-bas.

Alors défilèrent une série de noms connus dans le monde des arts, la sculpture, la peinture, que celui qui interrogeait écrivait à mesure qu'ils étaient prononcés.

— Pour te remercier, veux-tu que je te donne la toilette de la mariée ?

— Je la verrai bien.

— Je te donnerai les mots de métier, je les tiens de Faugerolles lui-même.

— Alors, donne.

Et il commença à écrire.

Mais presque aussitôt il se fit un brouhaha autour d'eux, un grand garçon de vingt-huit à trente ans, à la face rasée, aux joues bleues, le nez au vent, les cheveux frisés, dégingandé, trop bien habillé et ganté, faisait son entrée sous le porche, jetant des regards rapides à gauche, à droite, en avant, en arrière, comme s'il cherchait à se rendre compte de l'effet qu'il produisait.

— Tiens, Gazéol !

Et les mains des jeunes gens se tendirent vers lui.

Alors il prit une attitude comique et les toisant des pieds à la tête, il dit avec un accent méridional :

— Bonjour, *vilES follllliculaires*, vous faites votre métier?

— Et toi, illustre comédien?

Il jeta son chapeau sous son bras gauche d'un air régence, et clignant de l'œil :

— Ami de la famille, dit-il.

Puis prenant un de ces *follllliculaires* par le bras, il l'emmena dans un coin où il n'y avait personne :

— J'ai réfléchi à votre machine, dit-il; décidément je ne jouerai le rôle que si vous me faites une entrée avec un sac de nuit à la main.

— Ce n'est pas possible; dans un salon!

— C'est comme ça; je me vois avec un sac de

nuit ; je serai superbe ; c'est le succès de votre pièce, et elle n'est pas drôle, vous savez.

Et se faisant une tête noble, prenant une attitude distinguée, il se dirigea vers le chœur en regardant de haut autour de lui, disant à cette foule : « Vous voyez, c'est moi, aujourd'hui, ça ne vous coûte rien. »

Cependant l'église continuait à se remplir, chacun se plaçant de façon à passer le temps agréablement.

— Est-ce que vous avez vu Pompon ? demanda un des journalistes.

— Non ; elle va venir avec la famille.

— Ce n'est pas probable, attendu qu'elle joue un solo de violon ; elle doit déjà être montée aux orgues.

— J'aurais voulu la voir ; est-ce vraiment son portrait que Caparis a fait dans sa statue ?

— On dit qu'il l'a moulée.

— Allons donc.

— Je n'y étais pas, vous savez ; enfin, nous allons l'entendre.

A ce moment des roulements de voiture retentirent au dehors ; il se fit un mouvement dans l'assistance ; toutes les têtes se tournèrent vers la porte ; les orgues jouèrent une marche triomphale.

On vit paraître le cortège.

Simonne, dans une attitude de reine de féerie, s'avançait au bras de son beau-frère, le marquis de Gouessant. Elle était souriante dans sa dignité ; mais si elle était heureuse, son bonheur devait la laisser calme et maîtresse d'elle-même. Vêtue richement, sinon avec un goût bien sûr, elle était dans un de ses beaux jours. Elle portait une robe de damas dont les fleurs capricieuses étaient brodées de jais blanc ; le corsage, de forme moyen âge, à manches plates, descendait bas sur les hanches que dessinait un galon de velours blanc faisant pointe par devant : sous le voile de tulle, la traîne emperlée chatoyait éblouissante ; des fleurs d'oranger de la tête aux pieds, dans les bouffettes des souliers et dans les boucles blondes des cheveux.

Casparis, en pantalon gris, redingote et cravate noires, venait derrière, donnant le bras à Mme Jaras, en toilette mauve d'un goût austère.

Puis à leur suite s'avançaient le grand-duc Ivan, qui attirait tous les regards par sa prestance militaire ; la marquise de Gouessant au bras de Falco, M. et Mme Arbelet, la duchesse de Villagarcia, la marquise de Thury, Blanchon et toute une suite de femmes en robes claires.

Quand la mariée fut agenouillée et que sa jupe et son voile furent convenablement disposés par ses demoiselles d'honneur pour retomber aussi gracieusement que possible derrière elle et sur le coussin de velours du prie-Dieu, la messe commença.

Et alors commencèrent aussi les observations, les louanges sur la beauté de la mariée, les critiques sur sa toilette, les propos plus ou moins perfides sur elle et sur sa mère.

Si ce n'était point un de ces grands mariages qui, par cela seul qu'ils réunissent deux noms aristocratiques, ont le privilège de provoquer l'admiration et l'émotion de certaines gens, c'était cependant « très chic », comme l'avait dit Simonne.

Peut-être voyait-on un peu trop de visages rasés qui sentaient le théâtre.

Mais enfin il y aurait des noms à citer dans les journaux, quand ce ne serait que celui du grand-duc Ivan, qui faisait sensation, et qu'on se montrait, en expliquant tout bas (de façon à ce que les jeunes filles n'entendissent pas), en quelle qualité il assistait à ce mariage.

Il y aurait aussi des toilettes à décrire : les robes en satin rouge des demoiselles d'honneur; le chapeau Louis XIV à grandes plumes de la duchesse de Villagarcia; le chapeau Reynolds de Mme Arbelet.

Cependant la cérémonie continuait, et à mesure que l'on approchait de l'offertoire, les invités commençaient à abandonner la mariée pour s'occuper de Pompon.

C'était à ce moment, en effet, qu'elle devait faire entendre sa *Rapsodie hongroise*.

— On ne l'a pas vue.
— Elle était entrée avant vous.

— C'est dommage ; j'aurais voulu la comparer à sa statue. Est-ce qu'elle a vraiment du talent?

— Un talent extraordinaire.

— Divin, ajouta M. Arbelet.

L'orgue préluda, puis un coup d'archet strident éclata, et instantanément toutes les têtes se tournèrent et se levèrent vers les orgues ; mais on n'aperçut pas la musicienne, qui s'était placée de façon à n'être pas en vue ; il n'y avait que ceux qui étaient au courant des choses qui pouvaient savoir que c'était Pompon qui jouait, et aussi ceux qui l'ayant déjà entendue, connaissaient sa virtuosité.

Il s'était fait un instant de silence, les conversations avaient cessé et l'on écoutait cette jeune fille qui, dans le monde des artistes, avait une légende.

La façon dont elle joua la phrase tendre et mélancolique qui suit le prélude aurait provoqué les applaudissements si l'on n'avait pas été dans une église ; un frisson avait couru dans l'assistance et quelques yeux s'étaient mouillés, tant était saisissante l'émotion, tant était profonde la passion qu'elle exprimait.

Au contraire, c'avait été avec une intensité nerveuse pleine de violence, presque folle, qu'elle avait rendu la fureur qui vient ensuite.

Puis, quand elle était revenue à la phrase mélancolique du début, elle l'avait reprise avec une émotion, une tendresse plus passionnées encore ; mais tout à coup, avant que le morceau fût achevé, elle s'était brusquement arrêtée comme si son violon ou son cœur s'était brisé.

Aussitôt l'orgue avait repris largement, bruyamment, et ceux qui ne connaissaient pas cette *Rapsodie*, et c'était le grand nombre, s'étaient dit que ça tournait vraiment un peu court.

Mais ceux qui la connaissaient avaient compris qu'il se passait quelque chose d'extraordinaire, et parmi eux Blanchon qui, abandonnant aussitôt sa place, était monté aux orgues, où il avait trouvé Pompon étendue sur une chaise, en proie à une crise nerveuse, à moitié évanouie, le visage baigné de larmes; cependant, elle le reconnut et lui tendit la main.

La première pensée de Blanchon fut de l'éloigner et de l'empêcher d'assister à la fin de cette cérémonie :

— Il faudrait prendre l'air, dit-il doucement ; si tu pouvais marcher, nous sortirions, je te soutiendrais.

Il la souleva et, la soutenant, la portant à demi, ils descendirent.

Quelques personnes se tournèrent vers eux quand ils arrivèrent dans la nef, mais il l'emmena rapidement et ils purent gagner la porte; là il la mit en voiture et monta près d'elle, après avoir dit au cocher d'aller où il voudrait, n'importe où, pourvu qu'il marchât vite.

Pompon était accotée, inerte, dans un coin de la voiture.

Il lui prit les mains et les lui tapota; puis, avec son mouchoir, il lui essuya les joues et les yeux comme il eût fait pour un petit enfant :

— Cela va revenir, disait-il; respire, ma petite, respire; pourquoi diable as-tu joué?

— C'est elle qui me l'a demandé. J'ai bien vu que c'était ou pour me défier ou, pour qu'en refusant, je peine M. Georges, et j'ai accepté.

Mais ces paroles provoquèrent une nouvelle crise, elle se cacha le visage entre ses mains et elle éclata en sanglots :

— Oh! monsieur Blanchon, que je suis malheureuse, je voudrais être morte.

Blanchon n'était pas un habile maitre dans les choses du cœur, cependant il crut que le meilleur moyen de la calmer c'était de lui faire parler de sa douleur.

— Tu l'aimes donc bien? dit-il tendrement.

— Oh! ce n'est pas ma faute! s'écria-t-elle; vous qui êtes bon, vous ne me condamnerez pas, vous ne vous moquerez pas de moi; est-ce que je pouvais le voir tous les jours, est-ce que je pouvais vivre près de lui sans l'aimer? Il est si beau, si généreux, si grand, si noble; je ne l'ai pas aimé exprès; je l'ai aimé sans savoir que je l'aimais, sans le vouloir, malgré moi. Si vous saviez tout ce que je me suis dit, tout ce que j'ai fait pour chasser cet amour de mon cœur! mais je n'ai pas pu, mais je ne peux pas.

— Pauvre petite!

— Vous me plaignez ; oh! vous pouvez me plaindre, car je vous assure bien que ce n'est pas ma faute. Ceux qui sont heureux, qui ont des parents, un père, une mère, des amis, ils sont maîtres de leurs sentiments, peut-être, car ces sentiments ne sont pas aussi forts, n'est-ce pas, que ceux des misérables qui, n'étant rien, qui, n'ayant ni père, ni mère, ni parents, ni amis, mettent toute leur vie dans leur... amitié et se donnent tout entiers ; et c'est ainsi que je l'aime ; il est tout pour moi : mon père, mon Dieu, je n'ai vécu que pour lui, et j'aurais tant voulu vivre pour lui !

— Et il n'a rien vu !

— Mais je serais morte de honte, monsieur Blanchon ; comment vouliez-vous qu'il s'imaginât qu'une pauvre fille comme moi pouvait aimer un homme tel que lui? Je me suis toujours jugée pour ce que j'étais, pour ce que je suis ; et plus il me montrait d'amitié, plus je me sentais indigne de lui ; mais plus je me sentais indigne de lui, plus je l'aimais aussi.

La voiture, menée vivement, était arrivée à l'Arc-de-Triomphe ; jetant un regard autour de lui, Blanchon vit où ils étaient ; alors, ouvrant une glace, il dit au cocher de les conduire au Bois.

— Je vais rester avec toi, dit-il à Pompon, nous parlerons de lui.

— Mais vous êtes attendu.

— On n'a pas besoin de moi là où je suis attendu, tandis que toi tu as besoin de n'être pas seule ; nous marcherons, nous nous assiérons dans quelque endroit tranquille et nous parlerons de lui : cela te fera du bien. Ce soir je te reconduirai chez toi. Et puis demain, si tu veux, nous irons nous promener dans la forêt de Carnelle, à ta mare; et après-demain ailleurs. Ne suis-je pas ton ami? Ne suis-je pas son ami ?

Le soir il la ramena rue Bridaine, un peu calmée; bien qu'il ne fût pas encore venu chez elle, il reconnut la maison au lilas dont Nicolas lui avait parlé ; comme ils allaient entrer, il entendit le sifflet d'une locomotive qui passait.

Et cependant malgré le lilas, malgré le bruit du chemin de fer, ce n'était pas gai.

Pauvre Pompon !

Elle eut cependant une consolation. Elle apprit par Nicolas que Casparis avait envoyé demander de ses nouvelles.

Il avait pensé à elle !

XVI

Naturellement la cérémonie n'avait pas été troublée par le départ de Pompon et de Blanchon ; elle avait continué, et bientôt elle s'était achevée.

Alors avait commencé dans la sacristie le défilé des invités devant les mariés et les deux familles, — celle de Casparis représentée par son oncle de Marseille qui, maintenant, croyait en son neveu ; — et celle de Simonne représentée par Mme Jaras, la marquise et le marquis de Gouessant, et peut-être aussi le grand-duc Ivan que Mme Jaras avait gardé près d'elle, malgré plusieurs tentatives qu'il avait faites pour se tenir à l'écart.

— Eh bien, monseigneur, n'êtes-vous pas fier de votre fille ? lui avait-elle dit à voix basse ; ne voulez-vous pas jouir de son triomphe ?

— Fier, je le suis, mais en même temps jaloux un peu aussi ; celles que m'a données la grande-duchesse sont si chétives, les pauvres petites.

— C'est qu'elles n'ont point eu, comme Simonne, l'Amour pour père.

Cela fut dit d'une voix émue et avec un regard plein de tendresse.

Mais ce n'était ni le lieu ni le moment des épanchements ; il avait fallu tout l'art de Mme Jaras à

dire les apartés, et en même temps il avait fallu le respect qu'inspirait le grand-duc, pour qu'ils pussent échanger ces quelques mots rapides.

Cependant le défilé avait continué au milieu du brouhaha et de la confusion, car il y avait eu, comme toujours, des gens qui, au lieu de suivre leur rang, avaient tenu à se faire remarquer et pour cela avaient singulièrement redoublé les poignées de main et allongé les compliments aux mariés et aux parents ; il y en avait même qui avaient voulu se faire présenter au grand-duc sans avoir aucunes raisons pour cela, mais simplement pour l'honneur et pour la gloire.

Au moment où ce défilé, qui avait été long, semblait terminé, et où il n'y avait plus dans la sacristie que les parents et les intimes, on avait vu paraître le vieux ténor Mansini : il s'était arrêté sur le seuil et, lentement, il avait promené autour de lui un regard byronien dont l'expression était désolée et fatale ; puis, la tête haute, les yeux à quinze pas devant lui, le chapeau collé sur la cuisse gauche, le bras droit plié et la main levée à la hauteur du visage, marchant en jetant ses jambes à droite et à gauche, en appuyant à chaque pas sur la hanche, il s'était avancé vers Mme Jaras, exactement comme s'il était entré en scène, prêt à lancer l'anathème sur ces gens qui l'avaient trahi.

Arrivé à quelques pas de Mme Jaras, dont le visage, en l'apercevant, s'était rembruni, il s'était arrêté, et les bras arrondis, le dos voûté, il l'avait saluée avec toutes les démonstrations en usage au théâtre pour marquer le respect ; et ce n'avait été qu'après un certain temps qu'il lui avait tendu la main en lui adressant son compliment.

— *Dé passaze* à Paris, *z'ai tenou* à vous adresser mes félicitations ainsi qu'à votre *çarmante* fille.

Et il avait tendu la main à Simonne, puis à Casparis :

— *Ençanté* d'avoir *l'honnour* de faire votre connaissance ; *z'ai* beaucoup aimé *votré* femme quand elle était *oune* enfant.

Casparis avait répondu par une courte inclinaison de tête, peu *ençanté* de faire lui-même la connais-

sance de ce vieux ténor que Mme Jaras, blême de colère, regardait avec des yeux foudroyants.

Quant au grand-duc, de peur probablement que le vieux Mansini, qu'il avait connu autrefois, lui adressât la parole, il s'était esquivé, et il avait engagé un entretien particulier avec le marquis de Gouessant, le nez tourné vers la muraille.

Alors Casparis, pour couper court aux compliments de Mansini, avait été à Falco :

— Tâche donc d'aller ou d'envoyer rue Bridaine, chez Pompon, lui avait-il dit, je suis très inquiet, la pauvre petite se sera trouvée mal ; on m'a dit que Blanchon l'a emmenée ; je voudrais savoir.

Pendant ce temps, Mansini s'était approché tout près de Mme Jaras, restée seule, et à voix basse, rapidement :

— Oh ! Clémentine, était-ce ainsi *qué zé* devais revoir notre fille ? moi *prévenou* de son *mariaze* par *lé zournaux !*

Elle lui avait tourné le dos brusquement ; alors, ne trouvant plus personne à qui parler, il avait cérémonieusement salué ceux qui ne le regardaient pas, et il avait exécuté sa sortie non moins noblement qu'il avait fait son entrée, le chapeau sur la cuisse gauche, le bras droit relevé ; à la porte, il s'était arrêté, et se retournant il avait de nouveau salué avec toutes les grâces qui lui restaient.

Mme Jaras était venue à Casparis, exaspérée, suffoquant de colère :

— Un pauvre diable, dit-elle, à qui j'ai rendu service autrefois, et qui m'en remercie... à sa manière.

Casparis n'avait rien répondu ; évidemment tout le monde pouvait avoir eu l'ennui de connaître des pauvres diables. Seulement, il trouvait que par ceux qu'il venait de voir, Mme Jaras en avait connu un peu trop.

Ç'avait été une grave affaire de savoir comment on passerait cette journée, et Simonne avait eu l'idée de partir avec son mari en sortant de la messe; mais Mme Jaras n'avait pas consenti à cet arrangement, pour elle inconvenant, par cela qu'il ressemblait à une sorte d'enlèvement : la messe ne lui suffisait pas, il lui fallait en plus une sorte de remise publique de l'épouse aux mains du marié : c'était plus honnête, plus patriarcal; et plus elle avançait dans la vie, plus elle tenait à ce qui avait l'air patriarcal, la vie patriarcale, il n'y avait que cela; le reste, erreur ou folie.

Il avait donc été décidé qu'après la cérémonie religieuse un déjeuner réunirait chez elle les intimes des deux familles : le grand-duc, M. et Mme Arbelet, la duchesse de Villagarcia, la marquise de Thury, Falco, Blanchon, en tout vingt personnes au plus, et que ce serait seulement en sortant de ce déjeuner que Simonne pourrait réaliser son idée de se faire enlever par son mari.

Où iraient-ils ?

Ç'avait été une autre affaire non moins grave à discuter.

Casparis avait proposé l'Italie, qu'il serait heureux de montrer à sa femme, lui qui la connaissait si bien.

Mais Simonne avait trouvé que l'Italie, ça manquait de chic; les bourgeois font leur voyage de noces en Italie, et elle avait horreur de tout ce qui pouvait la rapprocher d'une bourgeoise; pourquoi pas tout de suite en Suisse ou sur les bords du Rhin?

Il y avait bien l'Écosse, et l'Écosse c'était chic, mais à l'automne, pas en ce moment.

L'Engadine, chic aussi, mais trop de neige en cette saison.

Le Pusterthal, très chic, plus chic même; seulement ça manquerait peut-être de confort, et elle tenait à ses aises et au bien-être.

Casparis avait été étonné de cette mobilité d'idées qui ne s'arrêtaient à rien : qu'importait le pays, pourvu qu'ils fussent ensemble?

Mme Jaras avait une maison de campagne à Clichy-en-l'Aunois, qu'elle mettait à leur disposition; de même le marquis de Gouessant leur offrait de venir en Bretagne; mais ni à Clichy ni à Gouessant ils ne trouveraient la liberté qu'ils voulaient; on les regarderait, on saurait qui ils étaient, et justement ils voulaient être inconnus, libres d'aller où bon leur semblerait sans qu'on leur parlât.

Alors Simonne avait eu une idée qu'elle avait trouvée triomphante : elle avait eu pour nourrice une Normande dont le mari était devenu garde dans la forêt de Conches; s'ils allaient s'établir chez ce garde, ou plutôt dans un pavillon de chasse qui se trouvait dans sa garderie, en pleine forêt, sur un coteau au-dessus de la Risle; elle connaissait le

pays, qui était sauvage; ils seraient là perdus au milieu des bois, et tandis qu'on les croirait dans le Tyrol ou en Écosse, ils seraient à quelques lieues de Paris, où ils pourraient venir passer une soirée au théâtre de temps en temps si l'envie leur en traversait l'esprit.

Casparis avait accepté cette idée comme il en aurait accepté toute autre : il eût été au bout du monde; cependant, puisqu'elle voulait le tête-à-tête et la solitude, il en était heureux.

Elle avait donc écrit à sa nourrice pour lui demander si ce qu'elle désirait était possible à réaliser, et, celle-ci ayant répondu affirmativement, elle l'avait fait venir à Paris afin de lui donner ses instructions et de bien s'entendre avec elle pour tout ce qu'elle voulait, ce qui était assez compliqué.

A tout le monde ils avaient dit qu'ils partaient pour l'Écosse, et quand, après le déjeuner, on les avait vus disparaître, on les avait plaints; car il avait soufflé un vent assez fort dans la journée et la mer devait être mauvaise.

— Si vous ne les laissiez pas partir, avait dit M. Arbelet à Mme Jaras, la mer va être rude.

— Si, au lieu de s'embarquer à Dieppe, ils allaient par Boulogne ou par Calais, la traversée serait moins longue.

S'ils s'étaient fait conduire à la gare de l'Ouest, ils n'avaient pas pris leurs billets pour Dieppe, mais ils étaient montés dans un coupé du train de Cherbourg retenu à l'avance.

A neuf heures du soir, ils arrivaient à Conches.

où une voiture les attendait, et par une route en pleine forêt, où le vent soufflait, mais sans qu'ils eussent à craindre le mal de mer, ils gagnaient le pavillon de chasse situé entre les deux forêts de Conches et de Breteuil.

La nourrice était devant la porte ouverte, une lanterne à la main, prête à les recevoir et à les conduire dans leur chambre, qui était immense, haute de plafond, avec une vaste cheminée dans laquelle brûlaient quatre ou cinq troncs d'arbres, qui éclairaient les murs et les poutres du plafond de lueurs capricieuses.

— Ce n'est pas pour le froid, dit la nourrice, car à la saison que j'étons il ne fait pas froid; mais c'est pour chasser l'humidité, depuis huit jours j'ai fait comme ça le soir une grande flambée.

Sur une table dressée dans un coin et recouverte d'une nappe en toile écrue à large liteau rose, était servi, dans une faïence à fleurs, un souper froid: un morceau de veau, un hâtelet de porc frais, une salade de pissenlits avec des œufs durs, du beurre et du fromage à la crème pour dessert, du cidre dans des bouteilles de grès et du vin.

— J'ai pensé que vous auriez faim, dit la nourrice, ça creuse, l'air de la forêt : je vas vous servir.

— Non, dit Simonne, nous nous servirons nous-mêmes, ça sera plus drôle.

Comme la nourrice se dirigeait vers la porte, Simonne l'accompagna :

— Je reviens tout à l'heure, dit-elle à Casparis : quelques minutes.

Cependant ces quelques minutes furent longues : alors, après avoir lentement passé l'inspection de leur chambre, Casparis ouvrit une des deux larges fenêtres fermées avec des volets pleins, celle qui donnait sur le côté opposé à celui par où ils étaient entrés : une clairière s'étendait devant lui, et comme le pavillon était bâti sur la crête de la colline, elle laissait la vue descendre jusqu'aux prairies où la rivière, frappée par la lumière de la lune, lançait çà et là des lueurs argentées ; le vent qui passait dans les feuilles printanières apportait des senteurs de sève ; au loin, de temps en temps on entendait des rossignols qui se répondaient.

Comme tout cela était doux, calme et frais. Quelle bonne idée Simonne avait eue de vouloir venir dans ces bois.

Au moment où il fermait la fenêtre, la porte se rouvrit, et il vit entrer une femme vêtue d'une sorte de limousine et coiffée d'une cape en grosse toile bise ; comme il la regardait, surpris, la limousine et la cape furent jetées en arrière, et Simonne, comme dans une scène de transformation de féerie, en sortit avec un éclat de rire.

Mais, au lieu de venir à lui, elle s'arrêta : elle portait une jupe courte en serge bleue et rouge, un casaquin rouge, un grand col de toile bise et un tablier à bavette en soie gorge de pigeon.

— Voilà, dit-elle, la suite de ma surprise : puisque nous allons être des paysans, il faut bien l'être en tout.

Puis, tout de suite, changeant de ton et prenant le parler paysan :

— J'allons mangé un morciau, hein, mn'homme, et boire un coup ; c'est que quand on a travaillé toute la sainte journée à la tarre, on a faim tout de même.

Casparis la regardait avec stupéfaction.

— Qué que vos avez dont mn'homme à me reluquer comme ça ? C'est y parce que vos n'avez point vos biaux habits ; vos les aurez d'main au matin, car je vos en avons fait faire itout des biaux : allais, marchais, ne craignez rien ; vos povez m'embrassais pisque j'étions mari et femme devant moussieu le mare, et moussieu le curai ; ou bien ne volez-vous-t'y point m'embrassais. Morgué c'est t'y point un homme que j'ons épousai.

Et elle se mit à rire aux éclats.

Pour Casparis il ne riait point, et il se demandait à quelle idée elle obéissait en jouant la comédie en ce moment. Pourquoi s'être fait faire ce costume de paysanne par une couturière de théâtre ? Pourquoi parler le paysan de Pierrot et de Charlotte du *Festin de Pierre ?*

Elle continua :

— Si c'est la timidité qui vos embarrasse, mn'homme, c'est mé qui vé vos embrassais.

Et elle se jeta dans ses bras, mais par un geste de théâtre, en lui posant la tête sur son épaule.

Cette étreinte mit fin aux réflexions de Casparis. Quelle folie à lui de réfléchir en un pareil moment : c'était un jeu, voilà tout.

Et sérieusement, pour de bon, passionnément, il la prit dans ses deux bras en la serrant sur son cœur.

FIN DE LA TROISIÈME PARTIE

QUATRIÈME PARTIE

I

Casparis était marié depuis quinze mois.

La maison de l'avenue de Villiers ne ressemblait plus en rien à ce qu'elle avait été au temps où il était garçon.

L'ameublement du rez-de-chaussée et du premier étage avait été complètement changé ; car ce qui était bon pour un homme n'était pas suffisant pour une femme jeune, élégante, mondaine, dévote passionnée de la mode.

Les exigences de Mme Casparis la mère, qui s'était si scrupuleusement appliquée à ce que les idées et les goûts de son fils fussent respectés en tout, dans les grandes aussi bien que dans les petites choses, n'avaient pas été celles de Simonne.

Cela n'était plus grec, ni pur, ni simple; oh! mais pas du tout.

Cependant cela n'était pas parisien non plus, ou tout au moins français.

Anglais, autrichien, chinois, japonais, russe, indien, turc, persan, de tous les pays du monde, excepté du sien; car tandis qu'à Londres plus d'une femme à la mode tient à ne s'entourer que d'objets et de meubles venant de Paris, à Paris on aime ce qui vient de Londres, de Vienne, de Moscou, de Pékin.

En meubles, bronzes, étoffes, porcelaines, tapis, bibelots, il y avait dans ces appartements des échantillons de tous les pays; comme curiosité géographique, c'était complet, et même un peu trop complet, peut-être, car ce n'était qu'avec des précautions et même une certaine adresse qu'on pouvait circuler au milieu de cet encombrement: le temps était loin où Casparis, en rentrant la nuit, pouvait sans allumer de lumière traverser la salle à manger et son salon, sans se heurter aux meubles, sans en renverser aucun, et s'en aller dans son atelier noter une idée qui lui était venue, ou voir un détail qui l'avait inquiété; s'il avait maintenant tenté une pareille expédition, elle ne se serait pas terminée sans une terrible casse, heureux encore s'il ne s'était pas cassé lui-même.

Dans l'atelier, un changement considérable s'était opéré aussi : une annexe lui avait été construite, et c'était là que quatre ou cinq praticiens travaillaient continuellement sous la direction de Jottral, sans se laisser troubler par les bruits et le mouvement qui emplissaient la cour lorsqu'on pansait les chevaux, lorsqu'on attelait les voitures, lorsqu'on apportait les fourrages.

Quant à Casparis, il travaillait maintenant seul le plus souvent dans son ancien atelier, où il pouvait ainsi recevoir les modèles qui venaient poser pour leur buste : grands personnages, femmes du monde, dont il était le sculpteur attitré et qu'il ne renvoyait plus comme autrefois : une belle galerie persane aux couleurs éteintes avait été étendue sur le sol depuis l'escalier du salon jusqu'à l'estrade sur laquelle s'asseyait le modèle, et c'était le chemin que suivaient les belles dames qui venaient lui demander leur portrait, ou Simonne, quand elle avait un mot à lui dire avant de monter en voiture.

Il était six heures du soir, et les praticiens avaient quitté le travail; mais Jottral, avant de partir, était venu rendre compte à Casparis de ce qui s'était fait dans la journée, et lui demander ses instructions pour le lendemain.

Occupé à terminer la terre d'un buste, Casparis

ne s'était pas interrompu, il avait continué à pétrir des boulettes de glaise qu'il appliquait çà et là et qu'il fondait dans la masse avec le pouce ou avec l'ébauchoir.

— Quand le buste de Mme de Lucilière sera-t-il terminé? demanda-t-il.

— Pas avant samedi.

— Et celui de lord Fergusson?

— Encore huit jours de travail... et peut-être dix.

— Et le groupe de Mme de Blosseville?

— Pas moins de trois semaines.

— Avez-vous été au Père-Lachaise?

— Oui, mais ça ne va guère. Ils perdent leur temps.

— Et à l'hôtel de M. Siméon Lévy.

— Il est furieux, M. Siméon Lévy; il dit que sa frise ne sera jamais finie.

— Il a bien raison; moi aussi je suis furieux et j'en perds la tête; les gens du monde ne comprennent pas qu'on soit en retard; ils payent pour avoir une chose au jour dit, ils la veulent et n'entendent rien; mais c'est aussi trop de retard; prenez autant de praticiens que vous en trouverez, et hâtez tous ces travaux, mon brave Jottral; il faut en finir, ou nous serons débordés; ce n'est pas seulement pour moi une question de tranquillité, c'est une question d'argent; j'ai besoin de recevoir au plus vite le prix de ces travaux. C'est dit, n'est-ce pas? A demain.

Au moment où Jottral allait sortir, la porte du salon s'ouvrit, et un valet en culotte de soie, bas blancs et souliers à boucle d'argent, ayant descendu les marches, annonça :

— Monsieur Blanchon.

— Comment! tu te fais annoncer chez moi? dit Casparis.

— Dis que c'est toi qui me fais annoncer, répondit Blanchon.

Ils se serrèrent la main.

— Je suis heureux de te voir, dit Casparis.

— C'est parce que je l'ai pensé que je suis venu ; nous avons si rarement l'occasion de passer quelques instants ensemble... maintenant.

Mais Blanchon parut ne prononcer ce dernier mot qu'à regret, et même il le balança un moment, ce qui lui donna un sens plus précis que s'il avait été jeté au hasard de la conversation.

Comme s'il voulait détourner l'attention de Casparis, Blanchon recula de quelques pas en arrière, et regardant le buste :

— C'est joli, cela, dit-il.

Casparis haussa les épaules, et, nerveusement, il donna quelques coups de pouce dans la terre.

— Il ne manquerait plus que ça fût laid.

Blanchon le regarda longuement, et une fois encore il parut hésiter sur ce qu'il avait à dire, puis tout à coup :

— Tu es pressé? demanda-t-il.

— Très pressé ; je voudrais que cela fût terminé pour demain, et je n'ai pu me mettre que tard au travail aujourd'hui ; nous avons eu une première, hier ; ce matin ma femme m'a demandé de l'accompagner à cheval au Bois, et en rentrant nous avons trouvé Gazéol qui venait déjeuner avec nous ; il était deux heures passées quand je suis entré dans mon atelier.

— Tu le vois beaucoup, Gazéol ?

— Oui, souvent ; il est drôle, et puis il amuse Simonne.

— Tu continues à ne pas manquer une seule première ?

— Cela amuse Simonne.

— On me disait que c'était à vous maintenant que s'adressait l'acteur chargé de nommer les auteurs.

— Quelle bêtise !

— Je vois ton nom et celui de Mme Casparis dans tous les comptes rendus de premières : « La belle Mme Casparis ! » Ça me rend fier.

— Pas moi; mais cela amuse Simonne; quand on est marié, mon bon Blanchon, on appartient à sa femme; ainsi ces premières représentations que je ne manque jamais, ces dîners, ces soirées, ces fêtes, ces bals, ces réunions, cette vie mondaine dans laquelle je suis plongé jusqu'au cou, cela ne m'amuse que parce que Simonne s'en amuse; mais il suffit que cela lui plaise pour que cela me plaise aussi.

— Alors tu es heureux?

— J'adore ma femme, et elle m'aime tendrement : notre bonheur est de nous rendre mutuellement heureux.

— Alors tu es vraiment heureux?

— Mais certainement. Comme tu demandes cela!

— C'est que cette vie mondaine est si peu celle d'un artiste, au moins de l'artiste que tu étais autrefois, que mon amitié s'en inquiétait.

— Te dire que je l'aurais choisie ne serait pas vrai, mais je l'accepte. Et puis, franchement, elle m'est nécessaire... à un certain point de vue. C'est cette vie mondaine, ce sont les relations qu'elle m'a créées qui m'ont donné tous mes travaux.

Blanchon secoua la tête.

— Je n'ai pas de secrets pour toi, continua Casparis; j'ai besoin de ces travaux. J'ai de grandes dépenses pour meubler cette maison, en bijoux, en toilettes, en chevaux, six domestiques, la maison, les fêtes, l'argent de poche; tu ne t'imaginerais jamais ce que nous dépensons. Il faut le payer.

— Mais ta fortune, celle de ta femme ?

— Ma fortune, j'en ai écorné une partie; celle de ma femme, je ne peux pas heureusement y toucher, puisque nous sommes mariés sous le régime dotal; et d'ailleurs la dot de Simonne n'a pas été de huit cent mille francs en argent, mais seulement de quatre cent mille; pour les autres quatre cent mille, ma belle-mère nous en sert la rente. Il faut donc travailler, et je travaille. Tu ne m'en blâmeras pas, sans doute ?

Ce ne fut pas franchement que Casparis prononça ces derniers mots, ce fut avec une certaine hésitation.

Blanchon resta un moment sans répondre, embarrassé; enfin, il se décida :

— J'étais venu pour te parler de cela, et cependant j'allais m'en aller sans t'avoir rien dit, car tes confidences sur tes besoins d'argent me fermaient la bouche ; mais cet appel à mon approbation m'oblige à parler quand même; je ne serais pas ton ami si je ne le faisais pas : oui, je te blâme de travailler ainsi.

— La production est-elle donc déshonorante à tes yeux?

Non, assurément; mais à condition que ce soit la production consciencieuse, qui est un mérite, car la fécondité est un des côtés du talent qu'un artiste doit le plus grandement envier; pour moi, j'ai peu d'estime pour ceux qui n'ont qu'une œuvre dans le ventre et qui sont vidés quand ils l'ont mise au monde. Mais si j'applaudis cette production consciencieuse dans laquelle l'artiste se donne tout entier, je ne peux pas applaudir de même celle qui est hâtée... Je ne dis pas lâchée.

— Mais tu le penses.

Blanchon continua sans répondre directement à cette interruption.

— Si tu pouvais travailler du matin au soir comme autrefois, tu ne produirais pas trop; mais avec ta vie mondaine tu n'as que quelques heures fiévreuses à donner au travail, et ce que tu fais dans ces quelques heures exigerait la journée entière. De plus, l'œuvre fiévreuse est toujours défectueuse par quelque côté; si elle est enlevée, elle n'est pas raisonnée. Je te dis cela mal, je le sens; mais la forme n'y fait rien, car tu as le cœur trop haut pour t'en fâcher. D'ailleurs, tu sais comme moi que quand on se met au travail, fatigué des plaisirs de la veille, la tête pleine de souvenirs ou de préoccupations, la main alourdie, on ne se donne pas à ce travail énergiquement; on ne l'étreint pas; on ne le domine pas, on est dominé par lui, et alors on appelle le métier à son secours. Crois-tu que ce soit pour mon plaisir que je ne vais nulle part, que je ne vois personne, que je me couche tous les soirs à neuf heures, que je ne déjeune pas, et que je ne donne qu'un jour par semaine au plaisir? Non, non. Mais ce n'est qu'à ce prix que je suis maître de moi et que je peux faire quelque chose qui me satisfasse... à moitié.

Casparis ne répondit pas, et s'éloignant de sa selle il se mit à marcher dans l'atelier, la tête basse, en proie évidemment à une profonde émotion; puis tout à coup il vint à Blanchon la main tendue:

— Merci, dit-il, tu as parlé en honnête homme et en ami; merci, mon vieux Blanchon. Sois tranquille, tes paroles ne sont pas tombées dans l'oreille d'un sourd. Je ne te demande que quelques mois encore de crédit, le temps de sortir de mes embarras. Au reste, il va y avoir une interruption forcée dans cette production, car dans une quinzaine nous allons nous établir à Clichy, dans la maison de ma belle-mère, qu'elle nous abandonne, et là, je vais travailler sérieusement, sans distraction; c'est là que je vais faire le groupe qui m'a été demandé pour l'Amérique; j'espère que tu seras content. Tu viendras toutes les semaines; j'aurai aussi Falco et Pompon. Nous nous retrouverons comme autrefois.

— Pompon m'a parlé de cela; mais elle hésite.

— Décide-la ; la campagne lui fera du bien ; je la trouve affaiblie, attristée ; je crois qu'un mois ou deux de grand air la remettrait. Cela sera bon pour elle. Et puis, elle pourrait me rendre service. J'aurais besoin d'elle pour mon groupe de *l'Esclavage;* seulement il me semble qu'elle n'est pas très disposée à poser, bien que je ne le lui aie pas demandé franchement.

— Ça se comprend.

— Et pourquoi ?

— Parce que ce n'est plus une petite fille ; c'est une grande fille, et même une belle fille, une très belle fille.

— Comme tu dis cela !

— Comme je le pense ; autrefois, j'y mettais plus de ménagement, car je me demandais toujours si à un moment donné tu ne deviendrais pas amoureux d'elle.

— En voilà une idée ; amoureux de Pompon, moi !

— Enfin, c'était une idée que j'avais et que par conséquent je me gardais bien d'émettre, de peur de te la faire partager une fois que j'aurais éveillé ton attention, qui n'était pas du tout tournée de ce côté.

— Oh ! pas du tout.

— Mais comme maintenant tu n'es plus dans les mêmes conditions et que tu adores ta femme, je ne suis plus tenu à la même réserve, et je n'ai aucun scrupule à avouer tout haut mon admiration pour elle, et à déclarer que si j'avais dû jamais éprouver de l'amour, ç'aurait été pour Pompon.

— Pourquoi ne l'as-tu pas aimée? pourquoi ne l'aimes-tu pas?

— Parce que je ne suis pas un animal capable d'amour, c'est-à-dire d'un sentiment passionné en même temps que raffiné, et que je ne serais pas du tout l'homme qu'il faut à Pompon.

La grande porte roula sur ses gonds et une voiture entra dans la cour.

— Ma femme, dit Casparis; tu vas rester à dîner avec nous.

— C'est impossible; j'ai promis à Pompon de dîner avec elle.

II

La maison que Mme Jaras possédait à Clichy-en-l'Aunois était une grande et longue construction sans aucun caractère architectural, composée d'un rez-de-chaussée et d'un étage avec combles à pentes raides; élevée au point culminant de la colline, elle dominait la forêt de Bondy, et des nombreuses fenêtres de sa façade plate, la vue s'étendait librement sur cette forêt et sur les plaines immenses de Blanc-Mesnil, de Gonesse et de Roissy, jusqu'à la ligne bleuâtre de l'horizon, fermée d'un côté par la forêt de Montmorency, de l'autre par les collines de Dammartin, et en face çà et là par les mamelons boisés sur lesquels sont bâtis les villages qui peuplent ce pays de grande culture et de terre à blé.

Cette vue et son parc planté de vieux arbres étaient à peu près ses seuls agréments, aussi n'était-ce point volontairement que Mme Jaras l'avait achetée et gardée. Pour un prêt d'une somme importante, elle avait pris hypothèque sur cette maison ainsi que sur les bois qui en dépendaient, et une licitation judiciaire ayant eu lieu, elle avait dû acheter le tout pour sauver son argent : les bois, elle les avait revendus en partie avec de gros bénéfices ; mais la maison et le parc lui étaient restés sans qu'elle trouvât à s'en débarrasser à de bonnes conditions, et elle s'était décidée à venir l'habiter durant deux ou trois mois de la belle saison.

Avec ses habitudes d'économie, Mme Jaras n'était pas femme à remettre en bon état cette maison déjà fort délabrée : elle avait même enchéri encore sur la parcimonie forcée du précédent propriétaire : plus de réparations; plus d'entretien; en dix ans, à l'exception des couvreurs, qui devaient se borner à empêcher la pluie de tomber dans les greniers, elle n'avait pas pris un ouvrier, pas un maçon, pas un menuisier, pas un peintre; dans le parc, on avait abattu les arbres qui commençaient à dépérir, mais on n'en avait pas replanté un seul; les mauvaises herbes, les orties, le chiendent, les chardons, les lierres, les ronces avaient tout envahi, les corbeilles comme les allées ; et c'étaient deux vaches qui étaient chargées maintenant de tondre les pelouses.

Elle avait cependant placé un gardien-jardinier dans sa propriété, mais il avait dû donner tout son temps et celui de sa femme à cultiver le jardin potager, de façon à fournir les légumes et les fruits nécessaires à la consommation de la maison de Paris, du commencement de l'année à la fin.

Bien que, dans de telles conditions, cette propriété ne lui fût pas onéreuse, Mme Jaras avait pourtant essayé de s'en débarrasser en la faisant entrer pour une grosse somme dans la dot de Simonne ; mais si le gendre s'était montré assez disposé à subir ce cadeau ruineux dont il n'avait aucun besoin, la fille n'avait pas été d'aussi bonne composition ; elle voulait de l'argent ou des valeurs et non une baraque ; elle s'était si bien défendue : elle avait si adroitement fait intervenir Casparis, que Mme Jaras avait dû renoncer à ce projet longuement caressé cependant.

C'était le propre de Mme Jaras de compter serré, et quand elle n'avait pas pu faire une très bonne affaire, de tâcher de se rattraper au moins sur une passable.

La bonne affaire, ç'aurait été de colloquer cette maison à Casparis pour cent cinquante ou deux cent mille francs.

La passable, c'était de ne pas recevoir tous les ans à Clichy sa fille et son gendre pendant les mois d'été, ce qui l'aurait entraînée à des réparations, à une tenue de maison, à des dépenses dont le total eût été onéreux pour sa bourse.

Alors elle leur avait offert sa maison, généreusement, sans leur rien demander bien entendu, simplement pour le plaisir de leur être agréable; et comme elle se rendait justice en sa qualité de belle-mère, c'est-à-dire qu'elle reconnaissait qu'une belle-mère peut être une gêne dans le tête-à-tête de deux jeunes mariés et un trouble-fête pour leurs invités, elle leur laisserait cette maison en toute liberté, sans l'habiter avec eux, son intention étant, pendant qu'ils seraient à Clichy, d'aller en Bretagne et de se consacrer à sa fille aînée, qu'elle avait vraiment trop négligée en ces derniers temps.

Cette proposition était trop gracieuse pour n'être pas acceptée avec reconnaissance par Casparis, qui, ayant à travailler, désirait ne pas s'éloigner de Paris.

Alors ce que Mme Jaras avait prévu s'était réalisé: Simonne avait trop souffert dans cette maison moisie pour consentir à l'habiter dans l'état d'abandon où elle se trouvait : maçons, menuisiers, peintres, jardiniers, tapissiers avaient été mis à l'œuvre ; les allées avaient été ratissées et sablées, les pelouses fauchées, les charmilles taillées, les corbeilles bêchées; pour la première fois depuis plus de dix ans, on avait vu d'autres fleurs dans les massifs que celles des champs, semées ou poussées là, par hasard, et qui n'éclosaient que quand la langue des vaches les épargnait.

A l'intérieur, l'ameublement avait aussi été réparé, et une partie du mobilier de la maison de l'avenue de Villiers, qui ne convenait plus à Paris, avait été apporté à Clichy : la cave avait été approvisionnée.

Enfin les écuries avaient été nettoyées, ainsi que les remises, et Simonne avait pu s'installer avec ses domestiques, ses chevaux, ses voitures, de façon à ne pas mener triste vie, dans cette maison où elle s'était si fort ennuyée autrefois ; mais les temps étaient changés ; elle était maintenant maîtresse de commander, de faire ce qu'elle voulait, de dépenser ce qui lui plaisait, et le séjour de Clichy dans ces conditions pouvait être agréable : les communications avec Paris étaient faciles et promptes, elle pourrait recevoir et s'amuser sans que Casparis, qui s'était organisé un atelier dans une ancienne orangerie, perdît son temps.

On était au mois de juillet, et l'intention de Simonne était de rester à Clichy jusqu'en octobre. Pour avoir du monde tant que durerait son séjour à la campagne, ce à quoi elle tenait essentiellement, il fallait donc qu'elle partageât ses invités en séries, de sorte que chacun eût sa semaine ou sa quinzaine ; la maison était vaste ; les chambres étaient nombreuses, rien n'était plus facile à organiser ; à ce fond solide se joindraient ceux qui ne pouvaient pas quitter Paris pendant un certain temps et qui viendraient seulement passer une journée.

Elle avait décidé que la première série se composerait de Blanchon, de Falco et de Pompon; cela serait agréable à son mari, et puis cela la débarrasserait une bonne fois pour toutes de ces amis d'autrefois qui n'étaient pas ses amis à elle, et qui, à l'exception de Falco, ne lui inspiraient que peu de sympathie.

Mais si cela était bien combiné théoriquement, cela ne s'était point arrangé dans la pratique comme elle l'avait décidé.

Au lieu de s'installer à Clichy pour une quinzaine, comme il l'avait promis, Falco n'était resté que quelques jours. C'est que le Falco de maintenant n'était plus le Falco d'autrefois. Cette fameuse symphonie de la *Forêt*, dont il avait été si souvent et pendant si longtemps question, avait été enfin exécutée, et elle avait été accueillie avec les acclamations et les transports d'un enthousiasme délirant ; inconnu le matin, Falco s'était couché célèbre le soir. Le succès avait été ce qu'il est quelquefois au théâtre, étourdissant et fou. On n'avait plus parlé que de la *Forêt*; il n'y avait plus eu qu'un musicien en France : Falco ; les journaux, le public, ceux qui savaient ce qu'ils disaient, comme ceux qui répétaient ce qu'ils entendaient, avaient chanté sa gloire. Quel talent ! quel génie ! Le lendemain de l'exécution de la *Forêt*, il s'était trouvé cent mille personnes qui avaient entendu la *Surprise*, l'acte que Falco avait fait jouer cinq ans auparavant à l'Opéra-Comique, où il avait eu difficilement sept représentations en trois mois, lesquelles cent mille personnes, à l'audition de ce seul acte, avaient pressenti la *Forêt*, et le génie de Falco. Quelle poésie ! quel sentiment de la nature ! quel coloris ! Et il y avait des discussions passionnées pour savoir quelle partie était la plus belle : — le printemps avec la renaissance de la forêt à la vie ; — l'été avec le travail interrompu par l'orage ; — l'hiver avec la chasse et la mort du cerf. Au moment où l'on avait enfin exécuté la *Forêt*, M. et Mme Arbelet commençaient à en avoir assez de Falco, le mari aussi bien que la femme, la femme aussi bien que le mari ; un pauvre garçon, pensait madame ; un fâcheux, disait monsieur ; mais le succès avait changé ces dispositions ; le pauvre garçon, dont tout le monde parlait et qu'on acclamait, était devenu un homme de génie en qui madame avait découvert tout à coup des qualités qu'elle n'avait pas jusque-là soupçonnées ; et le fâcheux était devenu « mon grand musicien » ; sa *Forêt*, « ma forêt ». Monsieur s'en était paré : c'était chez lui, dans sa maison, que cette symphonie avait été composée, n'avait-il pas des droits sur elle ? Ce n'avait pas été seulement sur l'œuvre qu'ils s'étaient attribué des droits, ç'avait été aussi sur l'auteur lui-même, qui eût été un ingrat s'il avait refusé de leur appartenir complètement, et qui avait dû ne plus quitter Andilly, où l'on avait réparé sa maisonnette, la meublant à neuf, et remplaçant le petit piano à cinq octaves et demie par un magnifique piano à queue. Venu à Clichy pour un assez long séjour, Falco avait donc été rappelé dès le troisième jour par Mᵐᵉ Arbelet, et il avait obéi.

Quant à Blanchon, retenu à Paris par un travail pressé, il n'avait pu donner à Casparis qu'une semaine, et il était rentré à Paris, en promettant de venir dîner tous les deux ou trois jours, arrivant à Clichy à sept heures seulement et repartant le soir même à dix ou onze heures.

Pompon était donc restée seule dans sa série, et si ç'avait été pour elle une douleur que cette installation sous ce toit, ç'en avait été une autre non moins cruelle que cet isolement qui la laissait quelquefois en tête à tête plusieurs heures par jour avec Simonne.

Que dire ?

Justement elle ne savait pas parler pour ne rien dire. Sans doute elle pouvait ne pas commencer, mais enfin, il fallait bien qu'elle répondît.

Ah ! comme elle serait retournée vite aussi à Paris, si elle l'avait osé. Mais elle avait promis de rester, elle resterait. C'était déjà bien assez, c'était déjà beaucoup trop qu'elle eût peiné Casparis en ne posant pas pour le groupe de *l'Esclavage*. Il ne le lui avait jamais demandé directement, il est vrai ; mais il s'y était pris de telle sorte qu'il s'attendait assurément à ce qu'elle s'offrît ; et cependant elle ne s'était pas offerte. Était-ce possible ? Quand elle avait été heureuse et fière de poser devant lui pour sa statue, elle n'avait avoué à personne qu'elle l'aimait ; elle ne se l'était même pas avoué tout bas. Mais maintenant, comment aurait-elle affronté les regards de Blanchon ? Et puis, Casparis était-il maintenant ce qu'il était à ce moment ?

C'était donc pour elle un grand soulagement quand des amis, arrivant à l'improviste ou étant invités à l'avance, venaient rompre ces tête-à-tête avec Simonne, si lourds et si pénibles pour elle.

Heureusement cela se produisait assez souvent, et parmi ces alliés qui la tiraient d'embarras, il y en avait un qui régulièrement lui venait en aide deux fois par semaine : c'était le comédien Gazéol, qui chaque dimanche et chaque jeudi arrivait pour déjeuner et ne partait que dans l'après-midi, à l'heure où il devait rentrer à Paris pour son théâtre.

Il fallait vraiment que cette peur du tête-à-tête avec Simonne fût bien forte pour qu'elle regardât cette arrivée de Gazéol comme un soulagement, car sous tous les autres rapports elle l'avait positivement en horreur.

Elle le trouvait laid, bien qu'il eût des prétentions à une certaine beauté ; elle le trouvait bête, orgueilleux comme un dindon, insolent dans ses manières, grossier dans ses paroles, insupportable par ses affectations continuelles; enfin, à tous les points de vue, l'être le plus antipathique qu'elle eût jamais rencontré.

Comment Casparis, si simple, si modeste, si juste, si correct en tout, pouvait-il supporter à sa table un homme qui coupait à chaque instant la parole à tout le monde, pour parler de lui, de son talent, de ses succès, de ce qu'il avait dit, de ce qu'il dirait, de ce qu'il avait fait, de ce qu'il ferait ? qui s'imaginait qu'il n'y avait d'yeux et d'oreilles que pour lui et qui, naïvement ou bêtement, disait en se rengorgeant : « J'aurais pu, comme tant d'autres, prendre un nom de théâtre, mais j'ai gardé celui de Gazéol, parce que je savais que je le rendrais illustre; » ou bien : « Un tel, du talent ! allons donc, il est de Lille; » car pour lui on n'avait du talent que si l'on était né au sud de la Garonne.

Comment Mme Casparis pouvait-elle se plaire dans la compagnie de ce bellâtre, qui ne disait pas un mot sans le souligner par une grimace ?

Et cependant Casparis l'accueillait avec plaisir.

Et de son côté Mme Casparis se montrait tout heureuse quand elle le voyait arriver : elle était pour lui aux petits soins, elle le choyait, elle l'applaudissait, elle l'admirait et s'ingéniait de toutes les manières à lui faire plaisir; un jeudi qu'elle l'attendait et qu'il n'était pas venu, elle avait été maussade et nerveuse, s'irritant de tout et contre tous, surtout contre son mari.

— Pourquoi Gazéol n'est-il pas venu ? avait-elle dit vingt fois.

Et comme Casparis avait répondu en riant qu'il s'était peut-être fait enlever, elle avait mal pris cette plaisanterie et s'en était fâchée.

III

Asparis travaillait donc du matin au soir, et c'était à peine si, après le déjeuner, il donnait une heure à sa femme et à ses amis ; il ne prenait part à aucune des excursions organisées par Simonne pour le plaisir de ses invités, et quand ceux-ci restaient à la maison, retenus par la pluie où la grande chaleur, à un moment donné, sans rien dire, sans affectation, il disparaissait pour aller s'enfermer dans son orangerie, où il ne recevait que les visites qui ne pouvaient pas le déranger, celles de Simonne, de Blanchon, de Falco, de Pompon. A celles-là, loin de fermer sa porte, il l'ouvrait toute grande. Il eût voulu avoir sa femme toujours près de lui. De même il était heureux lorsque Pompon, au lieu de s'en aller à la promenade, venait s'installer dans l'atelier avec son violon et lui faisait de la musique comme autrefois.

— Encore ! ma petite Pompon.

Et pendant qu'elle jouait, il travaillait allègrement.

— Encore !

Cependant il arrivait un moment où Pompon, heureuse qu'elle fût de jouer pour lui, était forcée de s'arrêter.

Alors, quand le modèle ne posait pas, c'étaient de longues causeries intimes.

Ils parlaient du passé.

Casparis parlait de l'avenir; il interrogeait Pompon; il la confessait; il faisait des projets pour elle.

Puis fatalement, malgré elle, quoi qu'elle se fût dit, quoi qu'elle se fût promis à l'avance, elle en arrivait à parler du présent, c'est-à-dire de Simonne, non pas ouvertement et en la nommant, ni même par des allusions directes, mais par des détours dans lesquels elle excellait et où toujours elle manœuvrait si bien que, quelle que fût son émotion, elle finissait par atteindre le but qu'elle s'était proposé.

Or, ce but était toujours le même : Était-il heureux? Simonne l'aimait-elle comme il avait espéré être aimé?

Car bien que ce qu'elle voyait chaque jour et ce qu'elle entendait, les remarques et les observations qu'elle faisait, les conclusions qu'elle tirait fussent pour elle la confirmation de ce qu'elle avait toujours pensé et qui était qu'il n'y avait ni cœur ni tendresse dans cette femme si admirablement belle, elle ne s'en tenait pas à ses remarques et à ses conclusions, elle voulait savoir, elle voulait qu'il le lui dît.

Aimé, non certes il ne l'était pas comme il aurait dû l'être, avec dévouement, avec abnégation, avec admiration; mais croyait-il l'être?

C'était là ce qu'elle voulait apprendre de sa bouche.

C'était à cela que tendaient toutes ses questions.

Chaque réponse lui était une blessure; mais la réponse du lendemain serait-elle ce qu'avait été celle de la veille? Ne pouvait-il pas ouvrir les yeux? Ne pouvait-il pas voir Simonne telle qu'elle était? Ne pouvait-il pas la juger?

Il lui semblait que, si elle était à sa place, il y aurait bien des choses qui la blesseraient et l'inquiéteraient.

Mais quelles étaient ces choses?

Là, malgré sa curiosité, elle s'arrêtait.

Elle voulait bien l'interroger, et pour cela elle mettait en jeu tout ce qu'il y avait en elle de finesse et d'adresse.

Mais d'elle-même elle n'osait pas examiner certaines questions que cependant elle n'hésitait pas à lui poser.

De même avec Simonne elle s'arrêtait aussi pour bien des choses qu'elle aurait voulu savoir et que cependant elle n'osait pas approfondir; quelquefois elle n'aurait eu qu'à ouvrir les yeux ou les oreilles, mais un sentiment de pudeur la retenait, et au lieu de les ouvrir elle les fermait.

En venant à Clichy, Casparis avait arrangé ses affaires de façon à n'avoir pas d'absence à faire, si ce n'est pour aller à Paris de temps en temps surveiller ses travaux, soit dans son atelier, soit à l'hôtel du financier Simon Lévy, soit au Père-Lachaise.

Mais tous ses travaux n'étaient pas à Paris; il en avait d'importants aussi au château du prince de Coye, qui de temps en temps exigeaient sa présence.

Justement, pendant que Pompon était à Clichy, il reçut une lettre du prince qui l'appelait pour lui demander certains développements au projet primitivement adopté, et il dut partir pour discuter avec le prince ces changements sur les lieux mêmes.

Son absence serait de courte durée; et le lendemain même, il serait sûrement de retour.

Si Pompon avait osé, elle aurait profité de ce voyage pour rentrer à Paris; mais, comprenant que c'était marquer trop ouvertement ses sentiments vrais pour Simonne, elle était restée : ce serait une mauvaise journée à passer; elle n'en était plus à les compter.

Casparis était parti de grand matin, et cette journée que Pompon redoutait s'était écoulée sans trop d'ennui, grâce à une visite qui était survenue et qui avait occupé plusieurs heures.

Cependant elles avaient dîné en tête à tête, ce qui avait été pénible; puis la soirée s'était passée tant bien que mal; se disant fatiguée, Pompon s'était retirée de bonne heure.

Mais cette fatigue n'avait été qu'un prétexte : rentrée dans sa chambre, au lieu de se coucher, elle s'était assise dans un fauteuil devant sa fenêtre, dont les persiennes seulement étaient closes, et, sans lumière, elle était restée là à réfléchir et à rêver.

Il faisait une belle soirée d'été, l'air était doux, le ciel radieux, et à travers les lames disjointes çà et là des persiennes à moitié pourries, la lumière de la pleine lune pénétrait dans la chambre, où elle faisait des grandes raies claires qui alternaient avec des raies d'ombre.

Peu à peu les bruits du village s'éteignirent, puis ceux de la maison; et Pompon entendit Simonne rentrer chez elle; comme leurs deux chambres, qui ouvraient sur le même palier, n'étaient séparées que par un mur, elle l'entendit aller et venir pendant assez longtemps; sans doute, elle aussi, n'avait pas envie de se coucher.

Cependant, comme ces bruits ne provoquaient en rien sa curiosité, elle n'y prêta pas attention et elle reprit sa rêverie sans penser à se mettre au lit.

Le temps s'écoula sans qu'elle en eût conscience,

et les heures sonnèrent à l'horloge du village sans qu'elle les comptât.

Tout à coup, il lui sembla entendre un bruit de pas sur le gravier de l'esplanade qui entourait la maison.

A pareille heure, cela n'était pas possible; sans doute c'était une hallucination.

Mais le gravier craqua plus fort, c'était bien un bruit de pas, il n'y avait point à s'y tromper, malgré les précautions qu'on semblait prendre.

Qui pouvait marcher ainsi autour de la maison, à pareille heure ?

Comme elle se posait cette question, elle crut entendre qu'on jetait du sable doucement contre les persiennes de la chambre de Simonne.

Alors l'idée qui se présenta tout de suite à son esprit fut que c'était Casparis qui rentrait, et qui n'ayant pas pris sa clef, comme il le faisait ordinairement quand il sortait, appelait Simonne pour qu'on lui ouvrît la porte, et se levant vivement de son fauteuil elle regarda à travers ses persiennes.

Mais quelle ne fut pas sa stupéfaction en voyant que celui qui venait de jeter ces grains de sable n'était pas Casparis; — c'était Gazéol; l'erreur n'était pas possible, il tenait levée vers les fenêtres sa face rasée et la lune l'éclairait en plein.

— J'y vais, murmura une voix à travers la persienne voisine de celle derrière laquelle elle regardait.

Et l'erreur non plus n'était pas possible pour cette voix, c'était celle de Simonne.

Elle ne rêvait pas; ce n'était pas une hallucination; elle voyait; elle entendait.

La porte de la chambre de Simonne fut ouverte avec précaution et l'escalier craqua; peu d'instants après, un faible bruit de serrure, qui n'eût pas été perceptible pour Pompon si elle n'avait pas suspendu sa respiration pour écouter, se fit entendre au rez-de-chaussée, et de nouveau l'escalier craqua sous un poids plus lourd, celui de Simonne et de Gazéol.

Elle avait abandonné la fenêtre et elle se tenait l'oreille collée à la porte; elle les entendit traverser le palier à pas étouffés; puis distinctement elle les entendit entrer tous les deux dans la chambre, dont la porte fut refermée.

Bien qu'elle eût parfaitement distingué qu'ils entraient l'un et l'autre dans la chambre, elle voulait douter et se dire que cela n'était pas, lorsque, à travers le mur, en écoutant, elle entendit le faible murmure de leur voix.

Cela était donc possible !

Il fallait qu'elle le crût, puisqu'elle le voyait, puisqu'elle l'entendait.

Ainsi ces idées qui avaient, en ces derniers temps, traversé son esprit en voyant Simonne et Gazéol ensemble, et auxquelles elle n'avait jamais osé s'arrêter, qu'elle ne s'était même jamais formulées franchement, la réalité les confirmait.

Cela était vrai !

Elle était restée anéantie, frappée de stupeur.

Il était vrai qu'elle le trahissait.

Elle le trompait, lui !

Lui qui l'aimait, lui si bon, si généreux, si tendre pour elle; lui, le plus beau et le meilleur des hommes.

Et celui qu'elle lui préférait, c'était ce Gazéol.

Cette pensée l'avait soulevée.

Elle ne supporterait pas cela; elle ne permettrait pas qu'à deux pas d'elle, sous ses yeux presque, ils le trompassent.

Le souffrir, c'était se faire leur complice.

Elle défendrait Casparis.

Elle réfléchit un moment, et le résultat de cette réflexion fut qu'elle devait aller frapper à la porte de leur chambre, se faire ouvrir, et exiger que Gazéol sortît.

Ils n'oseraient pas résister, assurément.

Sans doute Simonne, telle qu'elle la connaissait, chercherait à se venger de cet outrage; et il était probable qu'elle y réussirait; mais ce n'était pas le moment de penser à cela, il fallait faire son devoir et défendre Casparis, dût-il être ensuite perdu pour elle à jamais.

C'était cela qu'elle devait faire, rien que cela.

Quoique résolue, elle voulut donner encore quel-

ques instants à la réflexion, et comme elle restait immobile devant sa fenêtre, s'efforçant de calmer les mouvements de son cœur pour n'écouter que la raison, il lui sembla entendre un bruit semblable a celui qu'elle avait déjà entendu quelques instants auparavant, c'est-à-dire des pas sur le gravier, mais francs ceux-là, les pas de quelqu'un qui marche sans précaution et sans peur.

Elle regarda comme elle avait déjà regardé.

Casparis !

C'était lui qui rentrait et qui allait les surprendre.

Que faire ?

Alors, instantanément, l'idée qu'elle avait eue se présenta de nouveau ; il fallait qu'elle frappât à la porte, non pour chasser Gazéol, mais pour le sauver.

D'un bond elle fut sur le palier et, frappant à la porte plusieurs coups du plat de la main en la secouant et en l'ébranlant fortement :

— Vite, dit-elle précipitamment, d'une voix contenue, mais distincte cependant, M. Georges arrive, il rentre; que M. Gazéol sorte tout de suite, vite !

Il s'était fait un brouhaha dans la chambre, mais la porte ne s'était pas ouverte.

Elle frappa de nouveau et plus fort, et si fort même que la gâche fixée dans le bois vermoulu se détacha à demi et que la porte s'entr'ouvrit. A la lueur d'une bougie, elle vit devant elle Simonne et Gazéol éperdus.

— Vite donc ! cria-t-elle ; sortez ; il est temps encore.

Était-il vraiment temps ? au moment même où

elle prononçait ces derniers mots, elle avait entendu la serrure de la porte du rez-de-chaussée se refermer ; il venait d'entrer.

Pompon s'était jetée sur Gazéol, elle le prit par la main et l'entraîna :

— Dans ma chambre, dit-elle.

Ils n'avaient plus que quelques pas à faire, mais à ce moment Casparis arriva au tournant de l'escalier et sa bougie éclaira le palier.

Il vit Pompon et Gazéol, ou plutôt deux ombres, car il ne les reconnut pas tout d'abord.

— Qui donc est là ? demanda-t-il.

Il était trop tard ; il avait vu qui ils étaient.

— Pompon ! dit-il, Gazéol !

Il était arrivé sur le palier et il les regardait ; le gilet de Gazéol était déboutonné, sa cravate était défaite ; sa contenance était effarée.

— Que se passe-t-il donc ? demanda Casparis d'une voix sourde.

Il y eut un moment de silence terrible.

— Vous ne répondez pas ? dit Casparis.

Et il regarda autour de lui, la porte de la chambre de Pompon ouverte ; celle de la chambre de sa femme fermée.

Alors la résolution de Pompon fut prise ; elle avança d'un pas et baissa la tête :

— Il sortait, dit-elle.

— De chez toi ? s'écria Casparis.

Et il y eut un nouveau temps de silence.

Ce fut Casparis qui reprit la parole en s'adressant à Gazéol.

— Puisque vous sortiez, dit-il, je vais vous conduire; nous nous verrons demain.

IV

Simonne avait vivement poussé la porte de sa chambre sur le dos de Gazéol, et elle était restée collée contre, écoutant.

Mais son trouble et son émoi l'avaient empêchée de bien entendre.

Les paroles seules de son mari étaient arrivées distinctement jusqu'à elle, et encore pas toutes.

Qu'avait dit Pompon, dont elle avait reconnu la voix, mais sans entendre les mots mêmes qu'elle avait prononcés? Qu'avait dit Gazéol? Elle n'en savait rien.

N'ayant pas entendu le « Il sortait » de Pompon, elle n'avait rien compris au « De chez toi » de Casparis.

Ces mots voulaient-ils dire qu'il avait cru que Gazéol sortait de chez Pompon? Cela était possible; et elle admettait que les soupçons de Casparis, en voyant un homme au milieu de la nuit dans sa maison, s'étaient portés sur Pompon. Mais alors comment Pompon ne s'était-elle pas défendue ? Elle n'avait qu'un mot à dire. Et ce mot ne paraissait pas avoir été dit.

Comment Casparis se contentait-il de mettre Gazéol

à la porte et de lui dire qu'ils se verraient le lendemain ?

Il se passait quelque chose d'inexplicable pour elle, et qu'il aurait fallu qu'elle s'expliquât cependant avant que Casparis revînt.

Mais, de quelque côté qu'elle se tournât, elle ne

trouvait que des questions ; nulle part des réponses.

N'était-ce pas une accusation contre elle, et des plus graves, qu'elle fût restée dans sa chambre sans sortir pour savoir ce qui se passait?

Aussitôt que cette idée se fut présentée à son esprit, elle remit tant bien que mal la gâche en place, et elle ouvrit la porte : mieux valait aller au-devant du danger que l'attendre ; le braver c'était, jusqu'à un certain point, l'atténuer.

A ce moment même, Casparis, remontant l'escalier, arrivait sur le palier, tandis qu'un domestique arrivait enfin, attiré par le bruit.

— Eh bien ! que se passe-t-il donc ? demanda-t-elle.

Mais il ne répondit pas.

— Entrons, dit-il.

Ce fut seulement lorsqu'ils furent entrés dans la chambre et qu'elle eut elle-même refermé la porte, de peur qu'il remarquât l'état de la gâche, qu'il l'interrogea.

— Tu n'as donc rien entendu ? demanda-t-il.

Elle était debout devant lui, frémissante, ne sachant ce qu'il allait dire ; le mot et la façon dont il fut prononcé surtout la rassurèrent jusqu'à un certain point : « Tu n'as rien entendu ? » — Alors il ne soupçonnait pas que Gazéol sortait de chez elle ; cela paraissait d'autant plus vraisemblable que, s'il y avait en lui de la colère, ce n'était pas celle bien certainement d'un mari qui vient de surprendre un amant sortant de la chambre de sa femme. Tout n'était donc pas perdu. Elle pouvait se défendre, au moins gagner du temps. Mais pour cela il fallait qu'elle mît une extrême prudence dans ses réponses, jusqu'au moment où elle saurait ce qui s'était au juste passé, quels étaient ses soupçons et jusqu'où ils allaient.

— Je dormais, dit-elle; j'ai été réveillée en sursaut par un grand bruit et j'ai eu un moment de frayeur qui m'a paralysée.

— Il y avait de la lumière dans ta chambre?

— J'avais laissé brûler une bougie; quand je me suis un peu reconnue, j'ai entendu ta voix : alors je me suis jetée à bas du lit, puis je n'ai plus rien entendu, si bien que je me suis demandé si je rêvais; cependant j'ai passé une robe de chambre et j'ai ouvert ma porte; je t'ai vu montant l'escalier, je n'ai donc pas rêvé; mais comment ta voix m'a-t-elle paru venir du palier?

Tout cela avait été débité lentement, à mi-voix, chaque mot étant pesé à l'avance, et l'effet qu'il produisait était noté avant d'en risquer un autre.

C'était maintenant à Casparis d'expliquer ce qu'elle n'avait pas entendu.

— Il y a dans tout ceci des choses qui m'échappent, dit-elle; pourquoi es-tu revenu? Pourquoi ce bruit? A qui as-tu parlé? Enfin que se passe-t-il?

— Une infamie, dit-il avec violence, une abomination.

Elle n'osa plus continuer ses questions, et l'assurance qu'elle commençait à reprendre s'évanouit.

Mais il poursuivit :

— Une chose qui ne devrait pas souiller les oreilles d'une honnête femme comme toi...

Elle respira.

— Mais il faut bien que je te le dise, puisque j'ai à tenir conseil avec toi sur ce que nous avons à faire. Eh bien! rentrant à l'improviste, j'ai trouvé Gazéol sortant de la chambre de Pompon !

— De la chambre de Pompon !

Elle n'avait pas eu la force de retenir cette exclamation; mais à peine lui avait-elle échappé qu'elle comprit que ce n'était pas de Pompon qu'elle devait parler.

— Gazéol! dit-elle. Comment, Gazéol? Gazéol ici? Tu te seras trompé.

— Trompé! Je lui ai parlé.

— Mais comment serait-il entré ?

— Elle lui aura ouvert.

— Mais alors ?...

Et elle s'arrêta confuse, comme si elle n'osait pas formuler l'accusation qui lui était montée aux lèvres.

— Cela est ainsi, dit Casparis en baissant la tête.

— Pompon !

— Il l'aura trompée, entraînée, la pauvre fille ; c'est indigne.

Simonne comprenait maintenant comment les choses s'étaient passées ; mais ce qu'elle ne comprenait pas, c'était que Pompon n'eût rien dit pour affirmer son innocence, c'était qu'elle n'eût pas crié : « Ce n'est pas de ma chambre qu'il sort. »

Tout n'était pas fini alors, car ce qu'elle n'avait pas dit le soir, elle le dirait le lendemain sans aucun doute.

Il fallait donc prendre les devants, de façon à ce que, quand Pompon voudrait se défendre, elle ne fût pas crue : Casparis s'imaginait que Gazéol était l'amant de Pompon ; c'était parfait ; il n'y avait qu'à le pousser dans cette voie, et à si bien l'y empêtrer qu'il ne pût pas plus tard voir où était la vérité. Qu'importait Pompon ?

— Alors, dit-elle, comme si elle réfléchissait et remontait en arrière, je m'explique pourquoi elle s'est montrée si préoccupée dans la journée, et pourquoi elle a voulu se retirer de bonne heure.

— Justement.

— Qui aurait cru cela d'elle ?

— Tu n'avais rien remarqué ?

— Oh ! rien.

— Ni moi.

— Comment supposer cela ? Et cependant...

— Quoi ?

— Rien de précis ; si ce n'est que ces yeux passionnés auraient dû nous mettre en défiance ; et puis mille choses...

— C'est ce misérable Gazéol qui l'aura entraînée.

— Oh ! une négresse !

— Qu'importe qu'elle soit noire ou blanche ; par cela seul que Gazéol savait les liens qui m'attachent à elle, il aurait dû la respecter ; c'est une infamie.

— Qui te dit que ce n'est pas elle qui l'a entraîné !

— Allons donc.

— Moi, je n'ai jamais eu confiance dans la vertu de Pompon ; et bien que je ne l'aie pas crue capable de donner rendez-vous à son amant chez nous, sous mon toit...

— C'est là ce qu'il y a de honteux.

— J'ai toujours pensé qu'à un moment donné elle te causerait des ennuis.

— Dis une vraie douleur ; tu me vois réellement désolé, peiné et fâché tout à la fois ; car moi, qui la connais bien, j'ai toujours eu confiance en elle.

— Tu vois qui de nous deux avait raison.

— Enfin, ce n'est pas du passé qu'il s'agit maintenant, c'est du présent, c'est de l'avenir ; le mal est fait, il faut le réparer.

— Le réparer ?

— Mais sans doute; crois-tu que je vais abandonner cette malheureuse enfant?

— Il me semble qu'elle s'est bien abandonnée elle-même.

— C'est précisément pour cela que nous devons lui venir en aide.

— Nous?

— Moi, si tu ne veux pas me seconder dans cette tâche, qui cependant serait digne de toi, de ta générosité, de ton honnêteté.

— Mais que veux-tu donc?

— Que Gazéol l'épouse.

— Gazéol!

— N'est-ce pas ce qu'il doit?

Une fois encore elle s'était laissée surprendre.

Mais c'est qu'aussi tout cela était tellement extraordinaire qu'il y avait de quoi vraiment être stupéfaite.

Si encore elle avait pu réfléchir, se recueillir, raisonner; mais elle était sous le coup d'une émotion qui la paralysait; car, si le danger était retardé, il n'était pas écarté, il n'était pas supprimé; d'un moment à l'autre il pouvait éclater, et elle-même, par un mot imprudent ou maladroit, pouvait provoquer cette explosion.

Comment tout rejeter sur Pompon et embrouiller les choses de telle sorte que Casparis ne pût pas sortir des doutes dont elle voulait l'envelopper, si maintenant il était question de faire épouser Pompon par Gazéol? C'était là une complication si imprévue qu'elle se trouvait déroutée et n'osait plus faire un pas ni dans un sens, ni dans un autre.

— Je vois que tu es surprise, dit Casparis l'examinant.

— Il y a de quoi.

— Comment cela? Gazéol a séduit Pompon, il l'épouse, c'est tout naturel.

— Une négresse!

— S'il a trouvé la négresse bonne pour être sa maîtresse, pourquoi ne serait-elle pas bonne pour être sa femme?

— Ce n'est pas la même chose.

— En quoi?

— Cela se sent, sans qu'il soit besoin de l'expliquer; on se moquerait de Gazéol s'il épousait Pompon.

— Peut-être ceux qui ne connaîtraient pas Pompon; mais lui la connaît; il sait, il doit savoir quelle charmante créature elle est, tendre, douce, dévouée, intelligente, pleine de cœur, douée de toutes les qualités; que lui manque-t-il?

— D'être blanche.

— Peut-être; mais cela n'est pas une raison pour lui, puisqu'il l'a aimée, bien que noire.

— L'aime-t-il?

— Comment s'il l'aime! C'est toi qui me fais cette question?

Simonne comprit qu'elle ne pouvait pas continuer dans cette voie, car elle devait se réserver la ressource suprême de plaider le lendemain l'amour de Gazéol pour Pompon, aussi bien que celui de Pompon pour Gazéol. Assurément, jamais femme ne s'était trouvée dans une situation plus difficile, plus délicate que la sienne. Elle ne pouvait pas avoir l'air de douter de cet amour, et cependant il fallait qu'elle éloignât de l'esprit de Casparis cette idée de mariage qui compliquait si dangereusement les choses.

Elle se reprit :

— Je veux dire : l'aime-t-il sincèrement, profondément? N'est-ce point un caprice?

— Pompon est assez charmante, assez séduisante, pour que ce qui a peut-être été un caprice devienne un amour sincère et profond.

— Et elle, l'aime-t-elle?

— Pour cela, il n'y a pas le moindre doute; Pompon est une âme tendre et passionnée qui se donne entièrement. C'est parce que je la connais que cette idée de mariage m'est venue; car autrement je n'aurais jamais pensé à marier une adorable fille comme Pompon avec un fantoche comme Gazéol. Aurais-tu jamais imaginé, toi, qu'une honnête femme pouvait se prendre d'amour pour un grotesque tel que lui?

— Pourtant... on dit qu'il a des maîtresses.

— Des filles attirées par son étrangeté, séduites par ses grimaces, c'est possible ; tout est possible dans ce monde-là.

— Pompon n'est pas une fille.

— C'est justement pour cela que je n'aurais pas cru qu'elle pouvait voir un homme dans Gazéol ; mais, puisque je me suis trompé, je suis bien certain maintenant qu'elle l'aime de tout cœur ; et c'est pour cela que je veux que Gazéol l'épouse.

— Tu veux ; mais si lui ne veut pas ? Tu n'es pas le père de Pompon, pour parler en maître.

— Cela est vrai ; mais, si je ne suis pas son père, je peux au moins agir en père avec elle, et par là peut-être décider Gazéol, s'il est hésitant.

— Comment cela ?

— Tu sais que Pompon a une trentaine de mille francs à elle ?

— Grâce à ta générosité.

— Je voudrais qu'elle en eût autant, grâce à la tienne.

— A moi !

— Je ne veux pas te demander de l'argent, mais je veux te demander ton approbation pour la doter moi-même. Gazéol n'a rien que ce qu'il gagne, soixante mille francs peuvent le tenter ; sans compter que Pompon a assez de talent pour gagner autant que lui.

— Et où veux-tu prendre ces trente mille francs?

— Sois tranquille; je les prendrai seulement sur mon travail.

Enfin, Simonne trouvait un point sur lequel elle pouvait s'appuyer pour résister et s'opposer à ce mariage; sans doute, il était déplaisant de se montrer avaricieuse, mais elle n'avait pas le choix des moyens à employer.

— Eh bien, dit-elle, je ne te donnerai jamais cette approbation; tu travailles déjà beaucoup trop, je ne consentirai jamais à ce que tu travailles davantage. Sans doute, tu peux te passer de mon approbation; mais, puisque tu me la demandes, je te dis ce que je sens.

— Mais...

— Oh! tu es libre, bien entendu. Au reste, veux-tu me laisser réfléchir? Tout sela me bouleverse si profondément que je ne sais trop ce que je pense, et par conséquent ce que je dis. Tu ne veux rien faire avant demain, n'est-ce pas?

— Sans doute.

— Eh bien, demain je te dirai si la nuit a modifié mes idées, et tu me diras aussi si elle n'a pas modifié les tiennes.

V

Ce que Simonne voulait en remettant au lendemain, c'était gagner du temps, pour réfléchir et tâcher de trouver le moyen de confirmer Casparis dans son idée que Gazéol sortait de chez Pompon, et en même temps le faire renoncer à ce mariage insensé.

Mais les heures s'écoulèrent, le jour parut, le soleil se leva, la maison s'éveilla sans qu'elle eût rien trouvé.

Seule, elle ne pouvait rien.

Il eût fallu qu'elle vît Pompon en particulier.

Il eût fallu qu'elle s'entendît avec Gazéol.

Et cela était également impossible, car ce qu'elle devait éviter avant tout, c'était de provoquer les soupçons de Casparis. Heureusement il avait foi en elle, une foi aveugle, la foi de l'homme qui aime.

Elle n'avait en réalité qu'une seule ressource : s'opposer à ce mariage par toutes les raisons bonnes ou mauvaises qui se présenteraient à son esprit.

Et ce fut ce qu'elle fit quand Casparis, éveillé, lui demanda si la nuit avait modifié ses idées.

— Au contraire, elle les a confirmées.

— De mon côté, elle a aussi confirmé les miennes.

La veille, elle avait été blessée de ce que son mari avait dit de Gazéol, et de la façon méprisante dont il l'avait jugé; mais ç'avait été chez elle une colère de premier mouvement; si, en jetant maintenant Gazéol à la mer, elle pouvait se sauver elle-même, elle ne devait pas hésiter.

— Ce que tu veux par ce mariage, dit-elle, c'est assurer le bonheur de Pompon, n'est-ce pas ?

— Sans doute.

— Eh bien, j'ai longuement réfléchi à cela, car moi aussi je l'aime, cette pauvre petite Pompon, non seulement parce que tous ceux qui la connaissent ne peuvent que l'aimer, mais encore, mais surtout, parce que tu l'aimes, et que je partage tous tes sentiments.

— Chère Simonne !

— J'ai réfléchi, et plus j'ai envisagé ce mariage, plus je me suis convaincue qu'il ne pouvait pas être heureux ; tu me le disais bien toi-même : est-ce qu'on peut aimer Gazéol?

— Puisqu'elle l'aime.

— Qu'en sais-tu?

— Pompon est une honnête fille; si elle a succombé, c'est qu'elle a été entrainée par l'amour.

— Par ce qu'elle a cru de l'amour, je te l'accorde; combien a-t-il fallu de temps, combien en faudrait-il pour voir qu'elle s'est trompée?

— Pompon est la fidélité même.

— Je t'accorde cela encore; mais Gazéol, combien lui faudra-t-il de temps pour ne plus aimer sa maîtresse, surtout si elle devient sa femme? Crois-tu qu'il soit la fidélité même, Gazéol?

— Non, certes; si je n'ai pas confiance en lui, par contre j'ai pleine confiance en Pompon, qui a assez de qualités, assez de charme, assez de tendresse, assez de cœur, assez d'intelligence pour se faire aimer solidement, même par un Gazéol; sans doute, je ne l'aurais pas choisi, moi ; mais elle l'a choisi; c'est ce que nous ne devons pas oublier.

— Je trouve que tu te charges là d'une lourde responsabilité.

— Si lourde qu'elle soit, je l'accepte, parce que je suis convaincu que mon devoir me l'impose.

— Je t'en prie, réfléchis encore.

— J'ai réfléchi.

— Rien ne presse.

— Au contraire ; je veux voir Pompon d'abord ; puis j'irai à Paris pour voir Gazéol.

Elle ne pouvait pas insister davantage, sous peine de s'exposer à ce qu'il se demandât quelle était la cause de cette insistance.

Elle se tourna donc d'un autre côté.

— Veux-tu que je t'assiste dans ton entretien avec Pompon ?

Sans doute c'était chose grave que de tenir tête à Pompon lorsque celle-ci protesterait de son innocence, surtout après ce qu'elle avait fait pour les sauver ; il faudrait aussi un grand empire sur soi pour ne pas se troubler et pour opposer un front impassible à ses dénégations, qui, à la fin, se changeraient assurément en accusations ; mais enfin, si grave, si pénible, si périlleux que cela fût, il valait encore mieux être là ; au moins elle saurait, elle verrait.

Mais Casparis n'accepta pas cette proposition :

— Non, dit-il, je te remercie ; pour Pompon, il vaut mieux qu'elle n'ait à rougir que devant moi seul ; et puis, d'autre part, pour toi, il est mieux que tu n'aies pas à entendre certaines choses qui te blesseraient. Je vais revenir.

Et il sortit pour faire appeler Pompon dans son atelier, où il voulait que cet entretien eût lieu librement, sans être entendu et sans être dérangé.

L'heure décisive avait sonné pour Simonne ; d'un instant à l'autre maintenant il allait falloir faire tête à l'orage ; heureusement elle avait eu le temps de se préparer.

Et, afin de se mieux préparer encore, elle courut à une glace pour se composer un visage; il fallait être calme; il fallait être forte, ne pas s'émouvoir, lutter jusqu'à la fin.

Si elle savait dominer la situation, la victoire lui appartiendrait; entre elle et Pompon, Casparis ne devait pas hésiter.

Cependant, bien qu'elle se dît et se répétât qu'il ne devait pas hésiter, c'était avec une horrible angoisse qu'elle attendait le retour de son mari; elle n'avait pas pensé à cela en donnant rendez-vous à Gazéol; revenir pour revenir, pour rien, pour le plaisir, quelle bêtise! quelle folie! Est-ce qu'on fait de ces choses-là quand on se respecte!

Et maintenant elle était là à se dévorer dans l'attente, respirant à peine, suant d'anxiété et de peur, car elle avait peur; cela était misérable à s'avouer, mais enfin cela était : elle avait une peur lâche et bête qui la paralysait. Pour la première fois de sa vie, elle avait honte d'elle-même, non pour ce qu'elle avait fait, mais pour ce qu'elle ne pouvait pas faire.

Être à la merci de cette petite Pompon, qu'elle détestait et qu'elle méprisait, quelle misère pour une femme comme elle !

Et elle s'indignait contre ce niais de Gazéol, qui, au lieu de se hâter quand Pompon avait frappé à la porte, était resté hébété, ne sachant que faire, éperdu, ridicule, stupide ; comme elle se moquerait de lui ; un comédien ; si mal en scène !

Mais ce n'était pas à Gazéol qu'elle devait penser, c'était à elle, à Pompon, à Casparis.

De sa fenêtre, elle regardait dans le jardin du côté de l'orangerie, surprise de ne pas voir Pompon se rendre auprès de son mari ; elle avait aperçu le jardinier, le valet de chambre, une allée et venue de domestiques, mais elle n'avait pas vu Pompon.

Que signifiait cela ?

Bientôt Casparis était sorti, et, marchant vivement, il était revenu vers la maison.

Que se passait-il donc ?

Elle n'eut pas longtemps à attendre, Casparis entra dans la chambre.

— On ne trouve pas Pompon ; il paraît qu'elle est partie pour Paris, ce matin, par le premier train.

Quel soulagement pour Simonne !

Elle respira ; ses nerfs se détendirent.

— La pauvre petite aura craint des reproches, continua Casparis, et elle se sera sauvée ; je pars.

— Et...

— Crois-tu donc que je ne sois pas inquiet ? je veux savoir où elle est, la voir, la rassurer.

Et vivement, sans rien entendre, il fit sa toilette pour partir au plus vite ; ce qu'elle essaya pour le retenir fut inutile; il ne l'écoutait même pas, lui d'ordinaire si attentif devant elle.

Elle voulut l'accompagner, car elle aussi était inquiète pour cette chère petite Pompon, mais il n'y consentit pas.

— Je reviendrai aussitôt que je l'aurai vue et que j'aurai vu Gazéol, dit-il.

Il partit, après l'avoir tendrement embrassée, avec un cœur ému.

— Surtout sois doux pour elle, lui recommanda-t-elle.

— Ne crains rien; je me reproche déjà de l'avoir regardée trop sévèrement hier soir.

Et il s'en alla, touché des derniers mots de Simonne, se disant qu'il n'y avait vraiment que les honnêtes femmes pour être indulgentes.

Simonne était restée dans sa chambre, et il y avait à peu près dix minutes que Casparis était parti, quand on frappa à sa porte.

Quelle ne fut pas sa surprise de voir entrer Pompon.

— Vous!

Pompon inclina la tête sans répondre directement.

Mais le regard qu'elle attacha sur Simonne obligea celle-ci à détourner les yeux.

Il y eut un moment de silence.

Enfin, au bout de quelques instants terriblement longs pour elle, Simonne releva la tête.

— Mon mari, dit-elle...

Mais Pompon la regarda de telle sorte qu'elle se reprit :

— ...M. Casparis vous croit à Paris et il est parti pour vous y rejoindre.

— C'était ce que je voulais, car il me fallait la possibilité de vous parler en particulier.

Simonne fut frappée du changement qui s'était fait dans les manières et dans le ton de Pompon, qui, depuis qu'elle la connaissait, avait toujours eu une attitude timide et contrainte devant elle, et qui maintenant parlait la tête haute, d'une voix brève, avec un regard dur et méprisant.

— Quand j'ai frappé cette nuit à votre porte, continua Pompon, ce n'était pas pour vous sauver, ni pour sauver celui qui était enfermé avec vous.

— Je conviens, s'écria Simonne, que les apparences m'accusent ; mais, quand je vous aurai expliqué pourquoi M. Gazéol était dans ma chambre, où il venait d'entrer et d'où il allait sortir, vous comprendrez que...

Mais Pompon lui coupa si nettement la parole qu'elle ne put pas continuer.

— Je vous prie de vous épargner ces explications, dit-elle, elles seraient inutiles, je n'en croirais pas un mot. Ce n'est donc ni pour vous, ni pour cet homme que j'ai frappé à votre porte, mais pour M. Georges, pour lui épargner l'horrible douleur qui allait le tuer peut-être s'il vous surprenait. De même c'est pour lui aussi que j'ai dit que cet homme sortait de ma chambre.

— De votre chambre?

Pompon l'interrompit et la regarda surprise de cette exclamation; mais Simonne s'était détournée pour cacher les soupirs de soulagement qui s'échappaient de sa poitrine. Sauvée! Plus de lutte! L'impunité!

Cependant, lorsqu'un peu de calme se fit dans son esprit et dans son cœur, ce ne fut pas un sentiment de reconnaissance qu'elle éprouva, et quand elle releva la tête, le regard que Pompon rencontra fut le regard hautain et dédaigneux auquel elle était habituée.

— Si je vous parle ainsi, continua Pompon, c'est pour que vous compreniez que je suis résolue à exiger de vous le payement du service que je vous ai rendu.

— Et qu'exigez-vous, s'il vous plaît?

— Je vous ai dit que je n'avais pensé qu'à M. Georges, c'est à lui que je pense encore; c'est dans son intérêt que j'ai agi, c'est dans son intérêt que j'agis encore.

Simonne n'avait plus de ménagements à garder, car, puisque Pompon s'était sacrifiée, il était bien certain qu'elle irait jusqu'au bout; elle pouvait donc se venger des paroles de mépris qu'elle avait dû écouter jusque-là tête basse.

— Vous l'aimez donc bien? dit-elle en regardant Pompon des pieds à la tête avec un sourire ironique.

Sous ce coup qui l'atteignait en plein cœur, Pompon chancela et des larmes emplirent ses yeux, mais elle ne s'abandonna pas :

— Et vous, vous ne l'avez donc jamais aimé, que vous lui avez préféré cet homme? Mais il est trop grand, trop noble, trop au-dessus de vous pour que vous puissiez l'aimer. Il vous fallait un Gazéol. Eh bien! je ne veux pas que cette infamie dure plus longtemps.

— Vous ne voulez pas !

— Je ne veux pas que M. Gazéol revienne jamais dans cette maison. Je ne veux pas que vous le revoyez jamais. Car je ne veux pas que vous déshonoriez votre mari. Je ne veux pas qu'il soit exposé à apprendre demain, dans quelques jours, ce que je l'ai empêché de voir cette nuit. Voilà le payement que j'exige de vous. Et n'espérez pas que vous pourrez vous soustraire à cette condition, qui est le prix de mon silence; car, si vos relations avec cet homme continuent, je parle.

— On ne vous croira pas.

— M. Georges a eu trop de mal à me croire

coupable quand je m'accusais moi-même, pour ne pas me croire innocente quand je lui dirai la vérité. Je vais quitter cette maison pour n'y rentrer jamais, mais vous savez que j'aurai le moyen de savoir ce qui se passera chez vous, et je vous jure, — elle étendit le bras par un geste d'une énergie désespérée, — je vous jure que le lendemain du jour où vous aurez revu cet homme, **M.** Georges saura tout.

IV

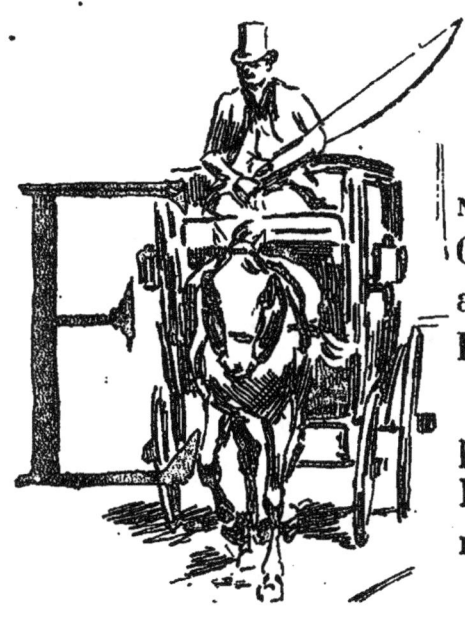

En arrivant à Paris, Casparis avait couru aux Batignolles chez Pompon.

— Comment, Pompon ! s'étaient écriés Nicolas et Justine ; mais elle est à Clichy.

— Elle a pris le train ce matin pour rentrer à Paris.

Nicolas et Justine poussèrent des cris d'émoi : que lui était-il arrivé ? Où était-elle ?

Casparis, pour ne pas pousser de cris, n'en était pas moins plein d'anxiété, et lui aussi se demandait où elle était.

Aurait-elle été chez Gazéol ?

Il ne pouvait le croire.

Et cependant !

Si la veille, on lui avait dit que Pompon aimait Gazéol, il n'aurait pas non plus voulu le croire, et il se serait trompé.

Bien qu'il n'eût jamais été chez Gazéol, il savait que celui-ci demeurait rue Le Peletier.

Il se rendit rue Le Peletier; et, au numéro qu'il avait plus d'une fois écrit sur des billets d'invitation, il trouva une grande maison meublée qui avait tout l'air d'un hôtel à filles. Un domestique en tablier bleu et coiffé d'une toque de velours à gros gland pendant sur l'oreille fumait un cigare accoté contre la porte d'entrée.

— M. Gazéol ? demanda Casparis.

— Il n'est pas chez lui.

— Vous en êtes sûr ?

— Comment, si j'en suis sûr, sa clef est au tableau, ce qui dit qu'il n'est pas rentré.

— Est-on venu le demander ce matin ?

Le domestique regarda Casparis sans répondre, et gravement il tira une bouffée de fumée de son cigare; Casparis comprit que c'était un homme qui savait le prix des paroles; il lui glissa un louis.

— Une dame, il y a une heure.

— Jeune ?

— Toute jeune.

— Noire ?

— Comment, noire ?

— Je veux dire une négresse.

Le domestique se mit à rire.

— Oh! pour ça non; trop blanche même, vu qu'elle n'avait pas épargné la poudre de riz.

Dès lors que ce n'était pas Pompon, Casparis n'avait pas intérêt à savoir quelle était cette femme.

— Quand M. Gazéol doit-il rentrer?

— Ça, monsieur, je n'en sais rien; à midi peut-être, avant sa répétition, pour prendre ses lettres; peut-être après, pour changer de linge et de bottines.

C'était une des coquetteries de Gazéol de mettre des bottines propres cinq ou six fois par jour. C'était même pour cela qu'il avait une chambre rue Le Peletier, qu'il n'habitait pas, mais qui, se trouvant à deux pas du boulevard, lui permettait de rentrer à chaque instant pour chausser des bottines nouvelles; et comme avec cela il portait des chemises à plastron immense, que le gilet découvrait de chaque côté jusqu'aux entournures, et en bas jusqu'au nombril, il était obligé, pour faire ses effets de linge, de changer de chemise plusieurs fois par jour aussi.

— Quand il rentrera, dit Casparis, vous lui remettrez cette carte en le priant de me fixer une heure où je pourrai le trouver; je reviendrai.

Car la veille, dans son trouble, s'il avait dit à

Gazéol : « Nous nous verrons demain, » il avait oublié de convenir de l'heure.

Où chercher Pompon, maintenant ? il n'en savait rien.

C'était un soulagement pour lui de voir qu'elle n'était pas venue chez Gazéol ; mais où était-elle ?

Peut-être avait-elle été chez Blanchon, qui était son grand confident et à qui elle avait toujours conté ses joies et ses chagrins ; elle devait avoir besoin de se sentir appuyée, la pauvre petite, puisqu'elle le croyait fâché contre elle.

Comme il avait encore plus de deux heures à lui avant midi, il alla rue de l'Éperon.

— Tu n'as pas vu Pompon ?

— Elle n'est donc pas chez toi ?

Casparis raconta ce qui s'était passé la veille ; comment, en rentrant à l'improviste de chez le prince de Coye, où il devait coucher, il avait, en montant son escalier, vu Gazéol sortir de la chambre de Pompon.

— C'est impossible !

— J'ai vu.

— C'est impossible.

— Je te dis, je te répète que j'ai vu.

— Et moi je te dis, je te répète que c'est impossible.

— Je l'ai cru comme toi aussi, tout d'abord, que c'était impossible ; mais j'ai vu ; j'ai vu Gazéol sur le palier, entre la porte de Pompon et celle de ma chambre; Pompon le tirait par le bras; d'où voulais-tu qu'il sortît?

Blanchon avait eu le temps de réfléchir.

— Tu as raison, dit-il, de la chambre à Pompon évidemment.

— Elle me l'a avoué.

Mais cela encore jeta Blanchon hors de lui.

— Comment, avoué?

— Sans doute.

— Elle t'a avoué que Gazéol sortait de sa chambre.

— Il le fallait bien, puisque je le voyais.

De nouveau Blanchon avait pu refléchir :

— Évidemment, dit-il, il le fallait, puisque tu le voyais.

Mais il ne put ne pas résister :

— Et que t'a-t-elle dit? demanda-t-il.

— Qu'il sortait de sa chambre.

— Et après?

— C'est tout. Je voulais la confesser ce matin, mais, quand je l'ai fait appeler, on ne l'a pas trouvée, elle était partie pour Paris. La pauvre petite n'a pas osé affronter mes reproches; et pourtant, ce que je voulais ce n'était pas lui adresser des reproches, mais lui expliquer ce que j'entendais faire pour elle.

— Et que veux-tu?

— La marier avec Gazéol.

— Es-tu fou ?

— Puisqu'elle l'aime.

— Elle te l'a dit ?

— Crois-tu Pompon capable de recevoir dans sa chambre un homme qu'elle n'aimerait pas passionnément ?

— Évidemment, évidemment, répéta Blanchon ; mais Gazéol ?

— Je dois le voir ce matin.

— Alors, tu ne lui as encore rien demandé ?

— Non.

— Eh bien ! veux-tu que je t'accompagne ?

— J'en serai heureux ; tu as les mêmes droits que moi à défendre cette pauvre petite, tu l'aimes comme moi.

— C'est justement pour cela que cette idée de mariage m'épouvante ; as-tu pensé à cela ? Pompon, notre petite Pompon, si tendre, si honnête, si délicate de cœur, la femme de Gazéol !

— Puisqu'elle l'aime.

— Évidemment, évidemment ; mais enfin ne s'est-elle pas trompée sur le compte de celui qu'elle... aime, et n'a-t-elle pas déjà reconnu son erreur ?

— C'est ce que Simonne me disait justement.

— Ah ! tu lui as parlé de cette idée de mariage ?

— J'ai voulu la consulter, car mon intention est de doter Pompon.

— Et qu'a-t-elle répondu? s'écria Blanchon incapable de se contenir.

— Elle est opposée à ce mariage.

— Ah! elle est opposée.

Il y eut un moment de silence.

— Cela t'étonne? demanda Casparis.

— Au contraire... au contraire; évidemment elle voit Gazéol comme je le vois moi-même.

— Il ne s'agit pas de savoir comment tu le vois ni comment le voit ma femme, car il est bien certain que ma femme et toi vous ne pouvez juger Gazéol que comme je le juge; mais il s'agit de savoir comment Pompon le voit ou plutôt l'a vu, et nous avons malheureusement la preuve qu'elle l'a vu avec d'autres yeux que nous, la pauvre enfant. Tu comprends qu'elle l'aime, n'est-ce pas?

— Certainement... puisqu'elle lui a donné rendez-vous dans sa chambre.

— Alors, le mieux est qu'elle l'épouse?

Blanchon secoua la tête.

— Mais que veux-tu donc? demanda Casparis en le regardant.

— Je ne veux rien; seulement j'aurais voulu que tu ne reçusses point ce coquin chez toi.

Puis avec colère:

— Pourquoi l'as-tu reçu aussi? il ne pouvait être ni un camarade, ni un ami pour toi.

— Ce n'est pas moi qui l'ai reçu; je l'ai trouvé

admis sur le pied de l'intimité chez ma belle-mère, et il est venu chez moi comme il allait chez elle.

— Tu as eu tort.

— Il amusait Simonne par ses grimaces et ses cocasseries.

— Il fallait alors te contenter de conduire ta femme au théâtre où il joue.

— Qui aurait cru qu'il pouvait se faire aimer d'une honnête fille ?

— Il faut tout croire.

— Enfin, ce n'est pas du passé, c'est du présent que nous devons nous occuper ; allons chez lui.

En chemin, Blanchon ne dit pas un mot, et Casparis attribua ce silence au chagrin qu'il éprouvait; mais, en arrivant rue Le Peletier, Blanchon reprit la parole :

— Plus je réfléchis, dit-il, plus j'envisage ce mariage avec effroi, convaincu que je suis qu'il ferait le malheur de Pompon ; d'autre part, je suis également convaincu que Gazéol va repousser ta demande, car ce n'est pas un homme à se marier ; je crois donc que tu ne devrais pas persister dans ta démarche.

Mais Casparis ne voulut rien entendre.

— Abandonne-moi si tu trouves que j'ai tort, dit-il.

— Je trouve que tu as tort, mais je ne t'abandonnerai pas, car je veux être là pour te rappeler à qui tu parles, si tu l'oubliais.

Gazéol était chez lui, attendant Casparis; il le reçut cérémonieusement ainsi que Blanchon, marchant en rond comme sur la scène, avec des poses nobles, que l'étroitesse de la chambre malheureusement étriquait un peu; on sentait en lui le comédien qui, avant de jouer les comiques, s'était essayé dans les jeunes premiers, où il n'avait pas réussi, et en regardant aux murs tout couverts de portraits de lui, on voyait un de ces portraits faits sept ou huit ans auparavant qui le représentait assez fidèlement dans le rôle qu'il venait de prendre.

— Après ce qui s'est passé cette nuit, dit Casparis, vous comprenez, je pense, ce qui nous amène; vous savez les liens qui nous attachent à la jeune fille, de la chambre de qui je vous ai vu sortir; elle est pour nous une enfant d'adoption, nous l'aimons tendrement, et elle n'a que nous pour la protéger.

Casparis se tut, attendant une réponse; mais Gazéol ne dit rien; malgré ses efforts pour être calme et surtout digne, on voyait qu'il était profondément troublé.

— Vous êtes l'amant de cette jeune fille, continua Casparis, je viens vous demander si vous êtes prêt à l'épouser?

— L'épouser, moi! s'écria Gazéol en faisant un bond; ah, par exemple!

— Puisque vous sortiez de sa chambre, dit Blanchon en appuyant.

— Je sortais... je sortais, certainement ; mais enfin on n'épouse pas une fille seulement parce qu'on sort de sa chambre.

— Avez-vous quelque chose à lui reprocher ? demanda Casparis.

— Moi !... mon Dieu non, rien, rien du tout.

— Elle a du talent, vous le savez, un très grand talent ; de plus, elle possède une trentaine de mille francs, et mon intention est de la doter d'une somme égale à l'occasion de son mariage ; elle vous aime...

— Elle vous l'a dit ! s'écria Gazéol.

— Puisque vous sortiez de sa chambre, dit Blanchon.

— Oui, c'est vrai.

— Ce n'est pas en son nom que je me présente, continua Casparis, car je ne l'ai pas vue ce matin ; mais c'est une honnête fille, et en vous recevant dans sa chambre, elle a cru recevoir son mari ; vous ne me direz pas le contraire ?

— Mais bien sûr que je vous dirai le contraire, que je vous l'affirmerai ; car je vous jure qu'il n'a jamais été question de mariage entre nous, jamais, jamais !

Cela fut dit avec une énergie où l'on sentait la sincérité !

— Me marier ! moi ! Mais jamais de la vie je n'ai pensé à me marier.

— Je m'adresse à votre honneur, dit Casparis, à

votre cœur; vous ne pouvez pas vouloir que cette pauvre fille soit perdue?

— Elle ne sera pas perdue parce que je ne l'épouserai pas; au contraire; je serais un détestable mari, je me connais.

— Vous ne l'avez donc jamais aimée! s'écria Casparis, que l'indignation commençait à entraîner.

— Certainement, je ne dis pas... mais enfin, on n'épouse pas toutes les filles qu'on a aimées.

— On les épouse quand elles sont honnêtes, quand elles vous aiment, quand on n'a pas un reproche à leur adresser, quand le mariage s'impose à un homme d'honneur comme une réparation.

En voyant la tournure que prenaient les choses, Gazéol s'était peu à peu rassuré; bien certainement Casparis ne soupçonnait pas la vérité, et, grâce au mensonge généreux de cette petite Pompon, on pouvait espérer qu'il ne la découvrirait jamais; cela lui avait rendu ses moyens et, insensiblement, le jeune premier avait fait place au comique.

— Vous savez bien, dit-il en souriant à demi, que ceux qui travaillent dans le neuf ne font pas la réparation.

— Ce que vous dites là est une infamie! s'écria Casparis, et, dans les circonstances présentes, une lâcheté.

Comme Gazéol allait répondre, Blanchon, d'un geste énergique, lui ferma la bouche.

— Je t'avais prévenu que cette démarche ne pouvait pas avoir de résultat, dit-il à Casparis, tout ce que tu ajouterais serait inutile.

— Oh ! tout à fait, s'écria Gazéol d'autant plus fortement qu'il comprenait l'intention de Blanchon.

Blanchon avait pris le bras de Casparis, mais celui-ci ne se laissa pas entraîner.

Au contraire, il fit un pas vers Gazéol.

— Vous avez compris, je l'espère, dit-il, que ma maison vous était interdite.

— Parfaitement.

Mais il dit mal ce dernier mot, plutôt avec soulagement qu'avec regret; non en ami désolé de sortir d'une maison où étaient ses affections et ses habitudes, mais en homme prudent qui ne pense qu'au danger auquel il vient d'échapper.

VII

— Maintenant, dit Casparis lorsqu'ils furent dans la rue, je vais retourner rue Bridaine voir si Pompon est rentrée.

— Je vais avec toi.

— Allons.

Mais au bout de quelques pas, Casparis s'arrêta.

— Décidément, dit-il, je crois que le mieux est que tu ne viennes pas avec moi.

— Et pourquoi?

— Si nous avions réussi c'était parfait, nous arrivions triomphants pour lui dire que son mariage avec l'homme qu'elle aime était assuré; mais nous n'avons pas réussi.

— Nous ne pouvions pas réussir.

— En le voyant et aux premiers mots j'en ai eu le sentiment tout de suite, et c'est ce qui m'a empêché d'insister comme j'aurais pu le faire.

— A quoi bon?

— Aussi ne l'ai-je point fait; à quoi eût servi de

m'adresser à son cœur et à son honneur ? Il n'aurait pas compris. N'ayant pas réussi, devons-nous aller tous les deux porter la triste nouvelle à cette pauvre petite ? Elle sera déjà assez malheureuse de rougir devant moi. Pourquoi l'obliger à rougir devant toi ? Ne vaut-il pas mieux qu'elle s'imagine que je suis seul à connaître cette honteuse aventure ? Remarque que cela est possible, puisque personne que moi n'a été témoin de ce qui s'est passé cette nuit. Je ne crois pas que Gazéol s'en vante. Et, pour Simonne, tu comprends que ce n'est pas elle qui en parlera : elle est assez désolée de ce qui arrive.

— Cela se comprend.

— D'autant mieux qu'elle s'était peu à peu attachée à Pompon, qu'elle aime comme nous l'aimons nous-mêmes. L'aventure peut donc rester secrète. Ne trouves-tu pas cela mieux ?

— Tu as raison, dit Blanchon, je ne vais pas avec toi.

— Quand te reverrai-je ?

— Demain j'irai à Clichy.

— A demain, alors.

Mais prêt à s'éloigner, Blanchon se retourna et retenant Casparis :

— Ménage-la, dit-il.

— Ah ! la pauvre petite ! je suis bien plus disposé à la consoler qu'à la gronder ; songe donc quelle douleur cela va être pour elle, si tendre !

Et ils se séparèrent.

Blanchon, au lieu de s'en retourner du côté de la rue de l'Éperon, continua de monter vers Batignolles, marchant doucement, la tête basse, les mains derrière le dos, réfléchissant.

Pour Casparis, il allait au contraire à grands pas et il ne tarda pas à arriver rue Bridaine.

— Elle est rentrée, dit Justine, en lui ouvrant la porte ; mais qu'est-ce qui s'est donc passé, monsieur Georges? elle est dans un état terrible, et elle n'a pas voulu répondre.

Il fallait que Casparis trouvât une raison justificative de ce retour subit et de cet état terrible.

— Des difficultés avec ma femme, dit-il à mi-voix.

— Ah! voilà! s'écria Justine, ça devait arriver, je le disais toujours à Nicolas.

Bien que Pompon demeurât sous le même toit et la même clef que Nicolas et Justine, elle occupait une pièce séparée, où elle était libre chez elle ; c'était l'ancien salon de cet appartement, une assez vaste pièce que Casparis avait fait aménager en chambre et qu'il avait meublée coquettement et confortablement.

La porte de cette chambre donnait sur le vestibule ; Casparis frappa doucement ; on ne répondit pas, il frappa plus fort.

— Entrez, dit la voix de Pompon.

Il entra.

Elle était ramassée sur elle-même, au fond d'un fauteuil dans une attitude de prostration complète; mais, en reconnaissant celui qui entrait, elle se trouva subitement debout.

— Oh! monsieur Georges!

Et elle se cacha le visage dans ses deux mains.

— Pourquoi donc es-tu revenue à Paris? demanda-t-il doucement et d'un ton affectueux; tu m'as causé beaucoup d'inquiétude.

— Je n'avais pas pensé à cela.

— Quand, ce matin, je t'ai fait appeler et qu'on m'a dit que tu étais partie pour Paris, je suis accouru ici, et ne t'ai point trouvée; comprends-tu combien j'ai été tourmenté?

— Oh! oui.

— Où étais-tu?

— Dans le bois.

Cela était vrai au moins en partie, car elle s'était cachée dans le bois pour le voir passer et revenir quand il ne serait plus là.

— Pourquoi donc t'es-tu sauvée ainsi, ma mignonne?

— Parce que je n'osais plus vous revoir.

Et de nouveau elle se cacha le visage.

— T'ai-je donc jamais traitée durement?

— Plus vous me traitez doucement, plus je suis honteuse et désolée.

— Sans doute, mon enfant, tu as commis une grande faute; mais le cœur a des entraînements qu'il faut excuser, et tu as eu tort de craindre mes reproches.

— Ce n'est pas de vos reproches que j'ai eu peur, c'est de votre chagrin, — c'est de votre... mépris.

— Il est vrai que mon chagrin est profond; mais ne parle pas de mépris, ma petite Pompon; jamais je n'éprouverai un sentiment de mépris pour toi, sache-le bien, répète-le toi.

Et, lui prenant la main, il la lui serra affectueusement.

— C'est quand nous sommes malheureux, mon

enfant, que nous devons faire appel à nos amis et non nous éloigner d'eux ; ne suis-je pas le tien, le plus dévoué, le plus fidèle ? ne sais-tu pas que tu peux compter sur moi en tout, absolument et toujours, quoi qu'il advienne ?

En l'entendant lui parler ainsi, avec cette douceur, avec cette tendresse, elle ne put pas résister à la douleur qui l'étouffait, et un flot de larmes jaillit de ses yeux.

— Mon Dieu ! mon Dieu ! murmura-t-elle faiblement.

— Il ne faut pas te désoler, ma mignonne, il faut au contraire te raidir contre ton émotion, car tu n'es pas au bout de tes peines, j'ai un coup à te porter qui va être bien cruel pour toi.

Elle le regarda effarée, n'osant pas l'interroger directement.

— En te faisant appeler ce matin, continua-t-il, je voulais te prévenir de ce que j'avais décidé pour toi : c'était d'aller trouver Gazéol et de lui demander quelles étaient ses intentions.

— Ses intentions ?

— Il me semblait qu'étant assez heureux pour avoir obtenu l'amour d'une belle et excellente jeune fille comme toi, il ne pouvait avoir qu'un désir : faire de toi sa femme.

— Moi ! s'écria-t-elle, incapable de retenir ce cri, malgré la prudence qu'elle s'était imposée pour ne pas se trahir et continuer le rôle qu'elle avait assumé.

— Mais sans doute; ne devais-je pas en cette circonstance agir comme ton frère ? J'ai fait cette démarche. Je sors de chez Gazéol. Eh bien, ma pauvre enfant... j'ai la douleur de n'avoir pas réussi.

— Ah !

— Je n'ai pas à te dire, n'est-ce pas, que j'ai fait ce que j'ai pu, tout ce que j'ai pu ?

Il ne convenait pas à Casparis de dire ce qu'il avait proposé à Gazéol, il ne parla donc pas des trente mille francs.

— Il n'a rien voulu entendre; non pas qu'il ait quelque chose à te reprocher, loin de là, mais il ne veut pas se marier; ah! ma mignonne, pourquoi l'as-tu aimé ?

Elle baissa la tête silencieusement, se reconnaissant coupable.

— Enfin, reprit-il, nous ne sommes pas maîtres de nos sentiments.

— Oh ! non.

— Je ne peux donc pas t'en vouloir; et je ne t'en veux pas.

Puis, avec un soupir :

— Pourquoi l'as-tu aimé ?

Elle baissa la tête plus bas encore, n'ayant rien à dire pour sa défense.

— Je sais bien qu'on aime sans le vouloir, sans savoir pourquoi, malgré soi.

— C'est bien vrai ?

— N'est-ce pas, ma pauvre Pompon ! En lui donnant ton cœur tu ne savais pas qu'il n'était pas digne de toi, de ta jeunesse, de ta tendresse, de ta pureté. C'est un malheur que je ne ressens pas seulement dans mon affection pour toi, mais encore dans ma responsabilité : j'aurais dû te mettre en garde, et je ne l'ai pas fait; je t'ai exposée au danger; mais aussi comment supposer que ce garçon était dangereux et que tu pouvais l'aimer? L'idée ne m'en est pas venue, j'en conviens; et, à vrai dire, maintenant, après ce que j'ai vu et ce que tu m'as avoué, je me demande encore si cela est possible.

— Hélas !

— Il faut bien que je le croie. Enfin ma démarche auprès de lui a toujours produit ce résultat de te le faire connaître. En voyant que celui à qui tu t'es donnée n'est pas digne de toi, tu te reprendras, je l'espère. Oh ! je ne dis pas tout de suite. Mais enfin tu réfléchiras; il arrivera un moment où tu regretteras ton égarement, et alors tu seras bien près de rejeter hors de ton cœur ce sentiment qui eût dû, pour ton bonheur, n'y jamais entrer.

Si Casparis lui avait parlé durement, elle eût certes moins cruellement souffert qu'en entendant ces douces paroles toutes pénétrées d'une tendresse émue. Comme était grande son affection ! Comme était infinie sa bonté ! Comme il était réservé dans l'expression de son mépris pour cet homme qu'il croyait qu'elle aimait! Comme il méritait bien qu'elle se fût sacrifiée pour lui!

— J'espère, continua-t-il, qu'après ce que je t'ai dit, tu ne consentiras pas à le recevoir, ni à le revoir.

— Oh! jamais.

— Certainement cela te sera dur; mais maintenant ce serait plus qu'une faute de faillir. Si tu veux te relever, j'entends à tes propres yeux, ce ne peut être que par la fermeté; c'est un sacrifice que tu dois faire à ta dignité, à ton honneur, et laisse-moi ajouter, à notre amitié.

— Je ne le reverrai jamais.

— Il te restera le remords de cette fatale erreur; mais qui ne se trompe pas en ce monde? Tu ne le connaissais pas, tu t'es trompée, il t'a trompée. Peu à peu ce remords s'effacera; compte pour cela sur le temps; compte aussi, compte surtout sur mon affection et mon amitié qui ne te manqueront pas, sois en certaine. Cependant je dois te dire...

Il s'arrêta, hésitant.

— Je dois te dire que nos relations vont se trouver jusqu'à un certain point modifiées; bien que ce qui s'est passé cette nuit n'ait pas eu de témoin, de sorte que personne n'en saura jamais rien, je n'ai pu cependant cacher la vérité à ma femme, qui avait entendu le bruit de nos voix, et...

— Je ne dois pas revoir Mme Casparis! s'écria-t-elle ; oh ! je ne l'aurais pas revue, je vous le promets ; mais j'aurais tant voulu, monsieur Georges, que vous ne me le demandiez pas.

Et elle eut un sanglot.

Casparis lui prit les deux mains, et doucement, affectueusement, il les lui caressa.

— Calme-toi, ma mignonne, je t'en prie, calme-toi ; le sacrifice que je te demande ne sera que de courte durée ; notre vie reprendra bientôt son cours accoutumé, je te le promets ; tu sais que tu peux te fier à moi.

Et, par de douces paroles, il s'efforça de la consoler et de la soutenir ; puis, en la quittant, il lui promit de venir la voir le surlendemain et régulièrement tous les deux ou trois jours : il ne l'abandonnerait pas.

Il y avait à peine dix minutes qu'il était parti quand Blanchon, à son tour, frappa à la porte de Pompon.

Il la trouva noyée dans les larmes, qu'en l'apercevant, elle voulut cacher.

Il vint à elle vivement, et, lui écartant les mains :

— Pourquoi pleures-tu ?

— Oh ! monsieur Blanchon, s'écria-t-elle en détournant la tête.

— Regarde-moi ! brave enfant, et lève la tête, lève-la haut ; allons, regarde-moi.

Et comme elle faisait ce qu'il demandait, mais timidement, honteusement.

— As-tu donc cru que je serais dupe ne ton sublime mensonge, moi qui sais que tu l'aimes? Viens dans mes bras, ma fille, que je t'embrasse, tout fier de toi. Viens!

Elle se jeta dans ses bras.

Et comme elle se cachait la tête, il la repoussa doucement :

— Ne te cache donc pas, puisque je te regarde pour t'admirer. Ce que tu as fait serait héroïque si tu ne l'aimais pas. Mais tu l'aimes, et tu n'as pas craint de te déshonorer à ses yeux ! Voyons, dis-moi comment les choses se sont passées.

Elle hésita.

— Ne vois-tu pas que, si je ne les sais pas dans les détails vrais, j'ai deviné l'essentiel? Cette misérable femme le trompe.

Elle fit le récit qu'il demandait.

Puis elle raconta aussi les conditions qu'elle avait posées à Simonne.

— Tu as fait cela?

— Ne devais-je pas le faire?

— Oui, puisque tu as eu ce courage; mais je crains bien par malheur que cela ne sauve pas notre pauvre Casparis. Elle l'a trompé. Elle le trompera. Et tu ne seras pas toujours là à point pour te sacrifier. Un jour la vérité se découvrira.

— Qui le dira ?

— Non celle-là; une autre que nous pouvons prévoir, mais que nous ne pouvons pas empêcher.

— Quelle douleur ce sera pour lui !

— Hélas! Mais dans son désespoir, sois sûre, petite Pompon, que ce lui sera un soulagement d'apprendre ce que tu as fait pour lui, et pour toi, ce sera l'heure de la récompense.

— Oh ! qu'elle ne vienne jamais, monsieur Blanchon, jamais !

VIII

En quittant Pompon, Blanchon se demanda si, lui aussi, ne devait pas intervenir auprès de Simonne.

N'avait-il pas le droit de parler au nom de l'amitié, comme Pompon avait parlé au nom du dévouement?

Simonne était-elle femme à l'écouter, à s'arrêter dans la voie où elle était engagée, par cela seul qu'il le lui demanderait et lui dirait qu'il avait deviné la vérité?

Pour lui, elle avait eu des amants avant son mariage; elle en avait eu depuis; elle en aurait toujours. Il n'y avait qu'à la regarder cinq minutes pour en être convaincu. Cela était dans son tempérament, dans son sang, et plus encore dans ses goûts, une sorte de fatalité de naissance.

Et c'était fermement qu'il croyait au principe d'hérédité : Simonne était une femme de théâtre, et elle l'était des pieds à la tête, de cœur, d'esprit, de manière ; partout elle était en scène ; partout elle avait besoin de faire de l'effet, de briller, d'être admirée, applaudie ; son mari avait pu lui plaire un moment ; elle avait pu l'aimer, il l'admettait ; elle avait été certainement heureuse et fière d'être admirée et applaudie par lui ; mais, quand elle avait eu épuisé son répertoire pour lui, elle s'était fatiguée de ces applaudissements toujours les mêmes ; il lui en avait fallu de nouveaux, et elle était alors venue, ou revenue à Gazéol, comme après celui-là, elle irait à d'autres. Avait-elle hérité de sa mère ? Sans doute. Et aussi bien certainement de son père, qui, à coup sûr, n'était pas le grand-duc Ivan, mais plutôt quelque comédien.

Si elle était ainsi, et c'était chez lui une conviction, quel effet les discours qu'il pouvait lui adresser, prières ou menaces, produiraient-ils sur elle ?

Est-ce avec des discours qu'on change la nature des gens ? avec des paroles qu'on guérit une infirmité héréditaire ?

Ou elle se moquerait de lui, en niant tout.

Ou, s'avouant coupable, elle lui ferait les plus beaux serments du monde de ne plus pécher.

En admettant les serments, pouvait-on se fier à elle? Parce qu'elle aurait pris un engagement envers lui, était-il à croire qu'elle le tiendrait, sinon par loyauté, au moins par peur?

Le plus probable, le plus raisonnnable, c'était de penser que cette intervention l'exaspérerait et qu'elle ferait tout pour s'en venger.

Pour lui, il n'avait pas plus à s'inquiéter de la haine que de l'amitié de Simonne, et qu'elle lui voulût du bien ou du mal lui était également indifférent.

Mais ce qui l'inquiétait, ce qui ne lui était pas indifférent, c'était qu'elle le fâchât avec Casparis; et sûrement ce serait là sa vengeance. Quelle amitié, si solide qu'elle soit, quelle confiance, quels souvenirs peuvent résister à l'influence d'une femme qui s'exerce chaque jour, à chaque instant, dans les petites aussi bien que dans les grandes choses et qui ne recule devant rien pour réussir, alors surtout que cette femme est intelligente et qu'elle est aimée?

Or, ce qu'il fallait, c'était que cette rupture entre eux ne se produisit pas, car le jour où Casparis découvrirait qu'il était trompé, et cela arriverait fatalement tôt ou tard, il importait qu'il pût se réfugier dans l'amitié.

Que deviendrait-il, le pauvre garçon, si ce jour-là il ne trouvait pas une main amie tendue vers lui pour le soutenir?

Tout bien pesé, Blanchon se décida donc à ne rien

dire à Simonne. Pompon avait parlé, cela devait suffire pour qu'elle n'osât plus voir Gazéol, qui d'ailleurs, mis à la porte par Casparis, ne pourrait plus se présenter ni à Clichy, ni à l'avenue de Villiers. Après ce qui s'était passé, et à peine échappée au danger qu'elle avait couru, ce serait plus que de l'audace de la part de Simonne de ne pas rompre sa liaison avec le comédien.

Malheureusement, la diplomatie n'était pas le fort de Blanchon, pas plus que la finesse, la rouerie et la duplicité; ce qu'il pensait, il le disait; ce qu'il éprouvait, il le laissait voir, trouvant cela tout naturel et ne comprenant même pas qu'on pût faire autrement.

C'était ainsi qu'il s'était comporté depuis qu'il était entré dans la vie, et pas une seule fois il n'avait donné un démenti à sa fierté et à sa dignité, pas une seule fois il n'avait transigé avec son caractère ou ses idées arrêtées. Vivant seul, il n'avait jamais rien demandé à personne, ni une faveur, ni un service. Jamais il n'avait fait une visite qui aurait pu lui être utile. Jamais il n'avait aidé un camarade dans l'espérance et par cela seul que celui-ci pourrait l'aider à son tour. Depuis le jour où il avait su tenir un pinceau, il n'avait fait que ce qui lui plaisait, et rien que ce qui lui plaisait, sans jamais consulter la mode ou la vogue, sans s'inquiéter des succès de ses rivaux, sans s'abaisser à la plus légère concession qui eût pu le rapprocher d'eux. Tel il était, tel il voulait rester. « C'est à prendre ou à laisser, disait-il à ceux qui lui reprochaient ce qu'ils appelaient sa maladresse; si je ne suis pas moi, ce n'est pas la peine; je ne ferai pas plus ce qui n'aurait pas mon estime, que je ne donne la main à ceux que je n'estime pas; tout se tient dans la vie. »

C'était justement parce que tout se tient, qu'il lui était impossible de ne pas montrer à ceux qu'il méprisait les sentiments qu'ils lui inspiraient. Sans doute, il n'allait point à eux, et, de but en blanc, il ne leur criait point en face : « Vous, je vous méprise ». Mais c'était tout juste, car s'il ne le leur disait point brutalement et expressément, il le leur exprimait cependant de toutes les manières par son attitude, par ses regards, par sa façon de leur adresser la parole lorsqu'il était contraint de le faire. Et cela à propos de rien, sans autre raison que sa propre satisfaction, et le besoin de justice effective d'une conscience prompte à s'indigner. « Je sais bien que ça leur est égal, disait-il, mais moi ça me fait plaisir, ça me soulage. »

En allant le lendemain à Clichy comme il l'avait promis à Casparis, il s'était dit tout le long du chemin qu'il ne se soulagerait point avec Simonne et qu'il garderait pour lui le mépris et la haine qu'elle lui inspirait. Et, tout en traversant la forêt de Bondy à partir de la station du Raincy (car il était de ceux qui, lorsque deux stations desservent un pays, choisissent toujours la plus éloignée), il avait réglé son attitude, ses paroles et ses regards ; il dirait ceci, il ferait cela, car les circonstances exigeaient, non de la franchise,

mais de l'adresse, et une fois dans sa vie, pour Casparis, il saurait se plier aux circonstances.

Mais à peine avait-il aperçu Simonne, assise à l'ombre dans le jardin, qu'il avait oublié ce qu'il s'était dit et promis, pour ne penser qu'à sa trahison, au malheur de Casparis et au sacrifice de Pompon.

De loin, en le voyant entrer, elle lui avait adressé de la main un bonjour amical (car elle avait toujours été très prodigue de démonstrations affectueuses avec lui et avec Falco), et il n'avait pas pu lui répondre; à la lettre, sa main avait pesé cent livres lorsqu'il avait voulu la lever pour lui rendre son bonjour.

Et tout en suivant l'allée sablée qui le conduisait à elle, il l'avait regardée, éclairée en plein par les rayons obliques du soleil qui s'abaissait derrière Paris, à demi renversée dans son fauteuil de bambou, et se détachant harmonieusement dans sa robe de basin blanc sur le fond vert d'un massif de lauriers.

— Eh quoi, se disait-il, cette admirable créature n'est qu'une misérable femme sans cœur et sans honneur, la maitresse de ce Gazéol; c'est pour ce coquin qu'elle trompe un homme comme Casparis. Mais qu'est-elle donc?

Et au lieu de penser au rôle qu'il s'était promis de remplir adroitement, il avait cherché à comprendre, en la regardant ce qu'elle pouvait être; ce qu'il y avait en elle; ce qu'on pouvait attendre d'elle de bon et de mauvais.

Et raisonnant ainsi il marchait toujours, il approchait, il arrivait.

— Que je suis contente de vous voir, dit-elle lorsqu'il ne fut plus qu'à quelques pas; Georges m'avait assuré que vous viendriez, mais vous êtes si irrégulier qu'on ne peut compter sur vous que lorsqu'on vous a. Bonjour; comment allez-vous?

Elle lui avait tendu la main, ainsi qu'elle en avait l'habitude.

Il devait avancer la sienne; mais cette main, qui tout à l'heure pour un simple salut pesait cent livres, en pesait cinq cents maintenant qu'il devait la mettre dans celle qui lui était tendue?

Allait-il donc rester ainsi stupide?

Alors il eut l'idée triomphante de laisser tomber son chapeau, puis l'ayant ramassé, il se mit à le brosser soigneusement.

— Merci, dit-il, sans lever les yeux sur elle; et vous?

Puis il demeura court, et le silence qui s'établit le paralysa tout à fait.

— Vous avez vu Pompon? demanda-t-elle enfin.
— Oui.
— Comment est-elle, la pauvre petite?

La pauvre petite! Il eût voulu étrangler Simonne.
— Bien.
— Ah! j'en suis bien heureuse.
— C'est-à-dire qu'en réalité je ne sais pas trop; puisque je suis censé ignorer ce qui s'est passé, je n'ai pas pu l'interroger.

Et il resta là, trouvant que c'était assez adroit, puisque cela lui permettait de ne pas parler de Pompon, ce qui lui était vraiment impossible.

Mais s'il ne regardait pas Simonne, il sentait qu'elle ne le quittait pas des yeux et qu'elle devinait, qu'elle lisait ce qui se passait en lui.

Alors ne valait-il pas mieux agir franchement et lui jeter à la face ce qu'il avait sur le cœur ?...

Cependant, il résista.

— Où est Casparis ? demanda-t-il pour dire quelque chose.

— Dans l'orangerie, il travaille.

— Je vais voir où en est son groupe.

Et sans attendre Simonne, sans s'excuser, il se sauva.

Il n'en pouvait plus, et, pour la première fois, il comprenait qu'on est peut-être sage de s'habituer, quand on est jeune, à contenir ses sentiments.

Heureusement la présence de Casparis rendit sa situation moins difficile; il put s'adresser à celui-ci, sans parler à Simonne autrement que pour lui répondre par quelques mots écourtés; d'ailleurs il eut la précaution, dès le potage, de se lancer dans une grande discussion sur le mérite des peintres primitifs, et cela le conduisit facilement jusqu'au dessert.

Mais lorsque, après le dîner, ils allèrent s'asseoir dans le jardin pour prendre le café, Casparis, qui ne pensait qu'à Pompon, et qui aurait interrompu Blanchon dix fois s'il n'avait été retenu par la présence des domestiques qui faisaient le service de la table, put enfin parler d'elle librement.

Tout d'abord Blanchon se tint sur la réserve; mais, peu à peu, il oublia encore ses promesses, et, comme le nom de Gazéol s'était tout naturellement présenté, il céda aux mouvements de son cœur.

— Si encore c'était pour un homme digne d'amour et qu'une honnête femme pût aimer, s'écria-t-il, mais un misérable, un homme ridicule et bête. Car il est bête, vous savez, il l'est, il est stupide. Et cependant ce n'est rien que d'être bête, mais on trouve en lui toutes les platitudes, toutes les bassesses.

Il parlait sans regarder Simonne et sans se tourner vers elle, et cependant c'était à elle que s'adressaient ces paroles qui jaillissaient de ses lèvres irrésistiblement.

— Ah! si j'avais osé vous le faire connaître, continua-t-il, mais vous le receviez sur le pied de l'intimité et je le ménageais.

— En paroles peut-être, interrompit Simonne, mais non par vos regards et votre attitude, qui marquaient bien vos vrais sentiments.

— Mais, madame...

— Oh! je ne vous blâme pas; au contraire; j'aime cette franchise dans l'estime comme dans le mépris; avec vous on sait tout de suite à quoi s'en tenir, si l'on est de vos amis ou de vos ennemis.

— Eh bien! celui-là était de mes ennemis, et je

me reprocherai toujours de ne pas l'avoir dit plus franchement en justifiant mon mépris. Qui sait si, en le montrant tel qu'il est, et tel que me l'ont fait connaître des gens de son entourage et de son monde, qui vivent près de lui, qui le voient chaque jour, ce qui est arrivé n'aurait pu être empêché? Comment aimer un homme qui vit avec les filles et se fait payer par elles? car il est descendu jusque-là, ce misérable. Ce matin encore on me parlait de lui, et l'on me disait qu'il était en ce moment l'amant de la vieille Raphaëlle et d'une petite actrice des Folies qui se le disputent; Raphaëlle avec de l'argent et des bijoux, la petite Rosa Glady avec sa jeunesse. Et cependant, il venait passer la nuit ici. Si j'avais dit cela au lieu de me taire, n'y avait-il pas là de quoi lui faire fermer la porte?

— Oh! assurément, dit Simonne avec un calme parfait, et vous avez eu grand tort de vous taire; si Pompon avait connu celui que vous venez de nous montrer, elle ne se fût certainement pas laissé tromper par lui.

— Et nous, continua Casparis, nous ne l'aurions certainement pas reçu chez nous.

— Et ç'eût été moi, dit Simonne, qui me serais chargée de le mettre à la porte.

Puis, s'adressant à Blanchon sur le ton d'un reproche affectueux:

— Quand on a le bonheur d'avoir une conscience

sûre comme la vôtre, solide, droite, qui n'a jamais fléchi, pas plus qu'elle ne s'est jamais trompée, il faut la laisser parler haut, toujours, partout, en toutes circonstances ; c'est un guide, pour les autres, qui peut empêcher bien des malheurs.

———

IX

Simonne avait-elle été sincère?

Ce fut la question que Blanchon agita en rentrant à Paris.

Il lui était difficile de le croire, et, à quelque point de vue qu'il l'examinât, tout en elle lui paraissait faux; des pieds à la tête, de cœur, d'esprit, de manières, d'habitudes, ses paroles, ses silences, ses sourires ou ses froncements de sourcils, tout n'était que mensonge.

Et cependant, pourquoi n'aurait-elle pas été touchée par ce qu'il avait dit, sinon dans son honneur et sa dignité, au moins dans son amour-propre?

Rivale de la vieille Raphaëlle et de la petite Rosa Glady? N'y avait-il pas là de quoi être cruellement humiliée? N'y avait-il pas de quoi rompre cette liaison honteuse pour une femme comme elle, et même pour quiconque aurait eu un peu de fierté au cœur?

A la vérité, en parlant comme il l'avait fait, il

n'avait guère espéré provoquer cette fierté, et s'il avait attaqué Gazéol avec cette violence, c'avait été plutôt par rage, par indignation, par défi, pour la faire souffrir, pour venger Casparis ; mais maintenant il pouvait espérer qu'elle avait été touchée, et que c'était sincèrement qu'elle lui avait répondu.

Alors tout serait donc fini avec ce Gazéol !

Longuement il avait examiné le pour et le contre, non seulement ce soir-là, mais encore le lendemain et les jours suivants.

Tantôt se rassurant lorsqu'il se rappelait ce qu'elle avait dit.

Tantôt, au contraire, s'inquiétant lorsqu'il se la représentait telle qu'elle était.

Mais qu'il se rassurât ou qu'il s'inquiétât, cela ne changeait pas ses sentiments envers elle ; il la méprisait, il la haïssait autant un jour que l'autre. Quoi qu'il arrivât, elle ne pouvait être que la misérable femme à laquelle Casparis avait follement sacrifié sa pauvre petite Pompon, qu'il aimait maintenant plus tendrement qu'il ne l'avait jamais aimée. Sans elle, Casparis eût certainement ouvert les yeux un jour ou l'autre ; il eût vu combien cette petite Pompon était charmante ; il eût compris, il eût senti tout ce qu'il y avait de qualités en elle ; il l'eût aimée, et ils auraient été heureux. Tandis que, marié à cette coquine, qu'elle gardât ou ne gardât point Gazéol, il ne pouvait être que malheureux, ridicule, déshonoré, et cette pauvre Pompon ne pouvait être que malheureuse aussi, puisqu'elle ne serait jamais aimée.

Un des tourments de Blanchon, c'était de ne pouvoir tenir conseil avec personne à ce sujet.

Depuis plusieurs années, et jusqu'à ce jour, il ne s'était jamais trouvé dans un embarras ou dans une situation difficile sans aussitôt soumettre son cas à Casparis ou à Falco. Ils vivaient tous les trois dans une si étroite intimité qu'ils n'avaient en réalité qu'une tête et un cœur. — Je demanderai à Blanchon, disait Casparis. — Je demanderai à Casparis, disait Blanchon. — Demandons à Falco, disaient-ils ensemble. Jamais ils ne décidaient rien sans s'être consultés. Aussi, lorsqu'une difficulté se présentait devant l'un d'eux, qu'il fallait trancher immédiatement, celui-là se trouvait-il gêné et dévoyé : il se sentait incomplet ; et, pour être sûr de lui, il aurait voulu le concours des deux autres.

Dans cette triste aventure, ç'eût été un soulagement pour Blanchon de pouvoir s'ouvrir à Falco.

Si Falco avait été seul, il n'aurait pas hésité ; mais Falco ne s'appartenait pas, et lui dire ce qui se passait, c'était assurément le dire en même temps à Mme Arbelet. A qui celle-ci ne le répéterait-elle pas ?

Le temps s'écoula sans qu'il pût apprendre si Simonne avait ou n'avait pas rompu avec Gazéol, et sans que ses inquiétudes, par conséquent, pussent être calmées.

La seule chose qui pouvait, jusqu'à un certain point, le rassurer, c'était de savoir que Gazéol n'avait rompu ni avec Raphaëlle ni avec Rosa Glady, qui toutes deux continuaient à se le disputer.

Dans un de ses voyages à Clichy, il avait voulu raconter à Casparis et à Simonne ce qu'il avait appris à ce sujet, mais au premier mot Simonne lui avait fermé la bouche.

— Nous ne voyons plus ce monsieur, avait-elle dit sèchement, et pour moi je serais bien aise de ne plus entendre parler de lui jamais. Il est trop tard. Tout ce qu'on peut m'apprendre sur son compte ne peut que redoubler nos regrets de ne pas l'avoir su plus tôt.

Cela aussi était-il sincère?

Était-ce le dépit d'une femme désespérée de s'être perdue pour un homme indigne d'elle?

Ou bien était-ce tout simplement de la rouerie?

Les deux hypothèses étaient assurément possibles, l'une aussi bien que l'autre, le dépit comme la rouerie.

Cependant, à bien considérer les choses, Blanchon penchait du côté du dépit; elle devait avoir rompu, car si elle était encore la maîtresse de Gazéol, elle voudrait certainement entendre les détails qu'il lui offrait; elle les refusait, cela semblait significatif.

Comme Blanchon se répétait ces raisonnements pour se convaincre que Casparis était sauvé, — au moins pour le moment, — il avait reçu une lettre qui l'avait bouleversé.

N'ayant pas une correspondance très suivie, Blanchon lisait consciencieusement toutes les lettres qu'il recevait, du premier au dernier mot : un soir, en ren-

trant chez lui, il en avait trouvé une posée en belle place dans son atelier, et, l'ouvrant aussitôt, bien que l'écriture grosse et lourde ne lui fût pas connue, il s'était mis à la lire :

« C'est parce que l'amitié qui vous unit à M. Casparis est connue de tout le monde, que je vous écris cette lettre, ayant la certitude que si vous supportez ce qui se passe, c'est que vous l'ignorez.

« Apprenez donc, monsieur, que votre ami est trompé par sa femme, qui est la maîtresse de Gazéol, le comédien de tant de talent que tout Paris aime et applaudit.

« Ce n'est pas d'aujourd'hui que date cette liaison ; elle avait commencé avant le mariage de Mlle Simonne Jaras ; elle a continué depuis le mariage, et elle continuera encore si vous n'intervenez pas pour la rompre

« Gazéol aime-t-il Mme Casparis ? Nullement. Mais il est flatté dans son amour-propre d'être l'amant d'une femme du monde, qui a une réputation de beauté et dont on parle dans les journaux.

« Je ne dis pas qu'il ne l'ait pas aimée ; mais pour le moment cet amour n'existe plus ; pour vous en convaincre, vous n'avez qu'à vous renseigner sur ses relations.

« J'entre dans ces détails pour que vous compreniez que la rupture de cette liaison est possible, si vous voulez prendre en main la cause de votre ami, qui mérite vraiment une autre femme.

« Aime-t-elle réellement Gazéol ? Je ne peux répondre à cette question. En tout cas, elle a toujours recherché les comédiens, et on a raconté d'elle autrefois des histoires que vous pourrez facilement vous faire répéter, si vous prenez la peine d'interroger des personnes ayant vécu dans son monde, entre son âge de dix-sept à vingt-deux ans. C'est peu de temps après que le bruit de ces histoires a été un peu calmé qu'a commencé sa liaison avec Gazéol, dont elle a fait la connaissance à Luchon. Écrivez dans cette ville, faites interroger, si vous le pouvez, les maîtres et les domestiques de l'*Hôtel d'Angleterre,* ils vous en conteront de drôles, et aussi le guide Capdeville. Vous voyez que je précise, et qu'il est facile de contrôler les renseignements que j'indique. Maintenant elle ne l'aime plus sans doute, car elle ne brille pas par la fidélité, mais elle tient à lui parce qu'elle sait qu'on le lui dispute.

« Et elle y tient si bien qu'elle fera toutes les folies si vous ne l'en empêchez pas : elle sait qu'elle n'a rien à craindre de son mari, qui est sourd et aveugle.

« Vous voilà prévenu ; à vous d'agir, si vous ne voulez point porter la responsabilité de ce qui arrivera. »

Naturellement, cette lettre n'était pas signée ; après l'avoir lue, Blanchon resta atterré.

Il la relut une seconde fois, puis une troisième.

Était-il possible que Simonne eût été la jeune fille que disait cette lettre ?

Alors, comment Casparis n'avait-il rien su ? comment avait-il été trompé ? comment ne s'était-il trouvé personne avant son mariage pour l'éclairer ?

Mais ce n'était pas du passé qu'il s'agissait

maintenant, c'était du présent, c'était du lendemain.

Une partie de sa nuit s'écoula à agiter cette question, et deux fois il ralluma sa bougie pour relire encore cette lettre.

Évidemment elle avait été écrite par quelqu'un qui s'intéressait à Gazéol, « le comédien de tant de talent que le monde aime et applaudit »; et qui pouvait s'intéresser à Gazéol si ce n'est une femme, une de ses maitresses : Raphaëlle, Rosa Glady ou une inconnue?

Une femme seule avait pu parler de Simonne avec cette méchanceté et cette perfidie, — une rivale à coup sûr, inspirée par la jalousie et la haine, qui cherchait à se tromper elle-même en niant l'amour de Gazéol pour Simonne, et qui, ne réussissant pas cependant à rompre cette liaison, appelait qui elle pouvait à son secours, demandant aux autres de faire ce qu'elle ne pouvait obtenir elle-même.

Si c'était quelque chose de voir à peu près d'où partait le coup, ce n'était pas tout; il fallait le parer, en ce sens au moins qu'il ne pût pas atteindre Casparis.

Blanchon se leva le matin sans avoir rien trouvé de satisfaisant et de sûr.

Alors il se décida à partir tout de suite pour Andilly, afin de voir Falco, et de lui soumettre son inquiétude : les circonstances ne permettaient plus la réserve et la discrétion : il fallait agir, et la responsabilité de son intervention ou de sa non intervention était trop lourde pour qu'il s'en chargeât seul ; le moment était venu où il fallait quand même « demander à Falco ».

— J'allais chez toi, dit Falco en le voyant entrer.

— Ah !

— Pour te communiquer une lettre que j'ai reçue hier soir.

— C'est aussi pour te communiquer une lettre que je suis venu.

— Une lettre concernant Casparis ?

— Justement.

Et Falco tendit sa lettre à Blanchon, tandis que celui-ci lui tendait la sienne.

« C'est parce que l'amitié qui vous unit à M. Casparis est connue de tout le monde que je vous écris cette lettre... »

C'était la même qui, à deux exemplaires, avait été écrite à Blanchon et Falco.

— Que faire ? dit Falco.

— C'est ce que je viens te demander.

— Je n'ai pensé qu'à cela cette nuit.

— Et moi je n'en ai pas dormi.

Il se regardèrent s'interrogeant des yeux.

— En as-tu parlé à quelqu'un ? demanda Blanchon, pensant à Mme Arbelet.

— Non ; mais quand j'en aurais parlé, cela n'aurait pas d'importance ; c'est simplement odieux ; personne n'ajouterait foi à ces infamies.

Blanchon secoua la tête.

— Elles sont vraies par malheur.

Et il raconta ce qu'il savait.

— Quelle brave fille que Pompon ! dit Falco ; mais notre pauvre Casparis ?

—C'est à lui que nous devons penser ; que pouvons-nous ? Faut-il agir auprès de Simonne ?

Ce fut sur cette question que la discussion s'engagea et se continua toute la journée en se promenant dans la forêt ; car le temps n'était plus où Falco était heureux de voir ses amis arriver pour déjeuner ; maintenant il pouvait les conduire au restaurant et il avait mené Blanchon au *Château de la chasse.*

Pendant ce déjeuner et après, il ne fut question que de Simonne et des moyens à prendre pour l'amener à rompre avec Gazéol.

Mais la discussion fut longue sur le point de savoir auprès de qui ils devaient agir.

Auprès de celle qui avait écrit ? Cela n'avait pas grand'chance de succès ; et puis il fallait la trouver, et toutes : Raphaelle, la petite Rosa ou une autre nieraient sûrement.

Auprès de Simonne ? Comment compter sur elle, après ce que Blanchon lui avait dit et ce qu'elle lui avait répondu ?

Auprès de Gazéol? Était-ce possible? était-ce digne?

Enfin, il fut décidé que ce serait auprès de Simonne, mais seulement après avoir en mains d'autres armes que ces lettres anonymes qui pussent l'intimider. Pour cela, il fallait remonter dans son passé; voir ce qu'avait été sa vie avant son mariage, non seulement à Paris, mais encore à Luchon.

Justement Falco devait faire un voyage dans les Pyrénées; il se chargerait de cette enquête à Luchon, et ce serait seulement quand ils auraient un dossier qu'ils parleraient.

— Quittez Gazéol, conduisez-vous en femme honnête ou nous disons tout à Casparis!

X

Le plan auquel s'étaient arrêtés Blanchon et Falco était peut-être le meilleur qu'ils pussent adopter ; cependant il présentait des inconvénients qu'ils avaient d'ailleurs parfaitement pressentis, et dont le plus grave se trouvait dans le temps qu'il exigeait pour être mis à exécution.

Des dangers de toutes sortes pourraient surgir : Simonne pouvait commettre quelque maladresse qui la perdrait ; on pouvait adresser une dénonciation à Casparis lui-même.

Ils devaient donc se hâter.

Malheureusement ils n'étaient guère aptes ni l'un ni l'autre à faire cette enquête, qui en théorie leur avait paru plus facile qu'elle ne l'était en réalité.

Aussi, voyant que leurs recherches à Paris n'avançaient que lentement et sans résultats certains, Falco s'était-il décidé à partir plus tôt qu'il ne l'avait arrêté pour les Pyrénées ; en somme, ce qui était l'essentiel, c'était l'histoire de la liaison de Simonne avec Gazéol et puisque c'était à Luchon qu'avait commencé cette liaison, c'était là qu'il fallait l'étudier.

Il était parti.

Mais tout cela avait pris du temps, et une des hypothèses dont ils avaient eu l'idée, mais sans la croire immédiate ni même bien probable, s'était réalisée; une dénonciation avait été adressée à Casparis lui-même.

Un matin, avec les lettres qu'on lui apporta, il en trouva une dont l'écriture ne lui était pas connue; il la mit de côté et ne l'ouvrit qu'après celles qui l'intéressaient : elle ne contenait que quelques lignes.

D'un coup d'œil il les lut :

« Une personne qui vous admire autant qu'elle vous estime croit devoir vous avertir que votre femme vous trompe : ne dites rien, ne montrez pas vos soupçons, mais ouvrez les yeux et vous verrez; si vous la suivez quand elle va à Paris, vous serez fixé sur votre déshonneur, que vous êtes le seul à ne pas connaître. »

C'est un lieu commun que l'honnête homme qui reçoit une lettre anonyme ne peut pas en être affecté, et qu'il doit la rejeter avec mépris.

Cependant dans la réalité, ce n'est point ainsi que les choses se passent, et rares, très rares sont les honnêtes gens qu'une lettre anonyme n'écrase pas ou ne jette pas dans un accès de désespoir, selon leur tempérament ou leur état.

Tout d'abord, Casparis n'avait pas compris, et il avait regardé l'enveloppe de cette lettre pour voir si elle lui était bien adressée : c'était bien son nom : « **Monsieur Georges Casparis, à Clichy-en-l'Aunois, par Livry (Seine-et-Oise).** » Elle était bien pour lui. La femme qui trompait son mari, c'était Simonne. Le mari dont le déshonneur était connu de tous, c'était bien lui.

Alors ce fut un mouvement de fureur qui l'emporta, de rage, de folie, mais non de douleur réelle, car ces mensonges odieux ne l'atteignaient ni dans son amour, ni dans sa foi.

Quand un peu de calme se fit dans son esprit, et qu'il put examiner qui avait écrit cette lettre, il n'eut pas un moment d'hésitation, c'était, ce ne pouvait être que Gazéol qui se vengeait ainsi.

Et aussitôt que cette idée se fut présentée à lui, la colère et l'indignation cédèrent la place au dégoût ! Quel misérable.

Et il se dit qu'il ne devait plus penser à cette lettre.

Cependant, après l'avoir déchirée et s'être remis au travail, il y pensa encore.

Il y pensa surtout lorsque Simonne vint lui annoncer qu'elle partait pour Paris.

— Comment tu vas à Paris aujourd'hui? s'écria-t-il involontairement en l'examinant.

— Mais sans doute.

— Pourquoi donc?

C'était la première fois qu'il lui posait une pareille question; c'était elle ordinairement qui disait ce qu'elle voulait faire ou ce qu'elle avait fait. Ce n'était pas lui qui le demandait.

A son tour elle le regarda.

Il baissa les yeux, honteux et malheureux.

— Tu me le raconteras quand tu rentreras, dit-il.

Et tendrement il l'embrassa.

Puis, comme elle voulait entrer dans des explications, il la mit à la porte.

— Je ne veux pas, dit-il, tu croirais que je t'interroge.

Et ce fut avec honte qu'il reconnut qu'il avait eu précisément la pensée de l'interroger, poussé par cette lettre infâme.

Bien entendu, il ne lui en parla pas, et même il redoubla de confiance, comme un homme qui a une mauvaise pensée à se faire pardonner.

Cependant, quoi qu'il se dit, quoi qu'il voulût, sa foi en elle n'était plus la même qu'avant qu'il reçût cette lettre.

Cela était misérable, cela était lâche, il se le disait, il se le répétait, mais enfin cela était ainsi, et tous ses efforts ne pouvaient pas le changer.

Autrefois, jamais la pensée ne lui était venue de contrôler ce qu'elle lui racontait en revenant de Paris; maintenant, c'était avec l'attention d'un juge d'instruction qu'il suivait les récits qu'elle lui faisait: il comparait les heures, il calculait les distances et, quand tout ne concordait pas, il restait inquiet et malheureux.

Autrefois, jamais il n'avait pris souci de ce que les gens qu'il voyait pouvaient penser de lui; maintenant il les examinait anxieusement, se demandant si, parmi eux, il y en avait qui le croyaient déshonoré.

Une semaine après la réception de cette lettre, qui l'avait si cruellement tourmenté et qui avait bouleversé sa vie, changé son caractère et son humeur, il en trouva une autre de la même écriture dans son courrier du matin.

Cette fois, ce fut celle-là qu'il prit la première et qu'il décacheta tout de suite; il eût voulu la rejeter, ne pas même la toucher, mais il n'eut pas la force de résister à l'horrible tentation qui le poussait à lire :

« . Puisque vous n'avez pas écouté le premier avertissement qui vous a été donné, vous devez en recevoir un second, et celui-là sera précis, quand vous aurez vu, vous croirez peut-être. La prochaine fois que votre femme sortira seule, suivez-la vous la

verrez entrer à l'*Hôtel de Vienne et d'Ulm*, rue de
Nancy, derrière la gare de l'Est; montez derrière
elle, entrez en même temps qu'elle dans la chambre
n° 11, et vous vous trouverez face à face avec votre
ancien ami Gazéol, son amant. Si cela n'est pas
assez, allez rue de Ponthieu, chez Samuel, marchand
de chevaux, et si vous vous y prenez bien, celui-ci
vous dira que c'est votre femme qui a payé le cheval
qu'elle vient de donner à Gazéol; vous voyez que
cet avertissement n'est pas une accusation en l'air. »

Si ce n'était pas une accusation en l'air, à coup
sûr c'en était une fausse.

Ce fut son premier cri : sa femme la maitresse de
Gazéol, sa femme le trompant; sa femme, prenant
Gazéol pour amant! c'était de la folie.

Mais, après cette protestation de son amour, le
doute s'éleva en lui, faible d'abord, insaisissable;
puis peu à peu il grandit, et bientôt il l'envahit tout
entier, il le domina implacablement.

On n'invente pas des détails d'une telle précision,
surtout quand il est facile de les vérifier.

C'était impossible, il ne pouvait pas, il ne voulait
pas le croire; tout en lui protestait et se révoltait
contre une pareille pensée; son amour, sa conscience, son honnêteté.

Il y eut un moment où il crut qu'il allait devenir
fou, il ne comprenait plus, il ne raisonnait plus; ses

pensées s'agitaient, se heurtaient, tournoyaient dans sa cervelle affolée sans qu'il pût s'arrêter à une seule.

Tout à coup une lueur traversa son esprit comme un éclair sinistre, lui montrant la profondeur de l'abîme où il venait d'être précipité.

Si Gazéol était l'amant de Simonne, il n'était pas, il n'avait jamais été celui de Pompon.

Ce n'était pas de la chambre de Pompon que Gazéol sortait, la nuit où il l'avait surpris, c'était de la chambre de Simonne.

Tout s'expliquait ; ce qu'il y avait eu d'obscur et de mystérieux qu'il n'avait pas osé regarder devenait clair et compréhensible, — et la répulsion de Simonne à cette idée de mariage, — et l'effarement de Gazéol, — et l'effroi de Pompon.

Il devait aller à Paris ce jour-là et il s'était habillé dès le matin pour sortir ; il prit son chapeau, et sans prévenir personne il courut à la station.

En arrivant à la gare de l'Est, il monta en voiture et se fit conduire grand train rue Bridaine.

En le voyant entrer dans sa chambre, Pompon recula effrayée.

— Tu m'as trompé, dit-il brusquement et sans autre parole.

Elle ne répondit pas.

— Pourquoi m'as-tu dit qu'il sortait de ta chambre, quand il sortait de celle de... ma femme ?

— Vous savez ?

— Réponds, n'interroge pas; réponds en toute sincérité, franchement, loyalement.

— J'ai voulu vous épargner la douleur qui allait vous frapper.

— Tu savais donc ?

— Je l'avais vu entrer.

— Dis tout.

Elle dit tout, au moins tout ce qu'elle savait.

C'était vrai ! c'était vrai !

Il resta stupide ; car bien qu'affirmatif dans ses paroles, il était plein de doutes au fond du cœur, se cramponnant encore à l'espérance qu'elle allait lui répondre qu'elle ne l'aurait pas trompé; et elle avouait : c'était vrai.

Pompon eût voulu le secourir, le consoler, le relever; mais que dire ?

Comme il était malheureux !

N'allait-il pas mourir là, devant elle ?

Elle vint à lui lentement, avec précaution, et doucement elle lui posa la main sur l'épaule :

— Monsieur Georges, dit-elle.

Il releva la tête et la regarda.

Puis brusquement, violemment, il sortit de la chambre comme il était entré, et elle resta pétrifiée, n'osant le retenir.

Il avait gardé sa voiture :

— Rue de l'Éperon, dit-il à son cocher, vivement.

Blanchon était au travail.

— Toi ! s'écria-t-il en le voyant entrer.

— Lis cela, dit Casparis, lui tendant la lettre anonyme.

Blanchon lut lentement, mot à mot, en homme qui réfléchit.

— Eh bien ! après, dit-il, est-ce qu'on s'inquiète des lettres de ce genre ; pas signée !

— Je viens de voir Pompon.

— Ah !

— Elle a avoué sa tromperie.

— Mon pauvre ami !

— Il ne faut pas me plaindre, mais me tendre une main virile ; ma douleur, je n'ai rien à en dire ; ce n'est pas d'elle qu'il s'agit, c'est de mon honneur ; je te le remets ; tu vas aller trouver cet homme; il faut que je le tue !

— Te battre avec lui ?

— Je n'ai pas besoin de la constatation de l'*Hôtel de Vienne*, pas plus que de celle du marchand de chevaux ; celle qu'a faite Pompon suffit.

— Tu ne peux pas te battre avec Gazéol.

— Et pourquoi donc ?

Blanchon ne se laissa pas entraîner.

Avant de répondre, il se recueillit, il réfléchit, et, d'un coup d'œil sûr, il analysa la situation.

Tout ce qu'il dirait de Gazéol n'aurait aucun effet sur Casparis dans l'état où celui-ci se trouvait ; c'était la rage, la fureur folle qui le poussaient ; ce n'était donc pas de Gazéol qu'il fallait parler, c'était de Simonne, et il devait le faire sans reculer devant rien.

— C'est parce que Gazéol t'a pris ta femme que tu veux le tuer, dit-il ; c'est parce qu'il t'a trahi !

— Que veux-tu dire ?

Blanchon, sans répondre, alla à un secrétaire qui occupait un coin de son atelier, et, l'ayant ouvert, il en tira la dernière lettre anonyme qu'il avait reçue ; à la vérité, c'était un remède héroïque, désespéré, mais enfin ce pouvait être un remède.

— Lis cela, dit-il, et tu feras ensuite la part de chacun.

Il n'y avait plus de ménagements à garder, semblait-il ; mieux Casparis connaîtrait sa femme, plus il la mépriserait, et plus le mépris serait grand, plus sûrement, plus promptement il tuerait l'amour.

Casparis lisait, et le papier dans sa main tremblait, comme la feuille sur la branche secouée par la tempête.

Comme il allait arriver au bout de cette lettre, Blanchon lui en tendit une autre :

— Celle-ci est de Falco, dit-il, qui a été à Luchon

pour contrôler ces accusations et elle les confirme : je viens de la recevoir.

— Mais c'est elle qu'il faut tuer, s'écria Casparis après avoir lu tant bien que mal.

— Ni elle ni lui ; un homme comme toi ne se bat pas avec un Gazéol ; il ne tue pas sa femme, si misérable qu'elle soit, et justement parce qu'elle est misérable.

Casparis fit un pas vers la porte, mais Blanchon se jetant sur lui le prit dans ses bras.

— Tu ne partiras pas, tu m'entendras, tu m'obéiras ; la douleur, la fureur te rendent fou ; c'est à moi de penser et d'agir pour toi ; tu m'as remis ton honneur.

— Et que veux-tu ?

— Rien que ce que la loi t'accorde ; elle sera plus cruellement punie par la loi qu'elle ne le serait par toi ; tu ne dois même pas la revoir.

Casparis se laissa aller sur un fauteuil, écrasé, anéanti.

XI

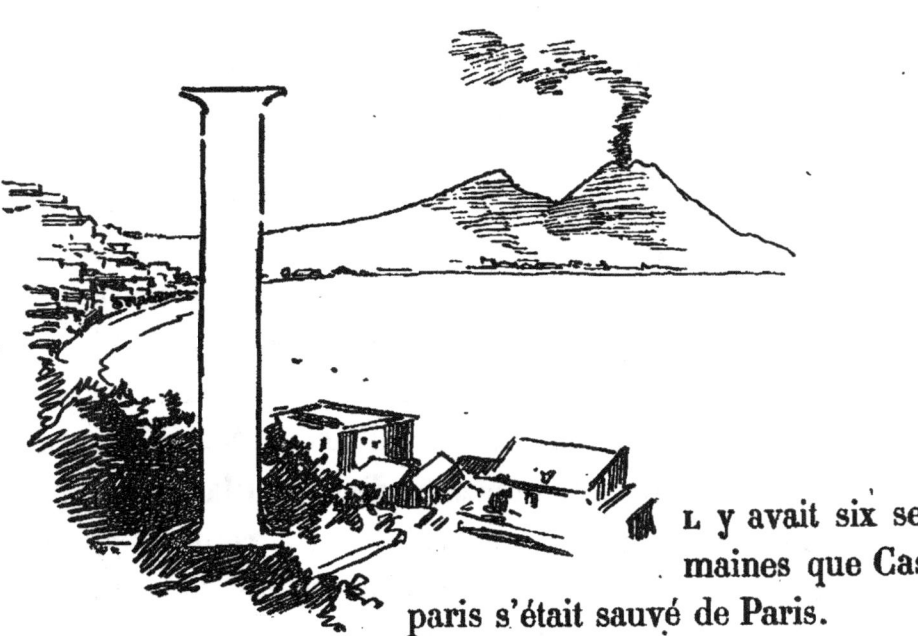

Il y avait six semaines que Casparis s'était sauvé de Paris.

Pendant les premières semaines qui avaient suivi ce départ, Blanchon avait reçu de lui des nouvelles assez régulièrement; quelquefois de courtes lettres, le plus souvent une simple dépêche.

Mais enfin c'était assez pour qu'on pût l'accompagner et savoir où il était.

Tout d'abord, il s'était rendu en Hollande, puis il

était passé en Angleterre, puis il était revenu en Belgique, et de là, d'une traite, il avait été en Italie par la Suisse, ne pouvant assurément rester nulle part et tourmenté, à coup sûr, emporté par une furieuse agitation.

Cependant Blanchon avait pu quelquefois lui répondre et le tenir au courant de la marche suivie par la demande en séparation de corps qui devait être jugée sans plaidoiries, Simonne ayant accepté les conditions les plus dures, pour qu'une enquête n'eût pas lieu et que les journaux ne pussent pas publier les dépositions des témoins, ni celle du propriétaire et des domestiques de l'*Hôtel de Vienne*, ni celle de Samuel, le marchand de chevaux, ni toutes celles dont l'avoué de son mari l'avait menacée.

Mais depuis une quinzaine de jours Blanchon n'avait reçu ni lettres ni dépêches, et il commençait à être assez inquiet, quand il lui arriva une lettre datée de Naples, qui lui montra que ses inquiétudes et ses appréhensions n'étaient que trop fondées.

Elle n'était pas de Casparis lui-même, mais du médecin qui soignait celui-ci :

« J'ai l'honneur de vous prévenir que votre ami, M. Georges Casparis, est gravement malade à Naples, d'une méningite aiguë.

« Depuis trois jours, un délire bruyant et furieux s'est déclaré, accompagné d'hallucinations, d'illusions et d'impulsions locomotrices; le pouls est à 110, le thermomètre s'élève au-dessus de 40° et ne baisse pas le matin; il y a contracture bilatérale.

« Vous voyez que c'est là un état des plus inquiétants, il est de mon devoir de vous en prévenir spontanément, puisque mon malade est incapable de le faire.

« M. Casparis est arrivé à Naples, déjà malade, et sous le coup d'une excitation cérébrale des plus violentes; le maître de l'hôtel dans lequel il était descendu l'a fait transporter dans une villa du Vomero, — la villa du Belvédère, strada di Belvedere, où il est établi dans les meilleures conditions.

« Soyez assuré que les soins ne lui manqueront pas; cependant, peut-être serait-il bon qu'il eût auprès de lui quelqu'un de sa famille.

« Recevez, monsieur...
  « Dr BASALTA. »

De famille, Casparis n'en avait plus; mais il avait des amis dévoués, et c'était à eux d'aller à son secours.

Blanchon courut chez Pompon.

— Casparis est malade à Naples, je pars pour le soigner, veux-tu venir avec moi?

Pompon eut une défaillance, mais non une hésitation; elle était prête.

Malheureusement ils ne pouvaient pas se mettre

en route aussitôt, il leur fallait attendre l'express du soir.

La journée fut employée à envoyer une dépêche au docteur Basalta et à attendre la réponse.

Et aussi à consulter un médecin en qui Blanchon avait confiance et qui était de ses amis, car cette lettre du docteur Basalta n'était pas claire pour lui ; il y avait trop de mots de métier, un langage trop technique.

L'avis du médecin de Paris fut la confirmation de ce que disait le médecin de Naples : l'état était des plus inquiétants, et plusieurs symptômes, le délire furieux, la contracture bilatérale, l'impulsion locomotrice pouvaient inspirer des craintes sérieuses ; il était donc bon de partir au plus vite ; en tout cas, la lettre de ce médecin italien pouvait, dans une certaine mesure, donner confiance en lui ; c'était un homme qui certainement connaissait son métier.

Sa réponse à la dépêche de Blanchon arriva dans l'après-midi :

« Même état, mais pas d'aggravation... »

Arriveraient-ils en temps ?

C'était la terrible question qu'ils se posaient chacun de son côté, mais sans oser la formuler franchement ni l'un ni l'autre, et qui les tenait éveillés, enfiévrés d'inquiétude.

— Dors donc, disait Blanchon à Pompon, tu auras besoin de toutes tes forces en arrivant.

— J'en aurai.

— Tu en auras davantage si tu les ménages; dors.

Blanchon avait échelonné les dépêches d'après les heures de leur arrivée dans deux ou trois villes, de manière à en trouver à Turin, à Florence et à Rome, à mesure qu'ils avançaient. Mais quelle angoisse d'une station à l'autre ! Qu'allait dire la dépêche attendue !

« Toujours même état. »

Ce fut sur ce mot qu'ils quittèrent Rome, dont ils ne virent que la gare, passant au plus vite d'un train dans l'autre.

Encore sept heures; ce furent les plus longues de ce long voyage, les plus exaspérantes.

Descendus dans la gare de Naples, ils prirent une voiture; mais Blanchon ne savait pas mieux que Pompon où se trouvait le Vomero, qui est un faubourg de Naples situé tout au haut de la colline de Chiaja, et où l'on n'arrive que par des rues escarpées qui contournent le château Saint-Elme. Cette montée fut éternelle pour leur attente.

— *Presto, presto*, disait Blanchon, qui ne savait pas l'italien.

Le cocher se retournait, les regardait en souriant,

répondait toutes sortes de choses qu'il ne comprenait pas, avec des gesticulations violentes; mais il n'en allait pas plus vite, ce qui d'ailleurs était à peu près impossible; enfin la côte fut gravie et la voiture roula rapidement entre des murs qui enclosaient des jardins.

Tout à coup elle s'arrêta devant une grille qui laissait voir une villa rose à volets verts au milieu d'un jardin. Blanchon fut obligé de courir pour rejoindre Pompon qui avait sauté à bas de la voiture. Un domestique était venu au-devant d'eux; Blanchon l'interrogea vivement, mais en français, et le domestique répondit en italien.

Mais si le domestique n'avait pas compris leurs paroles, il avait deviné qui ils étaient; les précédant, il les conduisit au premier étage et leur ouvrit une porte.

C'était celle d'une vaste chambre que deux fenêtres ouvertes éclairaient du côté du midi. Casparis était étendu sur le lit, serré dans une camisole de force qui cachait ses bras; au-dessus de sa tête, dont les cheveux avaient été coupés ras, un seau lui laissait tomber de l'eau goutte à goutte sur le crâne au moyen d'un fil épais le long duquel le liquide coulait.

Pompon poussa un cri, mais il ne bougea pas; il ne tourna même pas vers elle ses yeux ouverts qui louchaient. Évidemment il ne voyait pas, il n'entendait pas.

Elle regarda Blanchon désespérément, le visage baigné de larmes.

— Je vais envoyer chercher le médecin! répondit celui-ci ne sachant que dire et les yeux pleins de larmes.

Mais le garde-malade comprenait à peu près le français, car se levant de la place qu'il occupait auprès du lit, il alla mettre son doigt sur la pendule à six heures, ce qui signifiait clairement que le médecin devait venir à ce moment ; et il n'y avait plus que quinze minutes avant six heures.

Ils purent alors regarder comment Casparis était installé : aussi bien que possible dans cette grande chambre; par les fenêtres arrivaient l'air frais et le bruit de la mer, et en face de soi on avait le plus beau paysage du monde ; à ses pieds la ville de Naples avec ses toits, ses monuments, ses navires dans le port; sur le côté à gauche une ceinture de montagnes qui couronnait le Vésuve fumant, et dont les pentes descendaient jusqu'à la ligne bleue des eaux qui frangeait de son écume blanche une série de villages : Portici, Herculanum, Torre del Greco, et tout au loin dans une verdure bleuâtre Castellamare, Sorrente et Capri.

Mais ce n'était pas cette vue que Pompon regardait; c'était les aiguilles de la pendule qu'elle suivait, sans les voir marcher.

Enfin un bruit de pas retentit dans le vestibule, la

porte s'ouvrit et ils virent entrer un homme jeune encore, à la tenue grave, mais avec des grâces cependant, le docteur Basalta.

— Est-il donc perdu ? s'écria Pompon.

Alors, dans un excellent français, mais lentement, comme un homme qui cherche ses mots avant de parler, le médecin expliqua la situation de son malade : il n'était pas perdu, mais il n'était pas non plus sauvé ; le cas était très grave ; cependant, ce qui pouvait donner de l'espérance, c'était que la marche des accidents avait été régulière et qu'il n'y avait point eu de symptômes comateux.

— Heureusement, dit-il, le traitement a été dès le début énergique et rapide ; vos soins feront le reste.

— Alors nous le sauverons ! s'écria Pompon passionnément ; dites-nous, monsieur, expliquez-nous ce que nous devons faire.

Longuement, minutieusement il leur donna ses explications.

Mais il y avait une chose qui désespérait Pompon ; c'était cette camisole de force ; ne pouvait-on pas la lui enlever ?

— Ce serait une grave responsabilité à prendre et que je n'ai pu mettre à la charge de ceux qui le veillent, car, outre qu'il pourrait vouloir se jeter par la fenêtre, l'irrigation de l'eau ne serait plus continue ; il faudrait la remplacer par des applications de glace dans une vessie sur la tête qui devraient être surveillées soigneusement car, la glace venant à fondre, l'eau de fusion s'échaufferait et produirait un danger ; nous verrons plus tard. Je reviendrai demain matin.

Blanchon voulut rester avec Pompon ; mais, quand la nuit fut venue, elle l'engagea à aller dormir dans la chambre voisine, lui promettant de l'appeler au besoin ; d'ailleurs, en laissant la porte ouverte, il entendrait bien s'il devait venir à son secours.

Blanchon résista un moment, car son amitié voulait prendre sa part de ces soins ; il n'était pas venu à Naples pour dormir.

Et il lui fit toutes les observations qu'il crut propres à la toucher :

— Cela pouvait être dangereux. Elle pouvait s'endormir.

— Oh ! non ! s'écria-t-elle.

Et puis elle devait ménager ses forces ; ce n'était pas d'une seule nuit qu'il s'agissait.

Enfin tout ce qu'un homme sage pouvait trouver dans son expérience de la vie.

Elle ne répliqua pas ; mais, pendant qu'il parlait, elle le regarda, et à la longue ce regard devint si éloquent que Blanchon s'arrêta ému et convaincu : avec ses yeux elle avait plus fait que lui avec toutes ses paroles.

— Oui, dit-il, c'est toi qui as raison ; reste, ma

petite Pompon, veille-le, soigne-le, il est à toi plus qu'à personne.

Et il passa dans sa chambre.

Mais presque aussitôt il revint près d'elle.

— Surtout, si tu as besoin de moi, n'hésite pas à me réveiller, dit-il; tu sais bien que moi aussi je l'aime.

— Oh! monsieur Blanchon.

— Ne te laisse pas aller au désespoir : puisque nous sommes arrivés à temps, tout n'est pas perdu.

Elle était de celles qui croient aux pressentiments.

— Vous ne le sentez pas perdu? demanda-t-elle anxieusement en le dévorant des yeux.

— Non, à coup sûr.

Et cette fois il sortit pour ne plus revenir.

Lorsque Blanchon fut entré dans sa chambre, elle s'installa doucement auprès du lit de Casparis, dans un fauteuil, de manière à le voir bien en face.

Comme il était changé, amaigri, dévasté; couché immobile sur le dos, la tête renversée en arrière, il ne dormait pas cependant; ses yeux restaient ouverts, brillants et animés; de temps en temps il grinçait des dents, et alors l'expression sardonique et les contractions de son visage augmentaient en même temps que ses pupilles se rétrécissaient; il ne parlait pas, bien que ses lèvres fussent agitées spasmodiquement.

Hélas! serait-il possible de le rappeler à la vie et

lui rendre jamais la santé ? Cette misérable créature ne l'avait-elle pas tué ?

Depuis plusieurs heures, elle agitait cette question lorsqu'il parut s'assoupir.

Ses yeux s'étaient clos et sa respiration s'était abaissée.

Dormait-il ?

Elle n'osa pas se lever pour s'en assurer, et elle écouta, ne le quittant pas des yeux.

Tout à coup il remua brusquement, puis violemment il s'assit sur son séant ; quelques sons à peine articulés s'échappèrent de ses lèvres tremblantes ; ses yeux s'étaient ouverts.

Elle s'était approchée de son lit, mais il ne parut pas la voir.

Il fit un effort comme pour jeter ses bras en avant et se défendre, mais la camisole de force le retint.

— Ne m'écrase pas, dit-il en bégayant et d'un ton élevé.

Pompon se demanda si c'était à elle qu'il s'adressait, mais elle comprit bien vite qu'il parlait à un fantôme qu'il croyait voir :

— Ne te penche pas ainsi sur moi, continua-t-il, tu me glaces de ta froideur, tu m'étouffes de ton poids.

Et il s'agita comme pour s'échapper.

— Je t'ai donné la vie et tu m'accables. Non, je ne t'ai pas trahie. Tu es toujours l'œuvre chérie : *la*

Maternité. Ce n'est pas vrai, je ne t'ai pas déshonorée. Pourquoi dis-tu cela ? ce n'est pas vrai, ce n'est pas vrai.

Les éclats de sa voix avaient réveillé Blanchon qui était accouru, mais qui, en voyant et en comprenant que c'était un accès de délire, une hallucination, s'était arrêté pour ne plus s'approcher de Pompon que lentement et avec précaution.

Casparis continuait :

— *Ève*, tu n'es pas juste ; tu as été mon œuvre aimée ; tu es une ingrate comme ta sœur *la Maternité*.

— Ses statues, murmura Blanchon en passant au chevet du lit.

— Il les voit, dit Pompon, il croit qu'elles veulent l'étouffer.

Il se débattait toujours contre elles, et à la faible lumière de la lampe baissée, ils le voyaient secouer la camisole de force.

— Ce n'est pas vrai, je ne vous ai pas donné des sœurs indignes de vous ; jamais je n'ai sacrifié l'harmonie de l'ensemble au morceau ; pourquoi me reprochez-vous cela ? Ce n'est pas juste ; j'ai travaillé trop vite, c'est vrai, mais je n'ai pas donné un démenti à mes idées, jamais, jamais !

Il se renversa en arrière, mais dans ce mouvement ses yeux rencontrèrent Pompon penchée sur lui, et pour la première fois il parut l'apercevoir ; mais, comme elle allait lui adresser la parole, il la devança et, en l'entendant, elle comprit qu'il était encore sous l'influence d'une hallucination et que celle qu'il voyait c'était la Pompon en bronze.

— Toi aussi, Pompon! s'était-il écrié; oh! tu seras juste pour moi, toi si bonne, toi si douce, toi si tendre, tu ne m'étoufferas pas. Chasse-les.

Et il tourna vers elle son visage éploré, la suppliant.

— Réponds-lui, dit Blanchon à voix basse.

Elle fit un pas en avant et se penchant tout à fait sur lui :

— C'est pour vous défendre que je suis venue, dit-elle doucement.

— Cela est de toi.

— C'est pour vous sauver.

— Comme toujours; merci, ma petite Pompon; donne-moi ta main, approche-la de mes lèvres que je l'embrasse.

Elle avait fait ce qu'il lui demandait; alors il s'appuya sur la main qu'elle lui tendait, et longuement il l'embrassa.

Puis regardant autour de lui :

— Tu les as chassés avec tes beaux yeux de velours; sais-tu qu'elles voulaient m'étouffer, ma mignonne? Tiens, regarde, elles m'avaient lié les bras ; détache-moi.

Elle jeta un coup d'œil à Blanchon, et celui-ci eut un geste d'effroi.

Elle resta hésitante.

— Est-ce que tu ne veux pas me détacher? demanda-t-il plaintivement; alors tu n'es donc pas Pompon?

Elle n'hésita plus, et, prenant des ciseaux posés sur la table, elle coupa les cordons qui laçaient la camisole par derrière, puis vivement elle la lui retira.

Alors il voulut étendre les mains vers elle comme pour l'embrasser; mais ce mouvement lui fut impossible, la contracture des muscles empêchant l'extension des bras.

— Merci, ma petite Pompon, dit-il, donne ta main, prends la mienne dans la tienne.

Et il se laissa aller sur son lit comme sous l'influence d'une prostration.

Cependant il ne fallait pas oublier la recommandation du médecin, qui avait tant insisté sur le froid à la tête.

Ne pouvant pas lui abandonner la main, Pompon pria Blanchon de mettre de la glace dans une vessie. Puis, quand il la lui eut apportée, elle la posa sur la tête de Casparis de la main gauche, tandis que de la droite elle le tenait toujours.

Alors il parut éprouver un moment de calme, les convulsions de son visage s'effacèrent, il ferma les yeux, et bientôt sa respiration leur apprit qu'il dormait.

Ils restèrent près de lui : Pompon lui tenant toujours la main ; Blanchon allant de temps en temps vider l'eau de la vessie et la remplir de glace fraîche.

Le jour parut ; Casparis ne s'éveilla point.

De peur de troubler son sommeil, ils n'osaient pas parler, mais du regard ils se disaient leurs craintes

— N'était-ce point là ce coma, c'est-à-dire cet assoupissement terrible dont le médecin avait parlé et qu'il paraissait tant redouter?

Cependant le sommeil de Casparis n'avait rien de lourd ; au contraire ; et plus il dormait, plus ses traits s'adoucissaient ; son visage crispé reprenait forme humaine.

Le médecin arriva avant qu'il se fût éveillé ; alors Blanchon passa avec lui dans la chambre voisine.

Pompon eût voulu le suivre pour l'interroger, pour entendre ce qu'il allait dire, l'arrêt qu'il allait prononcer, mais elle n'osa pas abandonner la main qu'elle tenait toujours dans la sienne.

Elle écouta ; ce fut seulement un murmure confus de voix qui arriva jusqu'à elle, sans rien de distinct.

Il fallait qu'elle attendît.

Cependant, comme la conférence entre le médecin et Blanchon se prolongeait, Casparis, qui avait jusque-là dormi avec calme, s'agita sur sa couche et se retourna.

Dans ce mouvement il abandonna la main de Pompon.

Aussitôt elle se leva pour rejoindre le médecin.

Mais, à ce moment même, celui-ci rentra avec Blanchon dans la chambre, et le bruit de leurs pas éveilla Casparis tout à fait.

Avec effarement il regarda autour de lui : Pompon d'abord longuement, puis Blanchon, puis le médecin; alors il revint à Pompon, qui s'était vivement penchée et, lui prenant la main, il la serra à plusieurs reprises comme s'il la tâtait.

— Pompon ! murmura-t-il sans bégayer, est-ce toi vraiment ?

Et il la regarda, ne louchant presque plus.

Puis, tournant les yeux vers Blanchon !

— Et toi aussi, Blanchon !

Blanchon lui sourit affectueusement sans oser répondre.

— Est-ce que vous arrivez? demanda Casparis; est-ce que vous étiez là cette nuit ?

Pompon et Blanchon se regardèrent.

— Répondez, dit le médecin.

— Oui, dit Pompon, nous sommes arrivés hier soir.

— Hier soir ! Je dormais. Attendez donc. Est-ce que tu ne m'as pas parlé cette nuit ?

Il leva sa main et la posa sur ses lèvres :

— Tu as mis ta main sur mes lèvres, je me souviens.

— Ne vous fatiguez pas, dit le médecin ; vous avez eu une crise, mais Dieu merci ! elle est traversée, et je crois qu'elle vous aura été salutaire : voulez-vous permettre que je vous examine ?

Et, lui prenant le bras, il lui tâta le pouls en comptant.

— Bon, dit-il, le pouls a diminué ; c'est parfait, cela.

Et il lui introduisit un thermomètre sous l'aisselle.

— Voilà qui est encore mieux, trente-neuf degrés seulement ; vos amis vous ont guéri ; je n'ai plus rien à faire ici ; je n'ai qu'à les laisser continuer.

— Oh ! monsieur ! s'écria Pompon.

Le médecin se mit à sourire :

— Oh ! je viendrai néanmoins, dit-il, quand ce ne serait que pour voir.

Cependant ce n'était pas la guérison, mais, au moins, c'était une amélioration très grande qui se continua et s'affirma chaque jour.

C'était Blanchon qui restait près de lui le jour, et c'était Pompon qui le veillait la nuit ; car, à la longue, elle avait été domptée par le sommeil ; et, bien qu'elle eût voulu ne le quitter jamais, elle avait dû obéir au médecin et à Casparis lui-même, qui l'avait obligée à se coucher cinq ou six heures dans la journée.

Elle eût mieux aimé les passer près de lui ces heures de la journée ; car alors, comme il ne dormait point, elle eût pu lui parler, le regarder à son aise ; mais elle n'avait pas dû écouter son désir ; elle était là pour lui, non pour elle, et la nuit elle pouvait lui être plus utile que le jour.

Deux semaines après leur arrivée à Naples, le

mieux ayant suivi une marche régulière, le médecin permit de courtes promenades en voiture qui, de jour en jour, s'allongèrent.

Une calèche découverte, toute éblouissante de cuivres brillants, venait les attendre à la porte de la villa, et ils montaient tous les trois en voiture, Pompon à côté de Casparis pour lui tenir un parasol au-dessus de la tête, et Blanchon leur faisant face.

Alors, ou bien ils descendaient à Naples par la strada dell'Infrascata, qui avait paru à Blanchon et à Pompon si longue à monter lorsqu'ils étaient arrivés.

Ou bien, entrant tout de suite en pleine campagne, ils s'en allaient dans les *Champs-Phlégriens*, au lac Agnano, à la grotte du Chien, à Pouzzolles, au cap Misène.

Et c'étaient de longues explications historiques de la part de Blanchon, qui passait ses matinées, le nez fourré dans les livres, à chercher ce qu'il devait voir, et ses soirées à contrôler ce qu'il avait vu.

Pour Casparis et Pompon, ils l'écoutaient ou ne l'écoutaient point, selon leur disposition du moment, aimant mieux bien souvent regarder la mer et la campagne, ou bien ne regardant rien du tout, mais se souriant.

Quant c'était le paysage qui les distrayait, Blanchon se fâchait; mais, quand ils se regardaient sans l'écouter, il continuait ses discours, souriant lui-même intérieurement et se réjouissant.

Évidemment Casparis voyait Pompon avec d'autres yeux qu'autrefois; cela était sensible dans tous les regards doux et troublés qu'il attachait sur elle, dans la tendresse de sa voix, dans la façon dont il lui prenait et lui retenait la main. Et c'était là pour Blanchon un sujet d'espérance et de satisfaction : Casparis ne serait guéri que quand il aimerait Pompon ; et cette brave petite Pompon ne pouvait être heureuse que quand elle serait aimée de Casparis. N'avait-elle pas bien gagné ce bonheur ? Et Casparis n'avait-il pas été assez malheureux pour mériter enfin une femme bonne et tendre, dévouée, fidèle, qui lui fît oublier celle qui l'avait amené dans les bras de la mort. Il avait besoin d'être consolé, d'être aimé. C'était un naufragé, un désespéré.

A mesure que Casparis recouvra ses forces, ils allongèrent leurs promenades et les dirigèrent sur les flancs du Vésuve et du côté de Castellamare.

Comme le temps était beau, ils firent aussi de longues promenades en mer, dans ces barques à quatre rameurs qu'on trouve partout sur ces rivages.

Jamais Casparis n'avait parlé du passé devant Pompon, mais, seul avec Blanchon, il l'en avait quelquefois entretenu, quoique toujours brièvement et sans jamais prononcer le nom de Simonne ; il y avait surtout quelques détails qu'il avait voulu connaître, notamment tout ce qui se rapportait à ces lettres, et Blanchon lui avait appris ce qu'il savait, c'est-à-dire qu'on croyait qu'elles avaient été écrites par Raphaëlle, la maîtresse de Gazéol ; les premières ménageant Gazéol qu'elle espérait alors ramener à elle, ce qui la faisait agir; la dernière le dénonçant pour se venger de lui, alors qu'il l'avait abandonnée tout à fait.

Mais si Casparis ne parlait point du passé devant Pompon, c'est-à-dire de sa vie de mariage, par contre il parlait souvent et longuement de l'avenir, de ce qu'il voulait, de ce qu'il ferait en rentrant à Paris.

Bien que sa fortune eût été fortement ébréchée par quinze mois de mariage, il n'était pas tout à fait ruiné; il pouvait garder sa maison et y vivre convenablement; d'ailleurs, il travaillerait. Ce serait leur ancienne existence qu'ils reprendraient dans cette maison, avec Pompon, Blanchon, Falco, et aussi Nicolas et Justine, qui ne demanderaient pas mieux bien sûr que de revenir à son service.

Quelle joie pour Pompon que ces projets d'avenir : vivre près de lui, comme autrefois; le voir sans cesse, l'entendre, respirer le même air, et maintenant toujours.

Cependant ce n'était pas de sitôt que ce retour à Paris devait avoir lieu; ils resteraient l'hiver en Italie tous les trois, et ne rentreraient à Paris qu'au printemps.

Blanchon n'avait tout d'abord rien répliqué; mais à aucun point de vue cet arrangement n'était pour le satisfaire, et il le trouvait mauvais autant pour lui-même et son travail que pour Casparis et Pompon ; car tant qu'il resterait en tiers entre eux, ce qu'il espérait ne se réaliserait pas ; il fallait les laisser en tête-à-tête, livrés à eux mêmes.

Quand il trouva Casparis assez bien, il annonça donc son intention de rentrer à Paris, et rien ne put l'y faire renoncer.

— Tu as Pompon, dit-il : tu ne sais pas ce qu'elle vaut, tu ne la connais pas.

— Tu crois ?

— Tu la connaîtras mieux quand vous serez seuls. Et puis vous pourrez voyager plus facilement. Tu vas faire son éducation artistique à Rome, Florence, à Venise. Tout ce que je te demande, c'est de bien lui faire comprendre les primitifs à Pise et à Florence.

Et il partit.

Lorsque, après l'avoir quitté au port, où il s'embarqua pour Marseille, Casparis et Pompon remontèrent en voiture au Vomero, ils n'échangèrent pas une seule parole tant que dura le trajet.

Etait-ce donc le chagrin d'être séparés de Blanchon qui leur fermait ainsi les lèvres ?

Oui, jusqu'à un certain point; mais c'était aussi un autre sentiment, un trouble profond, un embarras mystérieux ; car ce n'était pas seulement en paroles qu'ils se taisaient, c'était encore en regards.

Quand ils rentrèrent à la villa, la nuit était venue.

En arrivant dans la chambre de Casparis, Pompon voulut allumer les bougies, mais il l'en empêcha.

— A quoi bon, dit-il, la lumière nous empêcherait de jouir de cette belle nuit; viens à la fenêtre : veux-tu?

Elle s'assit près de lui, en face de lui, et tous deux sans parler, ils restèrent longtemps les yeux fixés sur la mer argentée que frappait la lumière de la lune; mais sans rien voir.

Les minutes s'écoulèrent; tout à coup elle sentit qu'il lui prenait la main, et elle frissonna de la tête aux pieds, son cœur s'arrêta :

— Tourne tes yeux vers moi, lui dit-il; regarde-moi, ma mignonne : sais-tu pourquoi Blanchon est retourné à Paris?

Elle ne répondit pas, et même elle baissa les yeux.

— Pour nous laisser libres ; toi de m'entendre; moi de parler; libres de nous dire ce qu'il avait deviné depuis longtemps, et que je t'aurais dit déjà si...

Elle était défaillante.

— Et quoi! s'écria-t-il en se penchant vers elle, as-tu donc peur, chère Pompon, de m'entendre te dire que je t'aime?

— Peur !... peur !

Elle glissa de son fauteuil, et tombant à genoux devant lui, elle lui jeta les deux bras autour du cou :

— Oh ! si heureuse ! j'en meurs !

www.ingramcontent.com/pod-product-compliance
Lightning Source LLC
Chambersburg PA
CBHW060302230426
43663CB00009B/1552